Heinz Oskar Vetter
Notizen – Anmerkungen zur internationalen Politik

Heinz Oskar Vetter

Notizen

Anmerkungen zur internationalen Politik

Bund-Verlag

CIP-Kurztitelaufnahme der Deutschen Bibliothek

Vetter, Heinz Oskar:
Notizen: Anm. zur internat. Politik /
Heinz Oskar Vetter. – Köln: Bund-Verlag, 1983.
   ISBN 3-7663-0834-3

© 1983 by Bund-Verlag GmbH, Köln
Lektorat: Gunther Heyder
Fotosatz: Dörlemann-Satz, Lemförde
Druck: satz + druck gmbh, Düsseldorf
Herstellung: Heinz Biermann
Umschlagentwurf: Typographik & Design R. Herbst, Köln
Foto: Gabriele Jakobi, Köln
ISBN 3-7663-0834-3
Printed in Germany 1983

Inhalt

Statt einer Einleitung:
Keine Reise für Henry

Daß sich die internationale Politik immer wieder, meistens jedoch vergeblich, bemüht, die Stellung der Gewerkschaften, ja sogar die internationalen Beziehungen der Gewerkschaften untereinander, zur Einflußnahme auszunutzen, mag ein Beispiel zeigen, mit dem ich dieses Buch einführen will. Es soll weniger einer moralischen Belehrung dienen, sondern vielmehr anschaulich machen, auf was sich Gewerkschaften und ihre Führer manchmal einzustellen haben.

Im Jahre 1974 besuchte eine deutsche Regierungsdelegation unter Bundeskanzler Helmut Schmidt die Vereinigten Staaten. Der deutschen Delegation gehörten Vertreter der Verbände der Wirtschaft und der Gewerkschaften an. Eugen Loderer und ich nahmen an der Reise teil, in deren Mittelpunkt für uns eine deutsch-amerikanische Begegnung von Gewerkschaftern mit den Vertretern der Wirtschaft beider Länder stand. Diese Zusammenkunft fand im Blair House statt.

Ich hatte als DGB-Vorsitzender, aber auch als Vorstandsmitglied der Friedrich-Ebert-Stiftung schon seit längerem gute Kontakte zu führenden Vertretern der amerikanischen Wirtschaft, denn im gewerkschaftlichen Interesse hatten wir uns von Anfang an aktiv am deutsch-amerikanischen Dialog beteiligt.

Um so überraschter war ich, als ich feststellen mußte, daß die Führer der amerikanischen Gewerkschaften und die führenden Vertreter der amerikanischen Wirtschaft sich offensichtlich in dieser Zusammensetzung zum ersten Mal trafen, so daß wir, Eugen Loderer und ich, in der kuriosen Lage waren, die Vertreter der beiden amerikanischen Seiten miteinander bekanntmachen zu können.

Es liegt nicht in der Tradition und in der Denkweise der amerikanischen Gewerkschaften, sozusagen außerhalb der Tarifverhandlungshalle Gespräche mit der Wirtschaft zu führen. Offensichtlich gilt umgekehrt das gleiche. Die mittlerweile übernommene deutsche Gepflogenheit, daß die Gewerkschaften und die Wirtschaft an Regierungsdelegationen beteiligt werden, hat sich auch im Falle der Vereinigten Staaten durchaus als dialogbildend erwiesen. Zu ähnlichen Begegnungen kam es dann übrigens später immer wieder.

Geändert haben sich natürlich die sozialen Beziehungen in den USA dadurch nicht wesentlich, denn – und deshalb gelten die amerikanischen Gewerkschaften völlig zu Unrecht bei einigen europäischen Gewerkschaftern als sozialfriedlich – die Auseinandersetzungen zwischen Kapital und Arbeit spielen sich an der regionalen, lokalen und betrieblichen Tariffront ab. Darüber hinaus aber finden beide Seiten nach wie vor nur wenig Geschmack daran, über gesellschaftspolitische Fragen miteinander zu sprechen. In den Wahlkämpfen versucht jede Seite, die Partei zu unterstützen, von der sie sich am meisten verspricht, und wenn es um wichtige Gesetze geht, dann vollzieht sich die Beeinflussung von Politikern auf die bekannte Art und Weise der knallharten amerikanischen Lobby.

Eine umfassende politische Diskussion zwischen Gewerkschaften und Arbeitgebern wie bei uns findet in den USA kaum statt. Das liegt auch daran, daß die amerikanischen Gewerkschaften eigentlich recht wenig vom Staat erwarten und vor allem auf die eigene Kraft setzen. Ins Wanken kommt dieses Prinzip allerdings immer dann, wenn, wie z. B. unter der derzeitigen Reagan-Administration, der „soziale Besitzstand der Arbeitnehmer" durch rigorose und sozial rücksichtslose Einschnitte bedroht wird.

Auf die Idee aber, etwa Probleme wie das der Demokratisierung der Wirtschaft und der Mitbestimmung anzuschneiden, käme so leicht kein amerikanischer Gewerkschafter und ein amerikanischer Manager genausowenig. Der amerikanische Gewerkschaftsbund AFL-CIO praktiziert nach wie vor einen reinen »Trade-Unionismus« und konzentriert sich in seiner Politik in erster Linie auf Lohnfragen und auf die Sicherung des gewerkschaftlichen Einflusses, um von einer ausgebauten gewerkschaftlichen Machtposition ausgehen zu können, wenn es ans Verteilen geht.

Im Rahmen unseres Besuches in den Vereinigten Staaten wurden Eugen Loderer und ich eines Morgens von der Bitte des damaligen amerikanischen Außenministers Henry Kissinger überrascht, mit uns ein Gespräch zu führen. Wir kamen dieser Bitte gerne nach, hatten allerdings nicht die geringste Ahnung, was Kissinger denn nun mit uns eigentlich erörtern wollte.

Er empfing uns in seinem Büro im State Department, zusammen mit einem leitenden Beamten der Europa-Abteilung, der, wie wir erfuhren, der Italien-Mann des Außenministeriums war. Kissinger verzichtete auf einen Dolmetscher, wies aber gleich darauf hin, daß sich seine Deutsch-Kenntnisse im wesentlichen auf Begriffe aus der Welt des Fußballs beschränkten, was natürlich eine glatte Untertreibung war. Er plauderte ein wenig über seine Fußballerinnerungen an seine Heimatstadt Fürth und gab uns in diesem Sport weniger Versierten einige Erläuterungen zum derzeitigen Stand seines Lieblingsclubs, der Spielvereinigung Fürth. Sprachprobleme hatte er nun wirklich nicht, sieht man einmal davon ab, daß er amerikanisch mit leicht deutschem Akzent und deutsch mit deutlichem amerikanischen Akzent spricht.

Ganz hübsch ist übrigens in diesem Zusammenhang die Geschichte, die der amerikanische Rundfunkjournalist Richard Valeriani in seinem Buch »Reisen mit Henry« aufgeschrieben hat. Dort gibt er ein Gespräch zwischen dem damaligen amerikanischen Präsidenten Richard Nixon und der israelischen Premierministerin, Golda Meir, wieder.

Nixon: »Wissen Sie, Frau Premierminister, wir haben etwas gemeinsam.«

Golda: »Was ist es denn, Herr Präsident?«

Nixon: »Wir haben beide jüdische Außenminister.«

Golda: »Das stimmt, aber meiner spricht englisch ohne Akzent.«

Kissinger bat nun als erstes seinen Beamten, uns einige Erläuterungen über die politische Entwicklung in Italien zu geben. In Italien, das war uns natürlich bekannt, vollzog sich damals eine deutliche Annäherung zwischen Teilen der Christlichen Demokraten und der Kommunisten. Es schien so, als ob die Strategie der italienischen KP, nämlich die des sogenannten historischen Kompromisses, zwischen den politisch-sozialen Kräften des Katholizismus und der aufgeklärten »eurokommunistischen« KPI aufgehen würde. In Rom wurde bereits offen über den bevorstehenden Eintritt der italienischen Kommunisten in die Regierung geredet.

Kissinger erklärte uns, für die Vereinigten Staaten sei es außerordentlich bedrohlich, wenn in einem wichtigen NATO-Land wie Italien die Kommunisten an der Regierung beteiligt würden. Das sei ein Sicherheitsrisiko erster Ordnung und könne nicht ohne weiteres von den USA hingenommen werden. Alle diplomatischen Bemühungen, auf die Italiener einzuwirken, seien bisher ohne Erfolg geblieben. Man müsse also neue und andere Wege suchen.

Kissinger äußerte die Vermutung, daß vor allem in den beiden großen italienischen Gewerkschaftsbünden, nämlich der den Christdemokraten nahestehenden CISL und der der kommunistischen Partei verbundenen CGIL, die treibenden Kräfte für eine solche Verbindung zwischen Christdemokraten und Kommunisten zu suchen seien.

Offensichtlich erwarteten die Gewerkschaften, daß sie ihre sozialpolitischen Vorstellungen nur in einer solchen Koalition durchsetzen könnten. Kissinger überraschte uns beide nun mit dem für unsere mitteleuropäischen Verhältnisse ungewöhnlichen Vorschlag, wir sollten mit den italienischen Gewerkschaften sprechen, uns ihre Forderungen sagen lassen und sie dann ihm, dem amerikanischen Außenminister, mitteilen. Er würde dann schon eine Möglichkeit finden, um die Christdemokraten davon zu überzeugen, daß sie genau diese Forderungen zum erklärten Programm einer neuen Regierungskoalition, dann natürlich ohne Kommunisten, machen müßten. So hoffe er, den Abstand zwischen den Gewerkschaften und der Kommunistischen Partei Italiens erheblich zu vergrößern und die Strategie des historischen Kompromisses zu durchkreuzen. Nach Kissingers Vorstellungen sollten wir noch am gleichen Nachmittag in einer Sondermaschine der amerikanischen Regierung nach Rom fliegen, mit unseren Kollegen reden, nachts zurückkommen, um ihm am nächsten Morgen die Forderungen der Gewerkschaften mitzuteilen. So also stellte sich Henry Kissinger zu unserer Verblüffung den Lauf der Weltgeschichte vor.

Das Ausmaß an Macchiavellismus bei Kissinger überwog ganz eindeutig sein Gespür für subtile soziale und politische Prozesse in Europa, einem Kontinent, der ihm doch immer noch vertraut sein mußte.

Für uns gab es kein Zögern: Wir lehnten diesen Vorschlag als unannehmbar und undenkbar ab und wiesen darauf hin, daß die Entscheidung über die Bildung von Regierungen doch wohl nach wie vor eine Angelegenheit der betroffenen Länder bleiben müsse.

Diese Überlegungen konnte ein Machtpolitiker wie Kissinger offensichtlich nicht nachvollziehen. Für ihn vollzogen sich innenpolitische Entwicklungen immer unter dem Gesichtspunkt der nach seiner Ansicht übergeordneten Interessen der Vereinigten Staaten und des Westens insgesamt. Demokratische Prozesse und Rechte auf Souveränität mußten da wohl in den Hintergrund treten. Er spekulierte mit seinem Vorschlag, den er nach meinem Eindruck vorher nicht mit dem deutschen Außenminister abgesprochen hatte, wohl auf eine so massive Portion von Antikommunismus bei uns, daß er einen Augenblick lang die Hoffnung hatte, wir würden uns in ein solches Ränkespiel verwickeln lassen.

Meine gewachsenen Auffassungen über Kommunismus im allgemeinen und die italienischen Kommunisten im besonderen waren zwar nicht deckungsgleich, aber für Eugen Loderer und mich stand außer Frage, daß wir keinesfalls auch nur versuchen würden, uns in die innenpolitischen Verhältnisse eines freien und demokratischen Landes einzumischen.

Darüber hinaus liefen im Europäischen Gewerkschaftsbund gerade komplizierte Verhandlungen über die Aufnahme der CGIL und gleichzeitig gab es in Italien selber eine bemerkenswerte Annäherung zwischen den drei Gewerkschaftsbünden, den wir als deutsche Einheitsgewerkschaften nur begrüßen und unterstützen konnten. Die Denkweise und die politische Psyche eines europäischen Gewerkschafters waren einem so versierten und brillanten Machtpolitiker wie Kissinger erstaunlicherweise fremd. Bezeichnend war aber – und das mag durchaus den Gewohnheiten von Großmachtpolitik entsprechen –, mit welcher Philosophie Kissinger das Problem anging: Eben nicht sehr zimperlich in der Wahl seiner Mittel.

Ihren Abschluß fand diese Episode am nächsten Tag, als Präsident Gerald Ford und Helmut Schmidt zu einem Empfang baten. Kissinger, der unsere Absage in sportlicher Manier weggesteckt hatte, zog mit seiner ihn überragenden Frau Nancy an uns vorbei und flüsterte hinter vorgehaltener Hand: »Ist doch gut, daß wir die Italiengeschichte nicht gemacht haben.«

Zunächst dachten wir schon, der amerikanische Außenminister wäre über Nacht in sich gegangen und hätte sich auf die wahren Werte der nationalen Souveränität parlamentarischer Demokratien besonnen. Aber des Rätsels Lösung war etwas ganz anderes: Helmut Schmidt hatte in einem Vortrag in New York vor dem American Council on Germany mit der ihm eigenen Direktheit seine Befürchtungen über eine mögliche Beteiligung der Kommunisten an der italienischen Regierung geäußert und hatte es für alle Mitgliedsländer der Europäischen Gemeinschaft als unvorstellbar bezeichnet, mit einer solchen Regierung im Bündnis zusammenzuarbeiten. Diese Bemerkung Schmidts machte in Italien verständlicherweise sehr viel Wirbel. Dem Bundeskanzler wurde vorgeworfen, er habe sich auf eklatante Weise in die italienische Innenpolitik eingemischt und das auch noch von amerikanischem Boden aus.

Wie sich Einstellungen ändern können, zeigte sich übrigens beim Deutschlandbesuch des amerikanischen Außenministers 1976, kurz vor den damaligen Parlamentswahlen in Italien. Kissinger äußerte sich in Bonn, ähnlich wie seinerzeit der Bundeskanzler in New York. Helmut Schmidt war dieses Mal ziemlich unglücklich über die Bemerkungen Kissingers, nicht etwa deshalb, weil er zwischenzeitlich sein Damaskus erlebt hätte. Schmidt fürchtete vielmehr, daß solche Äußerungen den Kommunisten in Italien zu zusätzlichen Stimmengewinnen verhelfen könnten.

Zwischen Einheit und Vielfalt: Die Entstehung des Europäischen Gewerkschaftsbundes

Nach dem Zweiten Weltkrieg arbeiteten in Westeuropa die dem Internationalen Bund Freier Gewerkschaften (IBFG) angehörenden westeuropäischen Gewerkschaften in der sogenannten Europäischen Regionalorganisation des IBFG, der ERO, zusammen. Nach der Gründung der Europäischen Gemeinschaft wurde der Europäische Bund Freier Gewerkschaften (EBFG) gegründet, der alle IBFG-Mitgliedsorganisationen einschloß, die in den Ländern der Europäischen Gemeinschaft (damals waren es noch die sechs Gründungsländer der EG, nämlich Belgien, Luxemburg, die Niederlande, Frankreich, Italien und die Bundesrepublik Deutschland) tätig waren.

Diese Gründung entsprach der veränderten Realität in Europa: Die Gewerkschaften sahen sich einer Europäischen Gemeinschaft gegenüber, in der wichtige Entscheidungen fielen – und zwar meistens Entscheidungen im Interesse der Wirtschaft –, ohne daß die Gewerkschaften in der Lage waren, darauf gemeinsam Einfluß zu nehmen. Was dringend erforderlich war, das war ein Koordinierungsinstrument auf der Ebene der Europäischen Gemeinschaft, so wie es die Kohle- und Stahlgewerkschaften in Luxemburg seit Gründung der Europäischen Gemeinschaft für Kohle und Stahl (EGKS) bereits praktizierten. Deshalb also wurde der EBFG mit einem zentralen Sekretariat in Brüssel gegründet.

Der EBFG war dem Internationalen Bund Freier Gewerkschaften schon per Satzung verbunden, denn ihm konnten nur IBFG-Mitgliedsgewerkschaften angehören. Das heißt:

Mitgliedsgewerkschaften des Weltverbandes der Arbeitnehmer (WVA), der Internationalen der christlich-sozialen Gewerkschaften, konnten ihm ebensowenig angehören wie Mitglieder des Weltgewerkschaftsbundes (WGB), der Internationalen der kommunistischen Richtungsgewerkschaften.

In der Praxis bedeutete das, daß so starke Bünde wie die französische kommunistische CGT, die italienische kommunistische CGIL, der belgische christliche Gewerkschaftsbund CSC und die französische CFDT, die damals, trotz ihrer »weltlichen« Häutung, noch dem WVA angehörte, dem EBFG nicht beitreten konnten.

Mit der geplanten Erweiterung der Gemeinschaft um Irland, Großbritannien, Dänemark und Norwegen stellte sich eine Reihe neuer Fragen an die Organisationspolitik der europäischen Gewerkschaften, deren Beantwortung nicht leicht war. Es darf nicht vergessen werden, daß die internationale und nationale Spaltung der Gewerkschaftsbewegung infolge des Kalten Krieges noch fortwirkte. Vor allem in Italien und Frankreich war es zu Spaltungen gekommen, die vorrangig auf die Vormachtbestrebungen der sowjetischen Politik zurückzuführen waren, die die starken Gewerkschaften in diesen Ländern für ihre Politik instrumentalisieren und als Stützpunkte nutzen wollte.

Die sich verschärfende Ost-West-Auseinandersetzung drückte sich – das darf bei dieser Gelegenheit nicht unerwähnt bleiben – dann darin aus, daß die amerikanischen Gewerkschaften insbesondere in Italien und Frankreich den sich gründenden freien Gewerkschaften sehr behilflich waren.

Ursächlich für diesen Prozeß aber war, daß muß unterstrichen werden, die spalterische Politik der Sowjetunion und der ihr verbundenen Parteien in Westeuropa. So ist der Internationale Bund Freier Gewerkschaften (IBFG) ein Ergebnis dieses Prozesses ebenso wie die CGT-FO in Frankreich und die UIL (Union Italienischer Arbeiter) in Italien.

Die innere Entwicklung in den unter sowjetischer Kontrolle stehenden Satelliten in den fünfziger und sechziger Jahren war ein weithin abschreckendes Beispiel für die Arbeiter in Westeuropa. Die geradezu sklavische Verteidigung dieser Politik vor allem durch die französische KP vertiefte die Spaltung der Gewerkschaftsbewegung.

Der Weltgewerkschaftsbund erwies sich mehr und mehr als ein Propagandainstrument der sowjetischen Politik. Nicht nur wir stellten uns die Frage, wie man eigentlich einer Gewerkschaftsinternationalen angehören konnte, deren maßgebende Mitglieder, nämlich die Gewerkschaften der Ostblockländer, die nach unserer Überzeugung nichts anderes waren und sind als die Sozialabteilungen der herrschenden Parteien, nicht einmal die primitivsten gewerkschaftlichen Rechte kannten: das Recht auf Streik, das Recht auf unabhängige Interessenvertretung. Abgesehen von Polen kann man über vorhandene Autonomiebestrebungen nur philosophieren.

Es ist viel über den Einfluß der amerikanischen Gewerkschaften im Nachkriegseuropa geschrieben worden. Manches daran ist richtig, aber sehr vieles ist sicherlich falsch. Im Unterschied zu den sowjetischen Einmischungen muß man den amerikanischen Bemühungen bescheinigen, daß sie, sieht man einmal von dem durchaus legitimen Aspekt amerikanischer Interessenpolitik ab, vom Grundsatz freier gewerkschaftlicher Betätigung ausgingen. Diesen Grundsatz ließ die KPdSU nur außerhalb des Einflußbereiches der sowjetischen Politik gelten.

Hauptursache des Antikommunismus der Nachkriegszeit war die Herrschaftspraxis der Kommunisten selber. Daß die im Internationalen Bund Freier Gewerkschaften zusammengeschlossenen Organisationen sich auch den amerikanischen Gewerkschaften gegenüber unabhängig verhielten – das zeigt die Geschichte des IBFG und die des DGB.

In der Bundesrepublik erlebten wir nach dem Zweiten Weltkrieg eine starke Bewegung zugunsten einer einheitlichen Gewerkschaftsbewegung, die eine der Lehren aus der Geschichte der deutschen Arbeiterbewegung in Weimar und unter dem Nationalsozialismus war.

In den ersten Jahren nach dem Zweiten Weltkrieg verspürten auch wir, daß die Kommunisten versuchten, diesen bei den Arbeitern weit verbreiteten Wunsch nach Einigkeit über die Grenzen von Parteizugehörigkeit hinaus zu ihren Gunsten auszunutzen. Die KP versuchte überall, ihre Leute unterzubringen und kommunistische Betriebszellen zu gründen. Ich habe das damals sehr anschaulich im Bergbau erlebt, andere erlebten das in ihren Gewerkschaften. Diese Versuche scheiterten am Widerstand der sozialdemokratischen und christlich-sozialen Gewerkschafter, die die Rolle der deutschen Kommunisten in der Revolutionären Gewerkschaftsopposition (RGO) in der Weimarer Republik noch nicht vergessen hatten.

Niemand wollte die Kommunisten, die ja auch in Landesregierungen und Kommunalparlamenten mitarbeiteten und deren Leistungen im Widerstand gegen Hitler – mit der kurzen Unterbrechung des Hitler-Stalin-Paktes – unbestritten waren, ausgrenzen. Wir wollten jedoch nicht hinnehmen, daß die Kommunisten trotz ihrer Minderheitsposition Teile der Gewerkschaften unter ihre Kontrolle brachten. Damals erlitten sie mit ihren Bemühungen Schiffbruch, was offensichtlich aber nicht zu einer dauerhaften Einsicht führte. Auch in meiner Amtszeit als DGB-Vorsitzender erlebte ich, wie sie immer wieder in die Trickkiste ihrer parteipolitischen Taktik griffen und unter dem Mantel der Einheitsgewerkschaft – die sie in ihrem Machtbereich als nur im Kapitalismus denkbare Organisation des politischen Pluralismus verteufelten – den Zugriff auf Teile der gewerkschaftlichen Bewegung versuchten.

Unser Verhältnis als sozialdemokratische Gewerkschafter gegenüber den christlich-sozialen Tendenzen der Arbeiterbewegung war ein völlig anderes. Die Katholische Arbeiterbewegung hatte schon in der Weimarer Republik eine große Tradition und wichtige Beiträge zur Entwicklung der gewerkschaftlichen Nachkriegspolitik geleistet. So hat das moderne Konzept der Mitbestimmung eigenständige Wurzel in der katholischen Soziallehre, was von einigen »christlichen« Politikern heute gern vergessen wird.

Quelle der deutschen Einheitsgewerkschaft nach dem Zweiten Weltkrieg waren neben den freigewerkschaftlich-sozialistischen Traditionen die der katholischen und evangelischen Arbeiterbewegung. In Westdeutschland hatten wir nicht das Problem miteinander konkurrierender Gewerkschaften, jedenfalls nicht in politisch gravierendem Umfang.

Ganz anders sah es in Frankreich, Belgien und den Niederlanden aus: In Frankreich gab es die Rest-CFTC (Französischer Bund der Christlichen Arbeiter), und die im Jahre 1964 neu gegründete CFDT (Demokratischer Französischer Bund der Arbeit), die aus der alten CFTC hervorgegangen war. Beide gehörten damals noch dem WVA an, aus dem die CFDT mittlerweile ausgetreten ist.

In Belgien gab es mit der CSC (Christlich-Sozialer Bund) einen Dachverband, der genauso mitgliedsstark war wie der sozialistische FGTB (Allgemeiner Belgischer Arbeiterbund) und über erheblichen politischen Einfluß verfügte.

In den Niederlanden schließlich gab es neben dem sozialistischen NVV den bedeutenden Katholischen Bund NKV und die kleinere protestantische Organisation CNV.

Für den DGB war die Lage eigentlich klar: Unser Ziel war es, die Spaltung in IBFG, dem weit bedeutenderen Bund, und WVA zu überwinden. Unsere eigenen Erfahrungen in der Zusammenarbeit in der Einheitsgewerkschaft waren so überzeugend positiv, daß es uns gerade in Europa dazu drängte, einen ebenso impulsiven wie geduldigen Beitrag zur Überwindung der Spaltung der demokratischen Gewerkschaftsbewegung zu leisten.

Die Beziehungen der Gewerkschaften sozialistischer und christlich-sozialer Ausrichtung in den erwähnten Ländern waren jedoch nicht unkompliziert. In Belgien gibt es bis heute das Wechselbad von zwischengewerkschaftlicher Konkurrenz und politischer Zusammenarbeit. Der FGTB unter seinem damaligen Generalsekretär Georges Debunne, der seit 1982 den Europäischen Gewerkschaftsbund als Präsident führt, und der CSC als die tragende Organisation des WVA hatten zueinander ein spannungsreiches Verhältnis, das die Verwirklichung des Planes erschwerte, einen Schritt zur Einheit in einem Europäischen Gewerkschaftsbund zu machen.

In Frankreich zeigte André Bergerons FO erhebliche Zurückhaltung gegen einen Beitritt der CFDT in einen neuen Europäischen Gewerkschaftsbund, obwohl schon damals Ablösungsprozesse der CFDT vom WVA unverkennbar waren.

Lediglich in den Niederlanden gab es eine günstige Ausgangsposition: Zwischen dem sozialistischen NVV und dem katholischen NKV gab es eine fortgeschrittene Annäherung, die später zu einem Zusammenschluß in den einheitsgewerkschaftlichen Verband FNV führte, dem bis heute allerdings der protestantische CNV nicht angehört.

Die Voraussetzungen waren also von Land zu Land verschieden, was die Einbeziehung von christlich-sozialen Gewerkschaften in einem neuen Bund anging.

Völlige Übereinstimmung herrschte jedoch darüber, daß, wenn die Europäische Gemeinschaft sich erweitern würde, auch der EBFG die IBFG-Mitgliedsorganisationen der Beitrittsländer einzubeziehen habe. Doch selbst diese »einfache« Lösung hatte ihre Tücken: Die skandinavischen Gewerkschaften betrieben eine schon historische Zusammenarbeit untereinander, die sie nicht aufs Spiel setzen wollten. Das aber wäre dann geschehen, wenn die dänischen Gewerkschaften und der norwegische Bund (Norwegen trat dann nach einer knapp gegen den Beitritt Norwegens ausgefallenen Volksabstimmung der Europäischen Gemeinschaft nicht bei) dem erweiterten EBFG angehört hätten, die Bünde Schwedens, Finnlands und Islands jedoch nicht.

In allen Gewerkschaftsbünden Europas wurde damals eine tiefgreifende Debatte über die zukünftige Struktur und Zielsetzung der europäischen Gewerkschaftsbewegung geführt. In welch »rosigen« wirtschaftlichen Verhältnissen die EWG damals noch lebte, belegt nichts anschaulicher als ein Satz aus der Denkschrift eines norwegischen Gewerkschafters, in dem er sich im Zusammenhang mit den Aufgaben eines neuen Europäischen Gewerkschaftsbundes mit der Arbeitslosigkeit befaßte:

»Die weitreichende Arbeitslosigkeit unserer Tage, eine Million in Großbritannien und Italien, 115 000 Arbeitslose in Schweden und 300 000 in Frankreich und der Rückgang der wirtschaftlichen Aktivität in Deutschland und in den Niederlanden sind weder ursächlich noch in ihren Folgen örtliche nationale Angelegenheiten. Die Beseitigung der Arbeitslosigkeit und das Ziel der Vollbeschäftigung verlangen internationales Vorgehen.«

Die wesentlichen gewerkschaftspolitischen Gründe für eine Stärkung und Erweiterung des EBFG lagen auf der Hand. Ohne gewerkschaftliche Zusammenarbeit konnte es auch keinen gewerkschaftlichen Einfluß auf die Politik der Europäischen Gemeinschaft geben. Und ohne Koordination in einem mit gewissen Kompetenzen ausgestatteten Europäischen Bund konnten auch die in der Gemeinschaft rechtlich vorhandenen Möglichkeiten der Kontrolle der Tätigkeit multinationaler Unternehmen in Europa so gut wie nicht genutzt werden.

Liest man heute den Katalog von Begründungen, der für eine Neukonstituierung der europäischen Gewerkschaftsbewegung entwickelt wurde, und vergleicht man das mit den Handlungsmöglichkeiten und Kompetenzen des EGB heute, dann kommt man nicht umhin, der europäischen Gewerkschaftsbewegung und den sie ausmachenden Bünden einen gewissen Illusionismus zuzusprechen (ich kann mich als damaliger Akteur da selbstverständlich nicht ausnehmen).

Seinerzeit wurde von einer »integrierten« Gewerkschaftsbewegung in Europa gesprochen, ein Zustand, den wir auch heute noch nicht erreicht haben. Möglicherweise wurde damals das Beharrungsvermögen nationaler Traditionen unter dem Eindruck einer gewissen europäischen Euphorie erheblich unterschätzt. Bei abgeklärterer Betrachtung aus heutiger Sicht wäre es jedoch ein Wunder gewesen, hätten wir in einer so kurzen Zeit schon etwas Ähnliches wie einen »integrierten Europäischen Gewerkschaftsbund« zustande gebracht. Auch mir nahestehende Politiker haben mich manchmal auf die relative Schwäche des heutigen EGB hingewiesen. Dieses vorschnelle Urteil zeugt von einer gewissen Überheblichkeit, denn die Parteien in Europa befinden sich, was die Bedeutung ihrer europäischen Zusammenarbeit und ihrer Zusammenschlüsse angeht, noch im Vorschulalter der europäischen Kooperation. Und was die Kapitalseite angeht, so können sich die europäischen Verbände aus diesem Spektrum auf eine reine Lobbyarbeit beschränken, was demokratischen Massenorganisationen wie den Gewerkschaften nicht angemessen wäre und für die uns natürlicherweise die Mittel fehlen, die die Interessenverbände der anderen Seite leicht aufbringen können. Und Politiker, die, wenn es um ihr Geschäft geht, immer gern auf die unvermeidliche Dauer historischer Prozesse hinweisen, sollten es sich abgewöhnen, den Europäischen Gewerkschaftsbund nach der »Haltet-den-Dieb-Methode« zu kritisieren.

Eine Erweiterung des EBFG, erst recht seine Transformation in einen neuen Bund, war von der Beantwortung einiger grundsätzlicher Fragen abhängig.

Sollte sich der neue Bund nur auf Mitglieder aus dem Bereich der EWG beschränken oder auch Organisationen aus Nicht-EWG-Ländern einbeziehen?

Der DGB vertrat zu dieser Zeit einen eingrenzenden Standpunkt. Er wollte einen Bund, dessen vorrangige Aufgabe die Interessenvertretung der Gewerkschaften innerhalb der EWG sein sollte. Politisch war das ein sehr logischer und klarer Standpunkt. Das Tätigkeitsfeld und der Aktionsrahmen waren eindeutig abgesteckt. Und die Chancen zweckgerichteter gewerkschaftlicher Aktionen wären größer als bei allen anderen Lösungen gewesen. Dem EBFG gehörten damals nur Bünde an, die eine Fortsetzung der europäischen Integration im Rahmen der EWG bejahten. Wir alle wollten ein anderes Europa, eben nicht das ausschließliche Europa der Wirtschaft und des Handels. Wir waren davon überzeugt, daß die EWG eine Grundlage für ein soziales Europa bot und daß der Traum von einem »antikapitalistischen Europa« seine reale Chance hatte. Deshalb traten wir dafür ein, daß der EBFG in seinem Wirkungsfeld auf die EWG beschränkt bleiben sollte.

Niemand, und das gilt auch für die Zeit danach, hat jemals dem DGB vorwerfen können, er habe in internationalen Fragen keinen klaren und eindeutigen Standpunkt vertreten. Manchmal aber ging diese Klarheit ein bißchen zu Lasten dessen, was die Franzosen als »souplesse« bezeichnen und worunter sie eine gewisse, im politischen Leben unerläßliche Beweglichkeit verstehen.

Dänemark trat der Gemeinschaft bei, mit Zustimmung der dänischen Gewerkschaften, Norwegen blieb draußen, trotz Zustimmung der norwegischen Gewerkschaften. Was nun?

Die dänischen Gewerkschaften würden nach den Vorstellungen des DGB dem erweiterten EBFG angehören, nicht aber die Mitgliedsgewerkschaften des IBFG aus den der Europäischen Freihandelszone (EFTA) angehörenden anderen skandinavischen Länder. Das wäre für die dänischen Gewerkschaften ein dicker Brocken gewesen, denn ihr Zusammengehörigkeitsgefühl mit den anderen nordischen Gewerkschaften hätte ihnen unter solchen Bedingungen eine Mitgliedschaft unmöglich gemacht.

Ein Problem ganz anderer Güte ergab sich aus der Politik des britischen TUC. Ich hatte immer eine große Hochachtung vor den britischen Gewerkschaften, die nach dem Kriege beim Wiederaufbau der freien deutschen Gewerkschaftsbewegung eine wichtige und konstruktive Rolle gespielt hatten.

Ihr damaliger Generalsekretär, der spätere Lord Victor Feather, gehörte zu jenen britischen Arbeiterführern, die nicht so ohne weiteres den Anti-Marketeeres, den Gegnern der Europäischen Gemeinschaft, zuzuordnen waren. Die wechselseitigen historischen Bindungen jedoch zwischen der Labour Party und dem TUC zwangen Feather, die Linie der Labour-Politik zu vertreten, und die war der EG in inniger Gegnerschaft verbunden, dem Programm nach, was in England wie anderswo auch nicht immer Praxis bedeuten muß. Auch der TUC gehörte einem Zusammenschluß der Gewerkschaften der EFTA-Länder an. Dazu war er verpflichtet durch Beschlüsse seiner Kongresse aus den Jahren 1970 und 1971, die jeden Kompromiß in der Beitrittsfrage ausschlossen.

Die damalige Haltung des TUC kann ich heute besser verstehen. Seine Befürchtungen, die allerdings auch nach meinem heutigen Erkenntnisstand die seinerzeitige Anti-Position nicht rechtfertigten, haben sich zum Teil als richtig herausgestellt: Die Beitragsleistungen Großbritanniens, so der TUC damals, könnten nur durch eine deflationäre Politik und durch hohe Arbeitslosigkeit erfüllt werden. Investitionskapital, das man zur Modernisierung bitter benötige, könne in andere Länder des Gemeinsamen Marktes abfließen. Und daß der europäische Agrarmarkt den britischen nachimperialen Verhältnissen in der Landwirtschaft nur schwer gerecht werden kann, ist eine Binsenweisheit. Diese und andere Gründe waren es, die die skeptische, ja ablehnende Haltung der britischen Gewerkschaften gegen einen Beitritt Großbritanniens begründeten.

Nun ist es zweifellos eine britische Spezialität, gerade dann gewaltige Grundsatzreden gegen irgend etwas zu halten, wenn man von einem gewissen Schwenk in eine andere Richtung ablenken will. Vic Feather, von dem wir alle wußten, daß er eine sehr differenzierte und praktisch-pragmatische Haltung in Sachen EG einnahm, hielt (ich überspringe hier einen Teil der späteren Entwicklung) auf dem Gründungskongreß des Europäischen Gewerkschaftsbundes, dem der TUC nun angehörte und auf dem er wohlüberlegt zum Präsidenten des EGB gewählt wurde (Februar 1973), eine markante Rede. In dieser Rede kündigte er an, daß der TUC jede Mitwirkung in den verschiedenen Organen der Europäischen Gemeinschaft, in denen die Mitarbeit der Gewerkschaften vorgesehen und wichtig war, rundheraus ablehnen werde.

Ich appellierte damals in meiner Rede an die britischen

Gewerkschafter: »Britische Kollegen, lehnt die Mitarbeit in den europäischen Organen nicht ab. Wir können uns nicht auf Distanz begegnen. Wir brauchen Eure volle Mitarbeit.«

Feather antwortete sehr diplomatisch: »Wir treffen in England auf eine charakteristische Eigenschaft. Je höflicher sich ein Engländer verhält, um so entschiedener ist er in Wirklichkeit Dein Feind und Gegner. Ihr dürft uns unsere gelegentliche Schroffheit nicht als Unfreundlichkeit auslegen. Ihr müßt es darauf zurückführen, daß wir zeitweilig von unseren Freunden mehr als von irgend jemandem sonst erwarten.«

Und Jack Jones, der mittlerweile legendäre Führer der Transportarbeitergewerkschaft, eine der hervorragendsten Persönlichkeiten der britischen Arbeiterbewegung nach dem Zweiten Weltkrieg, sprach Klartext, als er sagte: »Wir werden nichts unternehmen, was die Chancen der Labour Party für eine Neuaushandlung der Beitrittsbedingungen schmälern würde.« Das alles hieß: »Wartet ab, es wird nichts so heiß gegessen, wie es gekocht wird.«

Heute, mehr als zehn Jahre danach, ist die Mitarbeit der britischen Gewerkschaften in den Gremien der EG keine offene Frage mehr und eine Änderung der Labour-Politik gegenüber der Europäischen Gemeinschaft dürfte nicht mehr allzu lange auf sich warten lassen. Der TUC trat ursprünglich für eine »maximalistische« Lösung ein: Er forderte die Ausdehnung des EBFG nicht nur auf alle EFTA-Länder, sondern trat auch für die Aufnahme der kommunistischen Organisationen ein. Nachträglich ist schwer einzuschätzen, ob diese letzte Forderung, nämlich die Aufnahme von CGT-Frankreich und CGIL-Italien, nur taktisches Geplänkel war, um die Front der Befürworter der kleinen europäischen Lösung aufzuweichen, die eigentlich nur noch von CGT-FO und DGB vertreten wurde.

Schließlich wurde eine Arbeitsgruppe gebildet, die aus den Vorständen des EBFG und des Zusammenschlusses der EFTA-Gewerkschaften bestand. Die Dänen traten für eine Erweiterung des EBFG auch auf solche Bünde ein, die aus Nicht-Mitgliedsländern der EG kamen, aber dem IBFG angehörten. Dieser Auffassung stimmten wir schließlich grundsätzlich zu, weil hier ein Kompromiß unumgänglich war.

Die Italiener, vor allem die CISL, kamen mit einem neuen Problem, das die Lage zusätzlich erschwerte. Sie berichteten, es sei bald mit einem nationalen Zusammenschluß der drei italienischen Bünde CISL, CGIL und UIL unter einem gemeinsamen Dach zu rechnen. Daraus ergebe sich ein neues Element in der Beitrittsfrage. UIL und CISL gehörten dem IBFG an, die CGIL war damals noch Mitglied des kommunistischen Weltgewerkschaftsbundes. Noch vor Gründung des neuen Europäischen Bundes deutete sich also das Problem der Aufnahme einer kommunistischen Organisation an.

Ich habe die sich damals abzeichnende Zusammenarbeit der drei italienischen Bünde mit einiger Sympathie beobachtet. Aber die Ankündigung der Vertreterin der CISL in der Arbeitsgruppe, Fabrizia Baduel-Glorioso, die später Präsidentin des Wirtschafts- und Sozialausschusses war und heute der Fraktion der Kommunisten im Europa-Parlament angehört, war doch irreführend. Sie kündigte bereits im Januar 1972 an, ein Zusammenschluß der drei italienischen Bünde stünde unmittelbar bevor und darauf müsse der EBFG Rücksicht nehmen, er müsse von seiner »Doktrin« ablassen, Mitgliedsverbände des WGB dürften ihm nicht angehören. Wollte man schon damals die recht lose und manchmal unverbindliche Zusammenarbeit der italienischen Gewerkschaften im Rahmen einer Föderation als Zusammenschluß bezeichnen, so wäre das eine nicht zulässige Übertreibung gewesen. Es gab Absprachen, es gab auch Zusammenarbeit in einigen Branchen, die einen schon verbindlicheren Charakter hatten – nach wie vor aber betrieben die drei italienischen Bünde in vielen wichtigen nationalen und internationalen gewerkschaftlichen Fragen eine eigenständige Politik.

Wie kontrovers die Diskussion über einen breiteren europäischen Zusammenschluß damals verlief, zeigte die Anregung des Vertreters des Schweizerischen Gewerkschaftsbundes (SGB), der zu bedenken gab, daß man doch auch an die Gewerkschaften denken müsse, die außereuropäischen Ländern angehörten und die der EWG ihrerseits durch Assoziierungsabkommen verbunden waren. Diesen Gedanken weiter zu verfolgen, hätte bedeutet, die Aufgaben des IBFG zugunsten eines europäischen Bundes entscheidend zu beschneiden.

Und genau das war die Sorge, die viele Mitgliedsbünde des IBFG hatten. Sie fürchteten, daß sich in einem großen Europäischen Gewerkschaftsbund Verselbständigungstendenzen entwickeln könnten, die zu einer Konfrontation zwischen Gewerkschaften der Industrieländer und denen der Dritten Welt führen müßten. Diese Sorgen waren keineswegs unverständlich. Und so mancher Kollege aus den uns nahestehenden Entwicklungsländern äußerte sich besorgt um die internationale gewerkschaftliche Einheit.

Hinzu kam, daß bereits Anfang der siebziger Jahre der Trend zu einer kontinentalen Regionalisierung der internationalen Zusammenarbeit sichtbar wurde, eine Regionalisierung auch außerhalb der im IBFG zusammengefaßten internationalen Gewerkschaftsbewegung. Mittlerweile verfügen die afrikanischen und die arabischen Gewerkschaften z. B. über eigene, von den Internationalen weitgehend unabhängige Regionalorganisationen. Sicher steckt hinter solchen Bestrebungen auch die Sorge, man liefe in den weltumfassenden gewerkschaftlichen Zusammenschlüssen Gefahr, der Bevormundung durch die politisch und finanziell vergleichsweise starken Gewerkschaften der Industrieländer zu unterliegen.

Auf dem 10. Weltkongreß des IBFG in London im Jahre 1972 kamen alle diese, aber auch noch andere Einwände und Vorbehalte gegen die Gründung eines Europäischen Gewerkschaftsbundes offen zur Sprache. Der Vertreter des israelischen Gewerkschaftsbundes Histadrut, Itzhaak Ben-Aron, faßte seine Besorgnisse, die von vielen anderen geteilt wurden, zusammen, als er sagte, es bestünde die

Gefahr, daß ein Europäischer Gewerkschaftsbund zur Zerschlagung der Internationalen beitragen könne und daß er zu einem Klub der Mächtigen und Besitzenden werden würde.

Der damalige Präsident des IBFG, der Kanadier Donald MacDonald führte aus: »Es bereitet meiner Organisation und mir persönlich große Sorge, daß einige der europäischen Mitgliedsorganisationen des IBFG anscheinend die Bildung einer neuen, erweiterten Regionalorganisation planen, die keine organische Bindung zum IBFG haben wird. Ich verstehe einfach nicht, wie eine solche Entwicklung ohne eine energische Reaktion des IBFG selbst so weit vorankommen konnte. Ich hoffe, daß dieses Problem auf diesem Kongreß eingehend diskutiert wird und daß wir eine Lösung finden, die etwas abwendet, was sonst nach meiner Auffassung höchst unglückliche Folgen haben könnte.«

Von seiten der internationalen Berufssekretariate, der Zusammenschlüsse also der Branchen- und Industriegewerkschaften im IBFG, erhob sich ebenfalls Opposition. Die Berufssekretariate erwarteten eine Entwicklung des Europäischen Gewerkschaftsbundes im Sinne einer Öffnung auch für Nicht-Mitglieder des IBFG, was Folgen für die Art und Qualität der Zusammenarbeit mit dem neuen Bund haben müsse.

Dahinter verbarg sich sicher auch die Vermutung, eine organisatorische Neuordnung der Europäischen Gewerkschaftsbewegung könne nicht ohne Folgen für die Einflüsse und den internationalen Zusammenhalt der Berufssekretariate sein. Sie würden sich auf Dauer auch auf europäische Strukturen in ihrem Organisationsbereich einstellen, was möglicherweise eine Schwächung der internationalen Berufssekretariate zur Folge haben würde.

Gewerkschaftstheoretischer Ansatz für diese Kritik war die Überzeugung, man könne – und das war für die Politik der Berufssekretariate zweifellos ein zentraler Punkt – die notwendige Auseinandersetzung mit den multinationalen Gesellschaften nur auf weltweiter Ebene erfolgreich bestehen. Der Generalsekretär der ICF, der internationalen Organisation der Chemiegewerkschaften, Charles Levinson, war einer der deutlichsten Kritiker der europäischen Absichten. Ich weiß, daß mir Levinson damals vorgeworfen hat, es sei mir und den Gewerkschaftsbünden darum gegangen, »die Berufssekretariate unter Kontrolle zu bringen«.

Eine spezielle Kritik zu diesem Thema trug der Generalsekretär der Internationalen der Lebensmittelarbeiter (IUL), Dan Gallin, vor, der für eine Stärkung und Konsolidierung des alten Europäischen Bundes Freier Gewerkschaften eintrat und allen weitergehenden Absichten eine klare Absage erteilte. »Kirchturmpolitik« und »Isolationismus« waren dabei die geringsten Vorwürfe.

Zurückhaltender und klug debattierte der Vorsitzende des Malaiischen Gewerkschaftsbundes (MTUC), Dr. P. P. Narayanan, einer der wichtigsten Sprecher der Gewerkschaften der Dritten Welt und heute Präsident des IBFG. Er wußte, daß die später zum EGB führende Entwicklung nicht zu verhindern war und erkannte deshalb an, daß die europäischen Bünde sich auf die politische Lage in der Gemeinschaft einstellen müßten. Er appellierte aber an die Europäer, bei ihrer Politik eine, wie er sagte, organische Bindung zum IBFG sicherzustellen. So könne verhindert werden, daß der Europäische Gewerkschaftsbund sich auf den gefährlichen Weg der Abkoppelung von der internationalen Bewegung begebe.

Die amerikanischen Gewerkschaften gehörten damals dem IBFG nicht mehr an. Sie waren ausgetreten, weil sie unter anderem der Ostpolitik der deutschen Gewerkschaften keinen Geschmack abgewinnen konnten (mittlerweile sind sie, nicht zuletzt auch durch die Anstrengungen des DGB, wieder dem IBFG beigetreten). Dennoch nahmen sie politisch indirekt an der Debatte teil, denn viele Gewerkschaften hatten auch die Bedingungen im Auge, unter denen eine Rückkehr von AFL-CIO in den IBFG zu ermöglichen wäre. Besonders enge Verbindungen zwischen den Kanadischen Gewerkschaften (CLC) und der AFL-

CIO veranlaßten den IBFG-Präsidenten Donald MacDonald zu einem damals viel beachteten Diskussionsbeitrag: »Die AFL-CIO hat ihre eigenen Verbindungen zu den Gewerkschaftsbewegungen in Afrika, Asien und Lateinamerika. Für Europa besteht zur Zeit kein solcher Verbindungsweg, wenn nicht über den IBFG. Und wenn Sie heute eine europäische Regionalorganisation schaffen, die keine organische Verbindung zum IBFG hat, dann beseitigen Sie eine der wichtigsten Erwägungen, die die AFL-CIO eines Tages zur Rückkehr in unsere Weltfamilie veranlassen könnten.«

Darauf ging der belgische Vorsitzende, Georges Debunne, sehr direkt und temperamentvoll ein. Er stellte fest, daß die Neugründung eines europäischen Bundes sich weder gegen den IBFG wende noch mit ihm beabsichtigt sei, Aufgaben des IBFG zu übernehmen. Genau diesen Vorwürfen entsprechend aber habe sich der amerikanische Gewerkschaftsbund gegenüber dem IBFG verhalten.

In der Tat war es uns allen nicht verständlich, daß gerade Donald MacDonald die amerikanischen Gewerkschaften und ihre Politik als Kronzeugen gegen die Europäer benutzte. Wir hatten ja weder die Absicht, den IBFG zu verlassen, noch das Ziel, ihn zu schwächen. Wir Europäer und der DGB insbesondere führten unsere Politik den Ländern der Dritten Welt gegenüber im Unterschied zu den amerikanischen Gewerkschaften nicht unter dem Signum nationaler außenpolitischer Interessen, sondern im Rahmen des IBFG, der für uns immer der Koordinator für die Beziehungen zwischen der Dritten Welt und den Gewerkschaften der Industrieländer war.

Die europäischen Delegierten waren zu Recht verärgert über diese Diskussion, die uns die Absicht einer illoyalen Politik dem IBFG gegenüber unterstellte, ohne daß die wirtschaftlichen und politischen Realitäten in der Europäischen Gemeinschaft, mit denen wir uns auseinanderzusetzen hatten, berücksichtigt worden wären.

Auch das theoretisch einleuchtende, auch emotional wirkende Argument, die Rechte der Arbeitnehmer in multinationalen Gesellschaften könnten nur weltweit gesichert werden, war für mich nicht überzeugend.

Denn wo sind bis zum heutigen Tage die Strukturen, die es uns ermöglichen, handfeste und konkrete Rechte multinationalen Gesellschaften gegenüber durchzusetzen? Entsprechende Bemühungen im Rahmen der Vereinten Nationen (UNO) und der Internationalen Arbeitsorganisation (ILO) oder bei der OECD waren wichtig – aber rechtlich verbindliche Regelungen, die die Arbeitnehmerrechte vom Papier in die soziale Wirklichkeit übertrugen, sind dabei nicht herausgekommen.

Die Europäische Gemeinschaft als eine der wichtigsten Wirtschaftsräume der Welt zog multinationale Unternehmen in größerem Umfange an. Also mußten wir die Voraussetzungen dafür schaffen, daß in dieser Gemeinschaft ein koordinierter und wirkungsvoller Kampf um die Arbeitnehmerrechte in den Multis geführt werden konnte. Unbestritten blieb dabei immer, daß dies nur ein Teil des weltweiten Kampfes war, und daß er nicht unabhängig vom Internationalen Bund und seinen Berufssekretariaten geführt werden konnte.

Für den DGB konnte ich auf dem Kongreß unmißverständlich erklären, daß wir niemals einem Europäischen Gewerkschaftsbund angehören würden, der in seinen Zielen und in seiner Organisationsform gegen den IBFG gerichtet sei oder gegen ihn mißbraucht werden könne. Aber ich ließ auch keinen Zweifel daran, daß mit der herkömmlichen Form von Regionalorganisationen den neuen Herausforderungen an die Gewerkschaften in Europa nicht begegnet werden könne.

Was in London weniger klar ausgesprochen wurde, was aber eine große Rolle spielte, war die Frage, ob der neu zu gründende Europäische Gewerkschaftsbund auf Sicht nicht auch den kommunistischen Gewerkschaften in Europa einen Platz bieten würde.

Für Aufregung sorgte dabei ein uns völlig unverständliches Interview, das der Generalsekretär des britischen TUC, Vic Feather, ausgerechnet der sowjetischen Gewerkschaftszeitung »Trud« gegeben hatte. Die sowjetischen Gewerkschaften hatten sicher ein Interesse daran, daß der Internationale Bund Freier Gewerkschaften, der große Gegner des Kommunistischen Weltgewerkschaftsbundes geschwächt und der neue Europäische Gewerkschaftsbund sich durch seine Politik vom IBFG entfremden würde.

Victor Feather sagte in seinem Gespräch mit »Trud«, daß die zukünftigen Mitglieder des Europäischen Gewerkschaftsbundes nicht unbedingt auch Mitglieder des IBFG sein müßten. Vor dem Hintergrund der Londoner Diskussion war uns diese Stellungnahme nicht nur aus taktischen, sondern vor allem aus grundsätzlichen Erwägungen völlig unerklärlich. Es gab überhaupt gar keinen Zweifel daran, daß Mitglieder des Weltgewerkschaftsbundes nicht gleichzeitig Mitglieder des neuen Europäischen Gewerkschaftsbundes werden konnten. Denn wie sollten wir mit Organisationen zusammenarbeiten, die in ihrer Internationalen nicht das leiseste Wort der Kritik an der systematischen Unterdrückung freier gewerkschaftlicher Betätigung in den Ostblockländern fanden und die sich von der internationalen Politik der Sowjetunion instrumentalisieren ließen? Der IBFG seinerseits hatte bewiesen, daß er jeder nationalen Beeinflussung, durch wen auch immer, Grenzen zu setzen weiß. Er war unabhängig. Der WGB nicht. Der IBFG stand für die Rechte der Arbeit überall in der Welt, der WGB nicht.

Anläßlich des Gründungskongresses des EGB im Februar 1973 in Brüssel griff denn auch George Meany, der streitbare Präsident des amerikanischen Gewerkschaftsbundes AFL-CIO dieses Interview Feathers gerne auf und nutzte es zu einem Störfeuer gegen den ungeliebten neuen Europäischen Gewerkschaftsbund. Der TUC sei dabei, so Meany, eine Achse Moskau–London zu begründen. Der TUC habe, sagte Meany weiter, einen Europäischen Gewerkschaftsbund gegründet, der das Wort »frei« aus seinem Namen gestrichen habe, weil das Wort »frei« für die Russen eine Provokation bedeute. Dementsprechend sei das eigentliche Ziel des EGB, den Internationalen Bund Freier Gewerkschaften zu zerstören.

Meany sagte das, obwohl gerade er es war, der den Austritt von AFL-CIO aus dem IBFG betrieben hatte. An der Pressekonferenz, die Meany nach einer Vorstandssitzung von AFL-CIO in Miami Beach gab, nahmen auch britische Gewerkschafter teil, die auf Einladung von AFL-CIO in den USA weilten. Sie antworteten mit Pfiffen auf diese Provokation des amerikanischen Gewerkschaftschefs.

Auch Victor Feather reagierte prompt und englisch: »Das war eine für George typische Bemerkung. Wir sprechen nicht russisch, wir denken nicht russisch, wie Russen sehen wir auch nicht aus. Der TUC ist eine freie, demokratische, auf den Prinzipien der Freiwilligkeit gegründete Organisation, und wir verbünden uns mit Organisationen gleicher Art.«

Natürlich war die Bemerkung Meanys, der TUC habe den Europäischen Gewerkschaftsbund begründet, eine bewußte Übertreibung. Der TUC war sogar außerordentlich zögerlich und versuchte, sein Engagement anfangs sehr in Grenzen zu halten, eben weil er der europäischen politischen Integration nicht zustimmte. So schlug der TUC, der damals schon zehn Millionen Mitglieder hatte, vor, den Beitrag der Mitgliedsbünde nicht etwa auf der Grundlage der Mitgliedszahlen der den Bünden angeschlossenen Gewerkschaften zu bemessen, sondern am Budget des jeweiligen nationalen Dachverbandes auszurichten. Das hätte zu einer pikanten »europäischen Zahlmeistervariante im EGB« geführt. Der TUC hatte nämlich als Dachverband viel weniger Kompetenzen als z. B. der DGB und verfügte insofern über ein weit geringeres Budget.

Auch die vom TUC herbeigeführte öffentliche Diskussion über die mögliche Mitgliedschaft einer kommunistischen Gewerkschaft in einem neuen Europäischen Bund war völlig überflüssig. Nicht nur, weil Aufnahmeanträge kommunistischer Organisationen nicht zur Debatte standen, sondern weil die Gründung eines neuen Bundes in Europa sehr viel mehr an Differenzierung und Sensibilität erforderte, als sie damals von einigen Top-Gewerkschaftern an den Tag gelegt wurde. Die Tatsache, daß sich der TUC über seinen Generalsekretär nicht etwa auf dem Londoner Kongreß des IBFG, sondern in einem Interview mit der sowjetischen Gewerkschaftszeitschrift zu diesen schwierigen Fragen geäußert hatte, war sicherlich instinktlos.

Die viel wichtigere Frage war, wie man die nordischen Gewerkschaften zusammen mit den anderen Bünden aus EFTA-Ländern und die Gewerkschaften aus den EG-Ländern an einen Tisch bekommen könnte.

Ich mußte damals als EBFG-Präsident und Vorsitzender des DGB eine doppelte Last tragen: Als DGB-Vorsitzender war ich an einen Beschluß des DGB-Bundesvorstandes vom Oktober 1972 gebunden, der eine Beschränkung des neuen Bundes auf die Europäische Gemeinschaft vorsah – als EBFG-Präsident und als Vizepräsident des IBFG mußte es mir andererseits darauf ankommen, einen für alle vertretbaren Kompromiß zu finden.

Um die Meinungsbildung im DGB-Bundesvorstand noch einmal in Bewegung zu bringen, lud ich die Vertreter der skandinavischen Gewerkschaften sowie die Generalsekretäre von IBFG und EBFG zu einer Sitzung des DGB-Bundesvorstandes im November 1972 nach Düsseldorf ein, also einen Monat nach unserem Grundsatzbeschluß. Sicher hatten wir für unseren Beschluß gute Gründe, die auch heute noch einer selbstkritischen Überprüfung durchaus standhalten können: Wollten wir doch eine eindeutige und wirksame Orientierung der europäischen Gewerkschaftspolitik auf die Europäische Gemeinschaft. Die Erweiterung des EBFG zu einem neuen Europäischen Bund aber, so unsere Befürchtung, könnte diese Aufgabe zu einer zweitrangigen werden lassen und eine Mitgliedschaft minderen Rechtes für die Bünde aus den EFTA-Ländern schaffen. In der praktischen Arbeit hätte das also durchaus negative Auswirkungen haben können. Mit meiner Einladung an führende skandinavische Gewerkschafter, an einer DGB-Bundesvorstandssitzung teilzunehmen, ging es mir vor allem darum, in offener Diskussion die strittigen Punkte herauszuarbeiten. Denn trotz aller Plausibilität unserer Argumente hatten auch die Mitgliedsbünde aus den Ländern der Europäischen Freihandelszone gute Gründe für ihre Beitrittswünsche. Als EBFG-Präsident fühlte ich mich zu dem Versuch verpflichtet, einen Kompromiß zu suchen. Da in den deutschen Gewerkschaften manchmal nichts heiliger ist als ein einmal gefaßter Beschluß, wurde mir dieser Versuch von den Freunden mit der milden Kritik vergoldet, ich wolle doch wohl nicht einen einmal gefaßten Beschluß torpedieren.

Der Sprecher unserer Gäste, der Vorsitzende von LO-Dänemark, Thomas Nielssen, konfrontierte unseren Vorstand mit den Nöten und Befürchtungen der skandinavischen Gewerkschaften. Alles andere als eine »große« europäische Lösung müßte sich für die skandinavischen Gewerkschaften als eine Katastrophe erweisen und liefe auf eine Spaltung der europäischen Gewerkschaftsbewegung hinaus. Es gebe darüber hinaus eine Vielzahl von Problemen, so Thomas Nielssen, die nur gemeinsam behandelt werden könnten. Eine Ausgrenzung der skandinavischen Bünde würde deren internationalen Einfluß deutlich schwächen und schließlich auch den anderen EFTA-Gewerkschaften in Europa schaden. Ein gröberes Geschütz fuhr der Vorsitzende des schwedischen Bundes LO, Arne Geijer, auf. Er, der selber lange Jahre IBFG-Präsident gewesen war, äußerte die Ansicht, der DGB erwecke mit seiner Auffassung den Eindruck, als wolle er durch eine kleine Lösung eine Trennung der Gewerkschaften in Europa herbeiführen. Der von Eugen Loderer bei anderer Gelegenheit ins Gespräch gebrachte Kompromißvorschlag, die Gewerkschaften der EFTA-Länder könnten eine Art Assoziierungsstatus dem neuen Bund gegenüber erhalten, wurde als nicht diskutabel bezeichnet und geradezu als ehrenrührig empfunden. Man könne doch nicht, so der dänische Vorsitzende, den europäischen Organisationen aus dem skandinavischen Raum einen Status anbieten, der besser auf jene Gewerkschaften aus Ländern der Dritten Welt passe, die gewisse ökonomische Beziehungen zur Europäischen Gemeinschaft unterhielten.

Was dann schwer wog, war die Ankündigung der dänischen Gewerkschaften (Dänemark hatte mittlerweile seinen Beitritt zur EG erklärt), LO-Dänemark werde auf keinen Fall einem »kleinen« europäischen Bund beitreten. Ähnlich hatte sich bereits vorher der TUC geäußert.

Die Diskussion beeindruckte die Vorsitzenden der Mitgliedsgewerkschaften des DGB doch so, daß sie meinem Vorschlag zustimmten, auf einem besonderen Treffen diese Fragen noch einmal in Ruhe zu erörtern.

Schließlich fanden wir uns im Interesse eines Zusammenhalts der europäischen Mitglieder des IBFG trotz schwerwiegender sachlicher Bedenken zu einer »großen« Lösung bereit.

Ein Rückblick auf die Praxis des EGB zeigt übrigens, daß nach anfänglichen Schwierigkeiten Möglichkeiten gefunden wurden, allen Interessen zu entsprechen, also auch den besonderen der Gewerkschaften aus den Mitgliedsländern der Europäischen Gemeinschaft. Dem EGB gelang es im steigenden Maße, seine Politik gegenüber der EG zu formulieren, ohne daß es darüber zu irgendwelchen inneren Spannungen mit den anderen Bünden gekommen wäre. Weder kann heute von einer Mitgliedschaft minderen Rechts bei den Organisationen aus den EFTA-Ländern die Rede sein, noch besteht durch eine entsprechende Satzungsbestimmung die Gefahr, daß die EG-Bünde von den anderen in sie betreffenden Angelegenheiten überstimmt werden könnten.

Ich selber habe nach Victor Feather sechs Jahre lang, nämlich von 1974 bis 1979, das Amt des EGB-Präsidenten innegehabt. Diese Zeit hat mir gezeigt, daß gerade die ständige Zusammenarbeit im EGB, hinter der ein von allen respektierter Zwang stand, für eine Verstärkung der gewerkschaftlichen Politik in Europa gesorgt hat. So hat der TUC seine frühere Haltung gegenüber der EG zugunsten einer flexiblen und zugänglichen Politik geändert. Er hat außerordentlich wichtige Beiträge zur Formulierung der gewerkschaftlichen Standpunkte in der Europäischen Gemeinschaft geleistet und hat sich in der täglichen Arbeit als sehr konstruktiv gezeigt, was manche damals noch nicht erwartet hatten.

Darüber hinaus ist das ständige und unmittelbare Gespräch zwischen den Gewerkschaftsvorständen aus allen Teilen West- und Nordeuropas ein nicht zu unterschätzender Beitrag von hoher politischer Bedeutung. Der EGB ist heute, das wird oft vergessen, auch ein Bindeglied zwischen der Europäischen Gemeinschaft und der Europäischen Freihandelszone. Und schließlich ist die Abstimmung über gewerkschaftliche Grundstrategien eine wichtige Voraussetzung für eine gemeinsame Gewerkschaftspolitik quer durch die westeuropäischen Länder, unabhängig davon, welcher Wirtschaftsgemeinschaft das jeweilige Land angehört.

Ein anderes Thema lag mir im Zusammenhang mit den Gründungsvorbereitungen zum EGB sehr am Herzen, nämlich die Frage, ob es über einen neuen europäischen Bund zu einer Verbesserung der Beziehungen zwischen WVA und IBFG kommen würde oder nicht. Damit verband ich auch die Hoffnung, daß eine Annäherung zwischen den beiden Internationalen erreicht werden könnte – sogar mit Aussicht auf einen internationalen Zusammenschluß.

Der WVA hatte in Europa, sieht man von Belgien, den Niederlanden und Frankreich ab, keine sonderlich große Bedeutung. Sein unbestreitbarer Schwerpunkt lag hingegen in Lateinamerika, wo er, was auch mit der Rolle der katholischen Arbeiterbewegung auf diesem Kontinent zusammenhängt, durchaus Einfluß hatte (und hat).

Ich hatte bereits Gespräche mit dem Generalsekretär der CFDT, Edmond Maire, über diese Fragen geführt. Maire war insofern ein wichtiger Ansprechpartner, als die französische CFDT ja nicht mehr im klassischen Sinne als eine christlich-soziale Organisation betrachtet werden konnte und daher innerhalb des WVA ein wichtiges und bewegendes Element war. Die CFDT, die sich damals schon nicht mehr ohne Einschränkung im WVA zu Hause fühlen konnte, sah für sich selber eine interessante Perspektive darin, daß es zu einer Annäherung zwischen IBFG und WVA kam. Sie wußte, daß eine solche Annäherung nur über Europa gelingen konnte.

Im Februar 1972 war es in Den Haag zu einer Begegnung zwischen den europäischen Vertretern der beiden Internationalen gekommen. Und nach Den Haag hatten wir durchaus den Eindruck, daß sich eine positive Entwicklung abzeichnen könnte.

Wir wurden uns einig darüber, daß der Weg für eine europäische Gewerkschaftsbewegung geöffnet werden und weitgehend von den internationalen Spannungen zwischen WVA und IBFG freigehalten werden müsse. Das bedeutete allerdings für uns nicht, daß wir zulassen konnten, daß der neue Europäische Bund den beiden Internationalen gegenüber sich zu einer Art Neutrum entwickelte oder, noch schlimmer, von WVA-Mitgliedsorganisationen im internationalen Raum als eine Art Rammbock gegen den IBFG hätte genutzt werden können.

Die Initiative zur Gründung eines Europäischen Bundes war schließlich von IBFG-Gewerkschaften ausgegangen – der Ursprung des EGB, das zeigt auch die Präambel seiner Satzung sehr deutlich, liegt im IBFG und war an die Stelle seiner früheren europäischen Regionalorganisation getreten. Die Autonomie des EGB gegenüber dem IBFG ist ganz sicher keine Farce, aber hat die enge Beziehung und die gemeinsame Aktion nie ernstlich gefährdet.

Hinzu kam das Kräfteverhältnis zwischen den christlichen und den freien Gewerkschaften (diese beiden Begriffe sollen hier nicht als Gegensatzpaar verwandt werden, sondern geben lediglich gebräuchliche historische Bezeichnungen für diese beiden Strömungen wieder), das organisatorisch und politisch zuungunsten der christlichen Gewerkschaften in Europa (und weltweit) ausfiel, konnte und durfte nicht unberücksichtigt bleiben.

Die Einwände gegen die Einbeziehung von WVA-Gewerkschaften kamen verständlicherweise von den sozialistischen Brudergewerkschaften aus Belgien und Frankreich, nicht aber aus den Niederlanden, wie ich an anderer Stelle bereits dargelegt habe. Der Haupteinwand – der war nicht so ohne weiteres von der Hand zu weisen war – lautete: Es kann nicht der gewerkschaftlichen Zusammenarbeit dienen, wenn es in einigen Ländern gewerkschaftliche Konkurrenz gibt, die zwar auf europäischer Ebene durch die Mitgliedschaft in einem gemeinsamen Bund aufgehoben ist, auf internationaler Ebene aber wieder besonders deutlich auftritt.

Obwohl ich das Problem sah, kam ich zu einem anderen Schluß: Ich vertraute darauf, daß durch die Zusammenarbeit in einem gemeinsamen Bund in Europa die nationalen gewerkschaftlichen Konkurrenzen mindestens abgemildert werden konnten und daß auf Dauer die europäische Zusammenarbeit auch zu einer Verbesserung der Beziehungen zwischen IBFG und WVA führen müsse, mindestens aber zu einer Eindämmung gewisser »Feindseligkeiten«.

Es ist heute noch zu früh, um beurteilen zu können, welche einebnenden Einflüsse die Gründung eines umfassenden Europäischen Gewerkschaftsbundes auf die zwischengewerkschaftlichen Konkurrenzen gehabt hat. Sicherlich kann man feststellen, daß so mancher zusammenführende Dialog zwischen zerstrittenen Brüdern bis hin zur gemeinsamen Aktion stattgefunden hat, weil es den EGB gibt.

Die französische CFDT hatte damals eine Grundsatzerklärung zu Europa und zur gewerkschaftlichen Zusammenarbeit verfaßt, die außerordentlich radikal war und Standpunkte enthielt, die heute wohl so nicht mehr vorgetragen würden. Auch machte die CFDT keinen Hehl aus ihrem Wunsch, den neuen Europäischen Bund »für alle gewerkschaftlichen Kräfte« in Westeuropa, also auch für die CGT-Frankreich zu öffnen. Damals gab es noch den »Honigmond« der Aktionseinheit in Frankreich. In der CFDT-Resolution hieß es unter anderem: »Unfähig, gemeinsame Wirtschafts-, Währungs-, Industrie- und Sozialpolitiken in Angriff zu nehmen, ist (aus der EG) ein Europa des laissez-faire und der Bereicherung geworden, das vom internationalen Kapitalismus beherrscht wird.«

Auch wir deutschen Gewerkschafter übten heftige Kritik am Entwicklungsprozeß der Europäischen Gemeinschaft. Für uns aber war gewerkschaftliche Mitarbeit in den dafür vorgesehenen Institutionen immer unumgänglich, und wir traten für eine geduldige Reformpolitik ein. Forsche programmatische Erklärungen wie die Aussage François Mitterrands (als er noch nicht Staatspräsident war): »Europa wird sozialistisch sein oder es wird nicht sein«, waren zwar gut für das Poesie-Album, hatten praktisch aber keine Bedeutung.

Wie so oft, sind es Sprachen und Kulturen, politische Entwicklungen und Traditionen, die die Form bestimmen, in der politische Ziele ausgedrückt werden. Damals stand die CFDT noch unter dem Eindruck des Protestjahres 1968, setzte ihre ganze Hoffnung in die Aktionseinheit mit der CGT sowie in die noch junge Linksunion und startete selber zu einem »Linksüberholvorgang«, um den zwischengewerkschaftlichen Konkurrenzkampf in Frankreich besser bestehen zu können.

Wenn man Sprache und Politik der Gewerkschaften in Europa miteinander vergleicht, dann kommt man oft zu verblüffenden Erkenntnissen. Uns Deutschen hing lange Jahre der Ruf an, wir seien besonders friedfertig (was ja was durchaus Schönes ist) und eigentlich allzeit bereit, den Faktor Arbeit dem Faktor Kapital als Morgengabe ins Bett zu legen. Zu diesem Eindruck trug sicher auch die Zurückhaltung unserer gewerkschaftlichen Sprache bei, in der Begriffe wie Klassenkampf, Arbeiterklasse, Grundwiderspruch zwischen Kapital und Arbeit oder Ausbeutung spärlicher vorkommen – und das, obwohl diese Begriffe fast alle eine deutsche Wurzel haben. Die hautnahe Zusammenarbeit im EGB hat die anderen Bünde davon überzeugt, daß die Stereotype, der DGB sei so eine Art verlängerter Arm des Kapitalismus, nicht aufrechtzuerhalten war.

Umgekehrt lernten wir sehr schnell, daß die kampfstarken und radikalen Formulierungen unserer Kollegen vor allem aus dem romanischen Sprachraum keineswegs eine permanente Aufforderung zum Bürgerkrieg waren.

Heute wissen wir, daß sich hinter den Unterschieden in der Sprache vor allem voneinander verschiedene politische kulturelle Traditionen ausdrücken. Das heißt, einer, der das wirklich nicht sehr gelungene Wort »Arbeitnehmer« verwendet, ist deshalb noch lange kein verräterischer Kapitalistenknecht. Und jemand, der ständig von der Arbeiterklasse und vom Klassenkampf spricht, muß nicht in jedem Fall ein Barrikadenarchitekt sein.

Die in Den Haag diskutierte Annäherung zwischen IBFG und WVA in Europa geriet in Gefahr, als der WVA unter seinem Präsidenten Auguste Cool, gleichzeitig Vorsitzender des belgischen Gewerkschaftsbundes CSC, zu den Initiatoren eines internationalen Gewerkschaftstreffens zählte, das im Februar 1972 im jugoslawischen Dubrovnik stattfand. Neben den jugoslawischen Gewerkschaften, die als Gastgeber die sogenannten blockfreien Gewerkschaften anführten, nahm dort auch der Weltgewerkschaftsbund teil. Es ging um die Sitzverteilung im Verwaltungsrat der Internationalen Arbeitsorganisation (ILO) in Genf. Dem WVA war die starke Stellung des IBFG ein Dorn im Auge, die er nun, mit Hilfe des WGB zu schwächen versuchte.

So wurde in Dubrovnik ein Kommuniqué verabschiedet, in dem der WVA, die Weltorganisationen der christlich-sozial ausgerichteten Gewerkschaften, den Gewerkschaften des WGB »Authentizität« bescheinigte, eine Kennzeichnung, die nach unserer Überzeugung auf die Staatsgewerkschaften der Ostblockländer in keiner Weise zutraf. Sie waren in unseren Augen die Erfüllungsgehilfen der jeweiligen Staatsmacht. Es würde zu weit führen, wollte man an dieser Stelle die anderen in diesem Kommuniqué enthaltenen Ungereimtheiten aufzeigen. Direkt gegen den IBFG war der Satz gerichtet: »Jedwede Form von ungleichen Rechten, jede Tendenz, die auf die Absicherung eines Monopols abzielt, arbeiten den wirklichen Interessen der Arbeitnehmer entgegen. Folglich sind die Teilnehmer des Treffens von Dubrovnik im Interesse der Arbeitnehmer übereingekommen, gemeinsame Anstrengungen zu unternehmen, damit die demokratische und gerechte Vertretung aller Regionen sich in der Gruppe der Arbeitnehmer und in allen Lenkungsorganisationen der IAO verwirklicht.«

Das war eine gemeinsame »Kriegserklärung« von WVA und WGB gegen den IBFG. Und das zu einem Zeitpunkt, zu dem unter anderem bereits eine paritätische Kommission mit dem erklärten Ziel eines Zusammenschlusses zwischen IBFG und WVA auf Weltebene gebildet worden war.

Die Gründung der EGB erfolgte im Februar 1973 in Brüssel. Gründungsmitglieder waren nur die dem IBFG angehörenden Bünde Westeuropas, und zwar sowohl die Bünde aus Ländern, die der Europäischen Gemeinschaft angehörten wie auch die Bünde aus den EFTA-Ländern, obwohl damals bereits eine grundsätzliche positive Entscheidung über den Beitritt der Mitgliedsbünde des WVA gefallen war.

Die Streichung des Zusatzes »frei« und die Verwendung des Namens »Europäischer Gewerkschaftsbund« war nun keineswegs, wie manche Kritiker meinten, die Aufgabe eines Grundsatzes, sondern vielmehr ein Zugeständnis an die WVA-Organisationen. Freigewerkschaftlich – das war eine traditionelle Bezeichnung für sozialdemokratisch ausgerichtete Gewerkschaften und natürlich auch eine bewußte Anlehnung an unsere Internationale, die ja die gleiche Beifügung im Namen führt. Mit dieser Namensänderung wollten wir signalisieren, daß der neue Europäische Bund auch für die WVA-Organisationen offenstand, die dann ja auch im Jahre 1974 dem Europäischen Gewerkschaftsbund beitraten. Unsere Hoffnung allerdings, mit diesem Schritt eine Vereinigung zwischen IBFG und WVA auf Weltebene herbeizuführen, wurde später enttäuscht. Zwar kam es zu weiteren Versuchen und Gesprächen, aber kaum zu Fortschritten. Der Mangel an Geduld, Toleranz und politischer Weitsicht sowie nicht zuletzt die Arroganz in den Vorständen starker Mitgliedsorganisationen haben dabei ihre Rolle gespielt.

Was als Erfolg verbucht werden kann, ist die Herstellung

gewerkschaftlicher Einheit in den Niederlanden (zwischen dem sozialistischen NVV und dem katholischen NKV), die durch den Eintritt der christlich-sozialen Bünde in den EGB ganz gewiß erleichtert wurde.

Einige Organisationen interpretieren den Wegfall des Wortes »frei« auf ihre Weise: Sie hielten das für ein Zeichen nicht nur an die Adresse christlich-sozialer, sondern auch kommunistischer Gewerkschafsbünde in Westeuropa. Wir ließen von Anfang an keinen Zweifel daran aufkommen, daß wir eine solche Deutung – so wie sie etwa der britische TUC vertrat – nicht teilen konnten. In der Satzung des neuen Bundes selbst war eine privilegierte Beziehung zwischen EGB und IBFG vereinbart, indem nämlich bei der Formulierung der Präambel ausdrücklich darauf hingewiesen wurde, daß der EGB von Mitgliedern des IBFG gegründet worden sei. Es ist uns später – im Zusammenhang mit dem Streit um die Aufnahme kommunistischer Organisationen – vorgehalten worden, wir hätten damit im Grunde eine Zweiklassen-Mitgliedschaft schaffen wollen. Davon aber waren wir, die wir immer in Europa für gewerkschaftliche Zusammenarbeit eingetreten waren, weit entfernt. Nur entsprachen die kommunistischen Organisationen nicht der Vorstellung von freier und unabhängiger Gewerkschaftsarbeit, so wie wir sie in den Grundsätzen des IBFG anerkannten. Die ideologischen Differenzen zwischen uns und den kommunistischen Bünden waren und sind nach unserer Überzeugung so groß, daß eine Zusammenarbeit mit kommunistischen Gewerkschaften im EGB nicht vorstellbar war. Da halfen auch keine Beschwörungen der »Einheit der Arbeiterklasse«. Nach unserer Erfahrung waren die kommunistischen Gewerkschaften in Westeuropa, die dem Weltgewerkschaftsbund angehörten, in so starker Weise von den sowjetischen Gewerkschaften und damit auch von der sowjetischen Politik im weiteren Sinne abhängig, daß wir erhebliche Zweifel an ihrer Unabhängigkeit haben mußten.

Die Haltung der französischen CGT oder der portugiesischen Intersindical in Sachen Polen und Afghanistan hat uns später bestätigt, daß diese unsere Auffassung richtig war. Wir gehören nicht zu jenen, die entweder nur Chile und Nicaragua oder aber nur Polen und Afghanistan sagen. Wir haben immer Chile, Nicaragua, Polen und Afghanistan gesagt. Unvorstellbar wäre es für uns, einer europäischen Organisation anzugehören, in der wichtige Mitgliedsorganisationen in dieser Hinsicht mit gespaltener Zunge sprechen würden.

Der Streit um die Aufnahme kommunistischer Gewerkschaften in den Europäischen Gewerkschaftsbund

Recht bald nach der Gründung des EGB wurde die Diskussion um dessen Erweiterung fortgesetzt. Es ging dabei um kommunistische Gewerkschaftsbünde. Die italienischen Gewerkschaften wollten bereits auf dem außerordentlichen EGB-Kongreß im Mai 1974 in Kopenhagen, auf dem die Aufnahme der WVA-Organisationen bestätigt wurde, auch die Aufnahme der CGIL durchsetzen. Die CGIL, vor der CISL stärkste Organisation in Italien, war und ist eine von Kommunisten weitgehend kontrollierte Organisation, was zweifellos auch der Stärke und Bedeutung der Kommunistischen Partei Italiens entspricht. Einschränkend muß allerdings gesagt werden, daß das sozialistische Element in der CGIL mehr als nur eine Alibi-Rolle spielte, und die Tatsache, daß der stellvertretende Generalsekretär der CGIL in den letzten Jahren immer ein Mitglied der Sozialistischen Partei Italiens war, bedeutete mehr als nur ein formales Zugeständnis.

Die CGIL gehörte damals noch dem Weltgewerkschaftsbund an, arbeitete aber bereits seit einigen Jahren mit den beiden anderen Organisationen CISL und UIL, die dem Internationalen Bund Freier Gewerkschaften angehörten, eng zusammen. Die Italiener stellten in Aussicht, daß es bald zu einer Einheitsgewerkschaft in Italien kommen könnte, und daß die Aufnahme der CGIL in den Europäischen Gewerkschaftsbund einen solchen Prozeß in Italien fördern würde. Somit standen wir also vor der Frage, ob wir die Empfehlungen der mit uns eng verbundenen beiden anderen italienischen Gewerkschaftsbünde, der CISL und der UIL, für die Aufnahme der CGIL in den Europäischen Gewerkschaftsbund annehmen sollten oder nicht. Die CGIL ihrerseits ließ erkennen, daß sie bereit sei, sich vom kommunistischen Weltgewerkschaftsbund zu lösen. Die Ankündigung eines solchen Schrittes war natürlich auch das Ergebnis eines gewissen Distanzierungsprozesses zwischen der Kommunistischen Partei Italiens und der KPdSU, der nicht ohne Auswirkungen auf die Haltung der CGIL bleiben konnte. Die CGIL forderte zu diesem Zeitpunkt eine Änderung der Satzung des Weltgewerkschaftsbundes, weil sie einen besonderen Status, nämlich den eines assoziierten Mitgliedes im WGB, anstrebte, in der Hoffnung, daß sie mit einem solchen Schritt eine Aufnahme in den Europäischen Gewerkschaftsbund erreichen konnte. Eine solche Satzungsänderung wurde vorgenommen. Wir wußten aber, daß dies mit der ausdrücklichen Billigung der sowjetischen Gewerkschaften und deren damaligem Vorsitzenden, dem Politbüromitglied Alexander Scheljepin, erfolgt war. Dieser Umstand und die Tatsache, daß die CGIL zum gleichen Zeitpunkt, zu dem sie die Aufnahme in den EGB betrieb, in ihren eigenen Veröffentlichungen und in Organen der italienischen kommunistischen Partei heftige Angriffe gegen den IBFG und die Internationalen Berufssekretariate richtete, machte uns doch außerordentlich skeptisch über die eigentlichen Absichten der CGIL. Die Gefahr war jedenfalls nicht von der Hand zu weisen, daß die sowjetischen Gewerkschaften die Italiener zu Zugeständnissen dem EGB gegenüber ermutigt hatten, um so einen »Fuß zwischen die Tür« zu bekommen. Die CGIL allerdings konnte uns im Verlaufe der Zeit davon überzeugen, daß es ihr ernst war mit der Lösung vom Weltgewerkschaftsbund. CISL und UIL ließen in ihren Bemühungen nicht nach, uns zu erklären, daß die Aufnahme der CGIL in den EGB zu gesamtgewerkschaftlichen Fortschritten in Italien führen würden. Auch angesichts der zwischenzeitlich gegründeten Föderation aller italienischen Gewerkschaftsbünde beschloß der DGB-Bundesvorstand im Mai 1975, einer Aufnahme der CGIL in den Europäischen Gewerkschaftsbund zuzustimmen, wenn vorher eine Satzungsänderung im EGB vorgenommen würde. Diese Satzungsänderung aber wurde erst im Oktober 1975 vom EGB verabschiedet. Dessen ungeachtet beschloß die Mehrheit des EGB-Exekutivausschusses bereits im Juli 1975, und zwar gegen die Stimmen unter anderem von DGB und FO und dem niederländischen FNV, die Aufnahme der CGIL.

Festzuhalten ist jedoch an dieser Stelle, daß wir unsere grundsätzlichen Bedenken aufgrund der Intervention unserer italienischen Brudergewerkschaften zurückgestellt hatten und mit einer Aufnahme der CGIL in den Europäischen Gewerkschaftsbund einverstanden waren. Die CGIL hielt später ihre Zusagen ein. Der Satzungsänderung des EGB folgte dann der endgültige Austritt der CGIL aus dem Weltgewerkschaftsbund. Ich habe seither Gelegenheit zu einer ganzen Reihe von Gesprächen vor allem mit dem Generalsekretär der CGIL, Luciano Lama, gehabt. Wir alle haben feststellen können, daß sich die CGIL innerhalb des EGB als eine konstruktive und verläßliche Mitgliedsgewerkschaft erwiesen hat, so daß wir die Aufnahme der CGIL in den EGB zu keinem Zeitpunkt bereut haben. Dies war sicherlich ein bemerkenswerter Beitrag zur Verbesserung der gewerkschaftlichen Situation in Italien selbst und eine Hilfe für die italienischen kommunistischen Gewerkschafter, sich schrittweise von der sowjetisch beherrschten internationalen Gewerkschaftspolitik zu lösen. Zwar kann ich bis heute dem Urteil einiger Beobachter nicht zustimmen, die italienischen Kommunisten betrieben im Grunde nichts anderes als eine sozialdemokratische Politik – dazu sind wohl auch die konservativen Kräfte in der kommunistischen Partei Italiens und auch in der Gewerkschaftsbewegung zu stark –, es ist aber nicht zu übersehen, daß die italienischen Kommunisten sich in einem bemerkenswerten Entwicklungs- und Veränderungsprozeß befinden, was sie zu einem sehr ernstzunehmenden Faktor der westeuropäischen Politik hat werden lassen.

Die Aufnahme der CGIL aber gab der Diskussion um den Beitritt weiterer kommunistischer Gewerkschaftsbünde Auftrieb. Die französische CGT hatte bereits seit einiger Zeit in Frankreich selbst eine Kampagne für ihre Aufnahme in den Europäischen Gewerkschaftsbund eingeleitet. Sie hoffte vor allem darauf, daß sie im Rahmen der damals noch halbwegs funktionierenden Aktionseinheit mit der CFDT eine solche Aufnahme auch gegen die entschiedene Opposition von Force Ouvrière erzwingen könnte. Einen formellen Antrag auf Aufnahme in den EGB allerdings stellte die CGT erst kurz vor dem Kongreß des Europäischen Gewerkschaftsbundes in München im Jahre 1979, nicht etwa 1975. Das jedoch hinderte sie nicht daran, so zu tun, als habe sie bereits früher ihre Aufnahme beantragt, die nun von einer revisionistischen Front, angeführt von DGB und FO, verhindert würde.

Da die ständige Diskussion innerhalb und außerhalb der Exekutive um die Aufnahme neuer und anderer kommunistischer Organisationen nicht abriß und die Arbeit des EGB zweifellos belastete, forderte der DGB die Aufstellung klarer politischer Maßstäbe für Neuaufnahmen. Wir selber legten der Exekutive einen Vorschlag für die Formulierung von Kriterien vor, die sich als kompromißfähig erwiesen und vom EGB-Vorstand angenommen wurden. Diese im November 1979, also nach dem Münchner Kongreß des EGB verabschiedeten Kriterien verlangten unter anderem:

1. Die Mitgliedsbünde des EGB sind autonome Organisationen, die über ihre Politik unabhängig von Regierungen und Parteien entscheiden.

2. Dem EGB gehören solche Mitgliedsbünde an, deren Zugehörigkeit zu einem internationalen Zusammenschluß nicht im Widerspruch zu den Grundsätzen einer freien, demokratischen und unabhängigen Gewerkschaftsarbeit nach dem Verständnis des EGB steht.

3. Im Fall der Mitgliedschaft mehrerer Bünde eines Landes im EGB muß von der Bereitschaft zu einer Zusammenarbeit auf europäischer Ebene ausgegangen werden können.

Bereits dieser letzte Punkt war, was die Lage in Frankreich und später in Spanien und Portugal anging, kaum erfüllbar. Im Jahre 1979 bestand in Frankreich praktisch die vormals enge Zusammenarbeit zwischen CFDT und CGT nicht mehr, so daß auch auf europäischer Ebene von einer solchen Zusammenarbeit nicht ausgegangen werden konnte. Differenzen bestanden insbesondere in der Haltung der Europäischen Gemeinschaft. Die CGT vertrat eine Politik, die die Zukunft Frankreichs mehr in einer von der Entwicklung der Europäischen Gemeinschaft unabhängigen Richtung sah, während die CFDT nicht nur allen protektionistischen Politikabsichten klare Absagen erteilte, sondern von Anfang an zu einer kritisch solidarischen Zusammenarbeit im EGB unter Berücksichtigung der Europäischen Gemeinschaft bereit war. Während es zwischen FO und CFDT im Europäischen Gewerkschaftsbund durchaus immer wieder zu Abstimmungen und gemeinsamen Standpunkten kam, war dies zwischen CGT und den anderen Bünden nicht zu erwarten.

Schwerwiegend war natürlich das Verlangen, Mitgliedsbünde des EGB müßten unabhängig von Regierungen und Parteien entscheiden können. Die enge Verzahnung der Politik der CGT und der Kommunistischen Partei Frankreichs ließ ganz zweifellos den Schluß zu, daß eine Unabhängigkeit der CGT von der KPF bestenfalls behauptet, aber in der Praxis nicht belegt werden konnte. Dies führte übrigens zu einer Polemik zwischen Georges Séguy und mir, in der er mir vorwarf, die deutsche Einheitsgewerkschaft sei nichts anderes als eine sozialdemokratische Richtungsgewerkschaft. Ein Vorwurf, der nicht zu rechtfertigen war.

Im letzten Jahrzehnt hat es in der internationalen Gewerkschaftspolitik zwischen Ost und West sicher einige wenige Augenblicke ohne Berührungsängste gegeben, in denen die gewerkschaftliche Einheit in Zielsetzung und partei- bzw. staatspolitischer Unabhängigkeit die besten Köpfe bewegt hat. Die Einbindung in Ideologien, in die tatsächlichen Macht- und Herrschaftsverhältnisse blieb dann aber doch die nicht wegzudiskutierende Realität.

Mit der Annahme der Kriterien durch den EGB-Vorstand wurde praktisch eine Unvereinbarkeit zwischen der Mitgliedschaft im EGB und im Weltgewerkschaftsbund festgestellt. Nichts anderes war gemeint, als formuliert wurde: »Dem EGB gehören solche Mitgliedsbünde an, deren Zugehörigkeit zu einem internationalen Zusammenschluß nicht im Widerspruch zu den Grundsätzen einer freien, demokratischen und unabhängigen Gewerkschaftsarbeit nach dem Verständnis des EGB stehen.«

Dies war nun keineswegs, wie z. B. die französische CGT immer wieder verbreitete, eine eklatante Einmischung in die politische Freiheit der Gewerkschaftsbünde in Europa. Diese Unvereinbarkeit ist vielmehr eine schlüssige Folgerung aus der Entstehung des EGB, der an die freien und demokratischen Traditionen der internationalen Gewerkschaftsbewegung anknüpft. Und die sind nun nach unserem Verständnis von freier und demokratischer gewerkschaftlicher Betätigung im WGB nicht verwirklicht.

Wir hatten über die Jahre sehr sorgfältig die Entwicklung der französischen CGT verfolgt. Sicher wären wir die letzten gewesen, die sich nicht über eine ideologische Wandlung dieses Bundes gefreut hätten. Kurze Zeit konnte man – bei vordergründiger Betrachtung – den Eindruck haben, als ob die CGT eine breite demokratische Diskussion über ihren Kurs zulasse. In ihrem Organ »La Vie Ouvrière«, dessen Chefredakteur damals das sozialistische Vorstandsmitglied der CGT, Claude Germon, war, wurde eine breit angelegte offene und kritische Diskussion über den Kurs der CGT zugelassen, ein bis dahin einmaliger Vorgang. Doch hatte die Diskussion keine Auswirkungen auf die Politik des Bundes. Hier wurde vielmehr das alte Spiel des »Dampfablassens« praktiziert. Oppositionelle Strömungen waren nun markiert. Die Reihen wurden fester denn je geschlossen und die Redaktion der Zeitschrift wurde umbesetzt. Zwar gehörten den Lenkungsorganen der CGT auf nationaler Ebene immer auch einige Sozialisten und Parteilose an – deren Aufgabe war jedoch nie etwas anderes, als nach außen hin den Schein von Politpluralismus zu wahren.

In Wirklichkeit hatte die KP den Apparat der CGT immer fest in der Hand. Die Sekretäre der regionalen und lokalen Organisationen waren ausschließlich mit KP-Funktionären besetzt, die fast alle in Personalunion den örtlichen oder regionalen Führungsgremien der Partei angehörten.

Wenn man also die Politik der CGT bewerten will, dann kommt man nicht umhin, einen Blick auf den jeweiligen Kurs der Kommunistischen Partei zu werfen. In der französischen KP gibt es bis heute kaum Anzeichen dafür, daß etwa der italienische Weg eingeschlagen werden würde – sehr zum Mißvergnügen Berlinguers übrigens, dessen Traum es bisher war, eine eurokommunistische Achse von Rom über Paris nach Madrid und vielleicht sogar bis nach Lissabon zu schaffen. Die Beziehungen zwischen französischer und italienischer KP sind ziemlich abgekühlt, und es ist kein Staatsgeheimnis, daß auch der Einsatz der italienischen CGIL für die Aufnahme der CGT in den Europäischen Gewerkschaftsbund nicht gerade »olympisch« war.

Doch können alle diese kritischen Beurteilungen der CGT natürlich nicht darüber hinwegtäuschen, daß diese Organisation im sozialen Leben Frankreichs und nicht zuletzt in den Betrieben ihre Bedeutung hatte und hat, und daß niemand ihre gewerkschaftliche Kampfkraft in Zweifel ziehen kann. Das eben ist das Mißliche an der Situation: Die Vertretung eines Großteils der französischen Arbeitnehmer, die größte Gewerkschaftsorganisation eines wichtigen europäischen Landes, bleibt von der Mitgliedschaft in der europäischen Gewerkschaftsorganisation deshalb ausgeschlossen, weil ihre Führung unter dem Einfluß der sie bestimmenden politischen Partei eine internationale Politik betreibt, die eine solche Aufnahme verhindert. Denn niemand wird erwarten dürfen, daß die Gründungsorganisationen und die später hinzugekommenen Mitglieder des EGB ihre eigenen Grundsätze in Frage stellen, um der CGT den Beitritt zu erleichtern.

Die CGT selber hat übrigens ihre Aufnahme in den EGB sehr halbherzig betrieben. Einen formellen Aufnahmeantrag stellte sie erst sehr kurzfristig, und in einer Diskussion der EGB-Exekutive mit einer Delegation der CGT unter Generalsekretär Georges Séguy wurde allen klar, daß die Meinungsverschiedenheiten in den wichtigen Fragen der europäischen Integration und der internationalen Gewerkschaftspolitik unüberbrückbar waren. Selbst die Briten und in gewisser Weise auch die Niederländer und schließlich die italienische CGIL rückten mehr oder weniger deutlich von ihrem Standpunkt ab, auf einer Aufnahme der CGT in den EGB zu beharren. Die Kontroverse zwischen uns und der CGT fand in den Zeitungen statt.

Interessante Aufschlüsse erlaubte ein Interview, das Georges Séguy der französischen Fachzeitschrift »Intersocial« im November 1979 gab, und in dem er sich zu Fragen der internationalen Gewerkschaftspolitik äußerte. Séguy, der ja mittlerweile von dem eine noch wesentlich härtere Linie vertretenden Henri Krasucki als Generalsekretär abgelöst worden ist, gab zu erkennen, daß er an eine innere Entwicklung im Weltgewerkschaftsbund und in den sich sozialistisch nennenden Ländern in Richtung auf eine demokratische Gewerkschaftsbewegung glaube. Zum Weltgewerkschaftsbund äußerte sich Séguy wie folgt: »Der WGB wird durch das spezifisch erdrückende Gewicht, wie das der Führer einer Gewerkschaftszentrale eines sozialistischen Landes ausdrückt, der Organisationen der sozialistischen Länder behindert. Und in Anbetracht der heute die Aktivität und Rolle der Gewerkschaften in den sozialistischen Ländern bestimmenden Konzeption ergibt sich hieraus eine für den WGB an Passivität grenzende, belastende Situation.«

Weiter heißt es: »Es genügt, wenn Sie wissen, daß gewisse Ideen auch in den sozialistischen Ländern ihren Weg machen. Wissen muß man auch, daß die Gewerkschaftszentralen in den sozialistischen Ländern nicht nach einem formell vorbestimmten Modell funktionieren. Es gibt bestimmte Unterschiede zwischen ihnen, ja, sogar bei näherer Betrachtung, eine Vielfältigkeit, die erst in ihrem Anfangsstadium steht. Ich hoffe, daß die bereits in Gang befindliche Suche nach demokratischer Entwicklung zu einem gemeinsamen Kennzeichen aller Gewerkschaftsorganisationen der sozialistischen Länder wird. Ich bin überzeugt, daß der in bestimmten sozialistischen Ländern begonnene Prozeß am Anfang einer Bewegung steht, welche sich auf andere Länder ausdehnen wird. Man muß aber begreifen, daß beim gegenwärtigen Stand der Dinge die Bindungen, wie sie zwischen den Gewerkschaftszentralen und dem Staat und den an der Macht befindlichen Parteien in diesen Ländern existieren, auf den WGB ganz ohne Zweifel einen Druck ausüben, durch den die Möglichkeiten einer Öffnung, wie sie die CGT auf dem 9. WGB-Kongreß in Prag empfohlen hatte, ernsthaft behindert werden.«

Damit er jedoch bei dieser für unsere Verhältnisse milden Kritik am Weltgewerkschaftsbund, die möglicherweise für seine Verhältnisse die Bedingungen einer scharfen Kritik wohl erfüllte, nicht in falschen Verdacht geriet, setzte Georges Séguy im gleichen Interview sofort nach und antwortete auf die Frage: »Wird der IBFG seinerseits nicht durch ein solche Handicap belastet?« wie folgt: »Aber ja doch! Das gleiche gilt im Grunde genommen für den IBFG, innerhalb dessen eine bestimmte Anzahl großer Gewerkschaftsbünde keinesfalls ihre Bindung zu den sozialdemokratischen Parteien und somit zum Staat, wenn diese Parteien an der Macht sind, verhehlt. Dies wirkt sich auch auf den IBFG um so entscheidender und lähmender aus, als die Sozialistische Internationale in ihm selbst erdrückenden Einfluß ausübt, was für Toleranz und Öffnung wenig förderlich sein dürfte.«

Die Rolle der christlich-sozialen Gewerkschaftsinternationale hingegen beurteilte Georges Séguy ungleich freundlicher: »Die dritte Gewerkschaftsinternationale nun, der WVA, hat eine beträchtliche Schwächung seiner Rolle erlebt. Aber der WVA vertritt einen Flügel, dem eine Rolle zusteht, der seinen Platz einnehmen muß im Blick auf eine Annäherung und eine Union der internationalen Gewerkschaftsbewegung.«

Ganz erstaunlich für einen Mann wie Séguy, der doch einige Zeit als ein Vertreter eurokommunistischer Tendenzen in der französischen KP bezeichnet wurde, war die absolute Gleichsetzung der Herrschaftsverhältnisse in Ländern mit parlamentarischer Demokratie und in den Ostblock-Ländern. Es gehört schon eine erhebliche Selbstverleugnung dazu, wenn man Gewerkschaftsorganisationen, die der sozialdemokratischen Arbeiterbewegung nahestehen, in ihrer Rolle im demokratischen Staat mit den Gewerkschaften der Ostblock-Länder und ihrem Verhältnis zu den Staatsparteien vergleicht. Im übrigen ist die in diesem Interview sichtbar gewordene kurzfristige Abkühlung des Verhältnisses zwischen CGT und WGB mittlerweile längst gekittet. Von demokratischer Öffnung ist nicht mehr die Rede und auch nicht von Solidarität mit inneren Entwicklungen im Ostblock, insbesondere in Polen, die auf eine Demokratisierung des Regimes ausgerichtet waren.

Der interessanteste, politisch bedeutsamste und umstrittenste Teil der Aufnahmediskussion waren die Anträge der kommunistischen spanischen Arbeiterkommissionen und der christlich-sozialen USO; aus ganz verschiedenen Gründen, versteht sich.

Der Gewerkschaftsbund der Arbeiterkommissionen (CCOO) war damals der größte gewerkschaftliche Dachverband Spaniens, mit einer Mitgliederzahl von etwa 1,6 Millionen. Mittlerweile übrigens haben sich die Kräfteverhältnisse verändert: Es ist der sozialistisch orientierten UGT gelungen, stärkster spanischer Gewerkschaftsbund zu werden. Aufgrund ihrer Satzung konnte die CCOO als demokratische Organisation betrachtet werden. Formal war sie autonom und unabhängig. In der Praxis, besonders in der Zusammensetzung der Führungsgremien, zeigte sich jedoch eine enge Anbindung der CCOO an die Kommunistische Partei Spaniens. Der damalige eurokommunistische Kurs der spanischen KP fand seinen Niederschlag auch in der Politik der CCOO, die eine erkennbar proeuropäische Politik verfolgte. Einem internationalen Zusammenschluß gehörten die Arbeiterkommissionen nicht an, unterhielten aber enge Beziehungen zum WGB und vielen seiner Mitgliedsbünde. In einer Grundsatzerklärung bekundeten die Arbeiterkommissionen die Absicht, zu allen demokratischen und repräsentativen Gewerkschaften in der Welt Beziehungen herzustellen oder verstärken zu wollen. Einer internationalen Organisation jedoch wollten sie sich nicht anschließen, eine Ausnahme war der Eintrittswunsch in den Europäischen Gewerkschaftsbund.

In der Folge entspann sich im Exekutivausschuß des EGB eine oft erbitterte Diskussion über die Anwendung der Aufnahmekriterien auf den Antrag der CCOO. Eine besondere Verpflichtung, gerade auch für den DGB und den IBFG, ergab sich jedoch aus den engen Beziehungen zur sozialistischen UGT, die wir in der Franco-Zeit erheblich unterstützt hatten und die längst Mitglied im EGB geworden war. Die politischen Verhältnisse in Spanien waren damals außerordentlich kompliziert. Die Sozialisten bemühten sich um eine eigenständige, von der KP unabhängige Oppositionspolitik – die UGT stand vor der Aufgabe, eine neue Organisation aus dem Boden zu stampfen und an ihre alten Traditionen wieder anzuknüpfen.

Die Arbeiterkommissionen hatten einen gewissen Vorsprung, denn sie hatten in den betrieblichen Strukturen der Franco-Zeit halblegal gearbeitet, während die UGT in die Illegalität und ins Exil abgedrängt war. Innerhalb der UGT selber gab es unterschiedliche Auffassungen über eine unmittelbare Zusammenarbeit mit den Arbeiterkommissionen. Schließlich hatte man auf derselben Seite gestanden, und die spanischen Arbeiter verlangten Zusammenarbeit zwischen den Gewerkschaften. Die kommunistische Partei konnte sich nur geringe Chancen ausrechnen, zur bestimmenden politischen Kraft auf der spanischen Linken zu werden. So versuchte sie, ihre politische Schwäche durch den Ausbau ihrer gewerkschaftlichen Flanke auszugleichen. Sie hatte dabei wesentliche organisatorische Vorteile und Vorsprünge, die zunächst den Schluß zuließen, die Arbeiterkommissionen würden zwangsläufig zur bestimmenden Kraft im gewerkschaftlichen Leben Spaniens werden. Was ihr fehlte, waren »europäische Weihen« durch eine Mitgliedschaft im Europäischen Gewerkschaftsbund. Viele wichtige Mitgliedsorganisationen des EGB und Gewerkschaftsvorsitzender, vor allem der damalige EGB-Präsident Wim Kok, Vorsitzender des niederländischen Bundes FNV, waren der Überzeugung, man müsse die Arbeiterkommissionen aufnehmen. Dies entspreche der besonders schwierigen Lage der spanischen Demokratie, die man ja keineswegs als gesichert ansehen könne. Im übrigen ließe die Entwicklung der spanischen KP den Schluß zu, daß nicht nur mit gewerkschaftlicher Unabhängigkeit, sondern auch mit einem durchaus vertretbaren eurokommunistischen Kurs zu rechnen sei.

Die überzeugende Persönlichkeit des Generalsekretärs der CCOO, Camacho, und seines Stellvertreters Sartorius kamen hinzu. Camacho hatte einen langen Kampf gegen das Franco-Regime hinter sich, hatte viele Jahre im Gefängnis verbracht und war in Spanien selbst zu einer Symbolfigur des Widerstands geworden.

Man müsse, so die Argumentation der Befürworter einer Aufnahme der Arbeiterkommissionen, den Prozeß der Demokratisierung in Spanien durch eine enge Anbindung der gesamten spanischen Gewerkschaftsbewegung an den EGB fördern.

Damit verbanden viele die Erwartung, eine Mitgliedschaft der Arbeiterkommissionen im EGB werde für eine Stärkung der eurokommunistischen Kräfte in Spanien sorgen und zu einer Schwächung der nach wie vor, vor allem in Katalonien, starken stalinistischen Tendenzen führen.

Ich kann nicht sagen, daß mich diese Argumente unbeeindruckt gelassen hätten. Der Bundesvorstand des DGB führte darüber eine Diskussion mit dem EGB-Präsidenten persönlich, aber maßgebend war für uns die Beurteilung der Lage durch unsere Freunde in Spanien selbst. Die UGT hatte sich über einen längeren Zeitraum auch nicht in internen Sitzungen des EGB definitiv gegen eine Aufnahme von CCOO ausgesprochen oder etwa mit ihrem eigenen Austritt für den Fall der Aufnahme der CCOO gedroht.

In Spanien kam es, vor allem auf den großen Kundgebungen zum 1. Mai, zu gemeinsamen Auftritten von Camacho und Redondo, dem Generalsekretär der UGT. Der Versuch jedoch, nach italienischem Vorbild eine Art nationaler Gewerkschaftsföderation zu gründen, scheiterte. Die noch im Aufbau befindliche UGT begriff, daß eine solche Konstruktion vor allem die Funktion haben würde, die damals noch für sie bestehenden ungünstigen Kräfteverhältnisse ein für allemal festzuschreiben und ihre Handlungsmöglichkeiten einzuschränken. Die UGT aber brauchte Zeit und Luft, um den Wiederaufbau der großen linken und demokratischen Gewerkschaftsorganisation erfolgversprechend durchführen zu können.

Wiederum war es die französische CGT, die der UGT vorhielt, sie sei nichts anderes als die Verlängerung der Sozialistischen Partei im gewerkschaftlichen Bereich. Sicher, die Sozialistische Arbeiterpartei Spaniens PSOE und die UGT haben gemeinsame Wurzeln und die Führung der UGT ist sozialistisch. Aber selbst in der schwierigen Zeit der demokratischen Erneuerung Spaniens gab es kein direktes Abhängigkeitsverhältnis zwischen PSOE und UGT. Die bereits erwähnten gemeinsamen Veranstaltungen zwischen CCOO und UGT paßten sicherlich nicht in das politische Kalkül des Sozialistenführers Felipe Gonzalez und trotzdem fanden sie statt, eben, weil die Beziehungen zwischen einer sozialistischen Partei und einem sozialistischen Gewerkschaftsbund sich von denen zwischen einer kommunistischen Partei und einer kommunistischen Gewerkschaft grundlegend unterscheiden.

Seitdem die Sozialistische Partei Regierungspartei ist und eine Wirtschaftspolitik betreibt, die nicht auf den ungeteilten Beifall der Gewerkschaften treffen kann, belegt die UGT mit ihren Aktionen Tag für Tag ihre Unabhängigkeit von Partei und Regierung.

Das hat nichts damit zu tun, daß die Beziehungen zwischen der UGT und der jetzigen spanischen Regierung besser sind als sie mit jeder anderen denkbaren Regierung sein könnten. Verwundern kann das nicht, denn schließlich hat eine überwältigende Mehrheit der spanischen Wähler und eine noch größere Mehrheit der spanischen Arbeiterschaft diese Regierung ins Amt gewählt.

Ich unternahm, als die Auseinandersetzung im EGB einen gewissen Höhepunkt erreicht hatte, eine Reise auf die Iberische Halbinsel und traf in Madrid mit Nicolas Redondo und dem damaligen Oppositionsführer Felipe Gonzalez zusammen. Nach den Eindrücken, die ich in den Gesprächen mit dem Vorstand der UGT gewann, wurde ich in meiner Überzeugung bestärkt, daß wir zum damaligen Zeitpunkt einer Aufnahme der Arbeiterkommissionen nicht zustimmen konnten, wenn wir nicht das Gebot der Loyalität unseren spanischen Freunden gegenüber sträflich vernachlässigen wollten. Noch dazu hieß es im dritten Aufnahmekriterium des EGB: Im Fall einer Mitgliedschaft mehrerer Bünde eines Landes im EGB, muß von der Bereitschaft zu einer Zusammenarbeit auf europäischer Ebene ausgegangen werden. Da half kein Theoretisieren am grünen Tisch (mit immer neuen Variationen über das Thema »Wandlungsfähigkeit der Kommunisten«), wenn wir unsere Freunde stärken und unterstützen wollten, dann mußten wir ihnen die Zeit lassen, die sie brauchten, um ihre Ausgangspositionen zu verbessern.

Von außen gesehen schien es so, als habe sich die eurokommunistische Tendenz in den Arbeiterkommissionen durchgesetzt.

Im Juni fand der zweite Kongreß der Arbeiterkommissionen statt, dessen Ergebnisse wir sehr viel kritischer beurteilen als andere Mitgliedsbünde im EGB. Für uns war von ganz entscheidender Bedeutung, welche Haltung der Kongreß zur europäischen Politik einnehmen würde. Zwar hatten die Führungsgremien der CCOO betont, daß sie einen Beitritt Spaniens in die EG unterstützten und daß die CCOO selbst im EGB und nach einem Beitritt Spaniens konstruktiv auch den Institutionen der Gemeinschaft gegenüber mitarbeiten würde. Das konnte zu einem Teil Taktik oder Fehleinschätzung der tatsächlichen Stimmung in der Mitgliedschaft sein.

Als der Kongreß über eine besondere Entschließung zu Europa abstimmen sollte – diese Entschließung war nicht zuletzt auch deshalb eingebracht worden, um die Aufnahme in den EGB zu unterstützen –, war nicht einmal die Hälfte der Delegierten anwesend; ein ganz ungewöhnlicher Vorgang bei einer außerordentlich wichtigen Abstimmung. Von den verbliebenen Delegierten stimmten nur 40 Prozent der Europa-Resolution zu. Wir bewerteten diesen Vorgang als Beleg dafür, daß eine Aufnahme der Arbeiterkommissionen zum damaligen Zeitpunkt den inneren Zusammenhalt des EGB auf eine schwere Belastungsprobe hätte stellen müssen, und daß die offiziellen Erklärungen des CCOO-Vorstandes nicht in Übereinstimmung mit der tatsächlichen Meinung der Mehrheit der Mitglieder und Delegierten stand.

Diese Abstimmung war entscheidend auch für die inneren Kräfteverhältnisse in den CCOO. Es konnte unterstellt werden, daß die Delegierten, die dem Vorstandsvorschlag für eine Europa-Resolution zustimmten, Anhänger einer demokratischen Öffnung auf Westeuropa hin waren und dem eurokommunistischen Flügel angehörten. Die anderen aber, diejenigen, die entweder nicht an der Abstimmung teilnahmen, sich der Stimme enthielten oder aber dagegen stimmten, machten die Mehrheit des Kongresses aus.

Der Streit zwischen den Eurokommunisten und den Vertretern einer dogmatischen KP-Politik ist bis heute nicht eindeutig entschieden, auch nicht in den Arbeiterkommissionen. Die Anhänger des dogmatischen Flügels, die Unterstützung bei der KPdSU finden, sind Gegner eines Beitritts Spaniens in die EG. Sie spielen heute in den Arbeiterkommissionen eine größere Rolle als in der Partei selbst. Nach der Entwicklung in Spanien in den letzten beiden Jahren habe ich keinen Grund, unsere damalige Haltung zu revidieren. Im Gegenteil: Der UGT ist es ge-

lungen, größter Bund des Landes zu werden. Die Eurokommunisten haben sich nicht als bestimmende Kraft im
kommunistischen Teil der spanischen Arbeiterbewegung
erwiesen. Spanien hat heute – auch ohne Linksunion –
eine linke demokratische Regierung. Im Sommer 1981 jedoch gab es einigen Ärger über eine Presseerklärung, die
ich für den DGB unmittelbar nach meiner Rückkehr von
meinen Gesprächen in Spanien und Portugal abgegeben
hatte. Die Erklärung endete mit dem Satz: »Der DGB-
Vorsitzende kündigt weitreichende Konsequenzen an,
wenn sich eine Mehrheit im Vorstand des EGB dieser Erkenntnis (nämlich der fehlenden Begründung für die Aufnahme weiterer kommunistischer Organisationen in den
EGB) verschließt. Dabei zog er auch einen Austritt des
DGB aus dem Europäischen Gewerkschaftsbund in Erwä-
gung.«
Manche warfen uns daraufhin vor, wir hätten den EGB er-
pressen und unter »deutsches Diktat« stellen wollen. Und
schließlich wurde unsere Politik auch noch in Zusammenhang mit der bevorstehenden Rückkehr von AFL-CIO in
den IBFG gebracht. Es mag sein, daß wir uns in der uns
wirklich sehr bewegenden Spanienfrage manchmal sehr
hart und kompromißlos verhalten haben. Gerade aber um
die Aufnahme der Arbeiterkommissionen waren alle möglichen Interessenten mit allen möglichen Querverbindun-
gen am Werke, so daß ich wirklich nichts Verletzendes
darin sehen konnte, daß wir in aller Offenheit zu Werke
gingen. Die innere Pluralität und die Gleichberechtigung
aller im EGB waren Elemente der Zusammenarbeit, die
ich auch in meiner Eröffnungsrede vor dem Kongreß des
EGB im Mai 1979 in München unterstrichen hatte. Und
ich sagte auch, daß uns nichts ferner läge als eine »Ger-
manisierung« des EGB. Und nun wurde unsere notwendi-
gerweise undiplomatische, aber ehrliche Stellungnahme –
sicher im Eifer des damaligen Gefechtes – als Majorisie-
rungsversuch ausgelegt. Was unsere Verbindungen zur
AFL-CIO anging, auf die ich an anderer Stelle noch eingehen werde, so wußte jeder, daß wir zwar die Rückkehr von

AFL-CIO in den IBFG wünschten, aber niemals akzeptiert hätten, daß AFL-CIO etwa über den DGB Einfluß auf die europäische Gewerkschaftspolitik genommen hätte.

Unsere Ankündigung, wir würden aus dem EGB bei einer Aufnahme der Arbeiterkommissionen austreten, konnte niemanden überraschen und hätte allen auch ohne besondere Erklärung klar sein müssen. Wir erwarteten von unseren Brudergewerkschaften, daß ihnen die Konsolidierung und der innere Zusammenhalt des EGB wichtiger sein würden, als den Bund wegen einer solchen Frage auseinanderzudividieren. In einem Brief an alle Bünde erläuterte ich noch einmal unsere Auffassung. Darin schrieb ich, in Abstimmung mit unserem Vorstand, unter anderem folgendes:

»Der DGB sieht in der Mitgliedschaft weiterer kommunistisch beherrschter Organisationen eine ernsthafte Gefährdung der Integrität des EGB, die seine weitere Entwicklung als schlagkräftiges Instrument zur Sicherung und Verbesserung der Lage der Arbeitnehmer in Europa und zur Förderung der europäischen Integration behindern muß.

Auch wenn die Comisiones Obreras auf ihrem letzten Kongreß den Versuch unternommen haben, als unabhängige Organisation zu erscheinen, die die gleichen Ziele wie der EGB und seine Mitgliedsorganisationen vertritt, kann man doch nicht den taktischen Charakter solcher Erklärungen und Beschlüsse übersehen.

Formell und informell besteht weiterhin eine enge Verbindung zu den jeweiligen nationalen kommunistischen Parteien. Über sie und durch die Beziehungen zum Weltgewerkschaftsbund werden weiterhin Ziele zum sogenannten proletarischen Internationalismus verfolgt. Diese aber stehen in ganz klarem Gegensatz zur Politik des Europäischen Gewerkschaftsbundes.

Gerade die Auseinandersetzungen zwischen den Fraktionen innerhalb der Kommunistischen Parteien und der von ihnen beherrschten Gewerkschaften zeigen, wie weitgehend die Verfolgung ›eurokommunistischer Tendenzen‹ auf bestimmte Personen konzentriert ist, die jederzeit auswechselbar sind.

Der taktische Charakter solcher Bewegungen wurde besonders deutlich am Beispiel der CGT-Frankreich vor und nach dem letzten Kongreß des Weltgewerkschaftsbundes. Die Abhängigkeit von ›Tendenzen‹ wurde aber auch beim Abstimmungsverhalten des kürzlichen Kongresses der Arbeiterkommissionen erneut sichtbar.

Es ist zutreffend, daß selbst bei Aufnahme sämtlicher kommunistisch beeinflußter Gewerkschaften in Westeuropa diese im EGB gegenüber den christlich und sozialistisch denkenden Gruppierungen keine Abstimmungsmehrheit erreichen können. Zu bedenken ist aber, daß die Satzung des EGB auf der Bildung eines Konsensus in Gremien angelegt ist, die durch eine zu erwartende Fraktionierung gefährdet ist. Gleichzeitig ist auch die geografische Konzentration kommunistisch beherrschter Bünde auf Süd- und Westeuropa eine bedenklich stimmende Entwicklung. Dadurch würde ein wichtiger Bereich des EGB-Raumes weitgehend kommunistisch beherrschbar sein.

Zu berücksichtigen ist weiter, daß die freien Gewerkschaften Europas eine besondere solidarische Verpflichtung gegenüber ihren Mitgliedsbünden haben. Dazu gehört auch, daß wir alles unternehmen müssen, um ihre Stellung im eigenen Land zu stärken. Besonders die UGT in Spanien und die STV (der baskische Gewerkschaftsbund) – wie die UGT schon seit langem Mitglied im EGB – beziehen ihre Stärke außer durch ihr positives Wirken bei der Verbesserung der Stellung der Arbeitnehmer und der Stabilisierung einer demokratischen Ordnung aus ihrer Bedeutung in der internationalen Vertretung der spanischen Arbeitnehmer. Hierin würden unsere Bruderorganisationen durch eine Aufnahme der Comisiones Obreras in den EGB zurückgeworfen werden.«

Hinter dem Aufnahmeantrag der spanischen USO (Arbeitergewerkschaftsbund) stand ein völlig anderes Problem.

Die USO wurde im Jahre 1960, also noch unter der Franco-Diktatur, von progressiven Gruppen der katholischen Kirche gegründet.

In den ersten Jahren kam es zu einer Zusammenarbeit zwischen USO und den Arbeiterkommissionen, die dann aber eingestellt wurde. Die USO ist eine sehr kleine und mittlerweile kaum repräsentative Organisation, was sich am deutlichsten bei den Gewerkschaftswahlen in Spanien zeigte. 1978 entfielen auf die USO knapp zehn Prozent und bei den Sozialversicherungswahlen zwei Jahre später verblieben davon noch ganze drei Prozent. In der USO hatte sich eine ganze Reihe verschiedener Tendenzen der katholischen Arbeiterbewegung bis hin zu linkssozialistischen Gruppen organisiert, unter anderem auch ein Flügel, der das Konzept der Arbeiterselbstverwaltung vertrat. 1977 kam es zu einer ersten Spaltung der USO, eine sozialistische Gruppierung trat der UGT bei. Zu einer zweiten Spaltung kam es im Jahre 1980, als sich eine andere sozialistische Gruppe den Arbeiterkommissionen anschloß.

Die USO gehört dem Weltverband der Arbeitnehmer an und unterhält, nachdem sie durch die Abspaltung von zwei Gruppen auf einen Rest zusammengeschmolzen ist, enge Kontakte zum christdemokratischen Zentrum, der ehemaligen Regierungspartei nach Franco. Sie wird bis heute von den christdemokratischen Parteien Westeuropas und den ihnen nahestehenden Stiftungen gefördert.

Die WVA-Mitgliedsbünde im EGB unterstützten den Aufnahmeantrag der USO und waren, um dafür eine Mehrheit zu erhalten, sogar bereit, auch der Aufnahme der Arbeiterkommissionen zuzustimmen. Ein wenig erinnerte uns dieses Vorgehen der christlichen Bünde an die Taktik der WVA vor der Gründung des EGB, nämlich durch eine gewisse Zusammenarbeit damals mit dem WGB die IBFG-Position in Europa zu schwächen. Bis heute kann man mit Fug und Recht davon ausgehen, daß es innerhalb des EGB keine Fraktionierungen gibt. Allein schon die Meinungsverschiedenheiten unter den IBFG-Organisationen in der Aufnahmefrage zeigen dies deutlich. Das geschlossene Eintreten der WVA-Bünde für die USO und die damit verbundene Bereitschaft, der Aufnahme weiterer kommunistischer Gewerkschaften in den EGB zuzustimmen, war dennoch ein Hinweis darauf, daß die potentielle Gefahr von Fraktionierungen nicht auszuschließen ist. Verständlich wäre eine solche Fraktionierung der WVA-Mitglieder im EGB nur dann gewesen, wenn sie sich einer geschlossenen Mehrheit von IBFG-Mitgliedern gegenübergesehen hätten. Davon kann jedoch keine Rede sein, denn die WVA-Mitgliedsbünde sind nicht nur Mitglieder gleichen Rechts, sie verhalten sich auch so und werden so behandelt. In der Zusammenarbeit im EGB gibt es keinerlei Probleme.

Die Aufnahme der USO hätte für Spanien bedeutet, daß die ohnehin nicht geringe Zersplitterung der spanischen Gewerkschaftsbewegung (es gibt neben den beiden großen noch eine Vielzahl von vor allem regionalen Organisationen) durch den EGB sozusagen sanktioniert worden wäre. Die beiden Mitgliedsorganisationen Spaniens im EGB, nämlich die UGT und die baskische STV-ELA, die schon in der Diktaturzeit um Aufnahme in den EGB nachgesucht hatte, sprachen sich entschieden gegen eine Aufnahme der USO aus.

In Portugal war die Lage sehr klar. Dort gibt es zwei Organisationen: Die eine, Intersindical ist die größere und wird von der kommunistischen Partei kontrolliert, die unter ihrem Generalsekretär Alvaro Cunhal einen linientreuen Moskaukurs fährt; die andere, die nach dem Ende der Diktatur neu gegründete UGTP steht den Sozialisten und Sozialdemokraten nahe, gehört dem IBFG seit 1979 an und befindet sich noch in der Aufbauphase, mit allerdings bemerkenswerten Erfolgen.

Die Abstimmungen über die Aufnahmeanträge im EGB verliefen schließlich dann doch so, wie wir es erhofft hatten: Über die Aufnahmeanträge der CGT und Intersindical Portugal wurden schon vorher keine langen Diskussionen mehr geführt. Beide wurden abgelehnt. Ebenfalls abgelehnt wurden die Aufnahmeanträge der spanischen

Arbeiterkommissionen – allerdings verfehlte dieser Aufnahmeantrag nur knapp die qualifizierte Mehrheit – und der USO. Die UGT-Portugal hingegen wurde in den EGB aufgenommen. Auf dem letzten Kongreß des EGB im Jahre 1982 in Den Haag spielte das Problem der Aufnahmeanträge keine belastende Rolle mehr. Der EGB hat eine offene Kontroverse ohne inneren Schaden überstanden, ein sicherlich gutes Zeichen für die Solidität und die Offenheit dieser noch jungen europäischen Organisation.

Eine nachträgliche Betrachtung der Lage des EGB nach jahrelangen Erörterungen über eine Erweiterung zeigt: Der Bund braucht eben doch seine Zeit, um die notwendige gewerkschaftliche Aktion in Europa erfolgreich verwirklichen zu können. Er braucht innere Ruhe und wachsende Bereitschaft der Mitgliedsbünde, einen größeren Teil ihrer Politik zusammen mit den anderen Bünden im EGB vorzubereiten. Das ursprünglich ins Auge gefaßte Ziel, über den EGB zu einer besseren Zusammenarbeit zwischen dem WVA und dem IBFG auf Weltebene zu kommen und einen Zusammenschluß dieser beiden Organisationen zu erreichen, konnte bislang nicht verwirklicht werden. Die ideologische Spaltung der Gewerkschaftsbewegung in einigen europäischen Ländern konnte vom EGB bisher nicht überwunden werden. Die Voraussetzungen für mehr gewerkschaftliche Einheit müssen in diesen Ländern selbst geschaffen werden. Nur auf diesem Wege kann eine umfassende europäische Gewerkschaftsbewegung entstehen.

Eine unbegrenzte ideologische Öffnung des EGB aber, ohne daß, wie im Falle Italiens, ein sichtbarer Prozeß der gewerkschaftlichen Zusammenarbeit zu Hause stattfindet, würde seine Kampfkraft, die ohnehin noch klein ist, schwächen und seine Entwicklungschancen erheblich beeinträchtigen. Es würde ihn zu einem Forum nationaler gewerkschaftlicher Meinungsverschiedenheiten werden lassen, ihn blockieren und behindern.

Nicht zuletzt unsere Sorge um die zukünftige Entwicklung des EGB, seine Rolle in der Europäischen Gemeinschaft und die Aufrechterhaltung seiner Verbindungen zum IBFG waren es, die uns zu unserer festen Haltung veranlaßten und nicht, wie man meinen könnte, plumper und überkommener Antikommunismus. Ich bin überzeugt, daß eine Erweiterung des EGB erst dann wirklich zur Diskussion stehen kann, wenn sich die beiden demokratischen Gewerkschaftsinternationalen, der IBFG und der WVA, über Zusammenarbeit und Fusion geeinigt und die unterschiedlichen Bünde sich zu nationalen Föderationen zusammengeschlossen haben.

Hoffen auf Frankreich?

Niemand von uns erwartete eigentlich, daß es dem französischen Sozialistenführer, François Mitterrand, gelingen würde, die Präsidentschaftswahlen im Mai 1981 zu gewinnen. Vor allem wir deutschen Sozialdemokraten konnten uns nur schwer vorstellen, daß es in Frankreich eine Mehrheit der Wähler für eine Linkskoalition mit Einschluß der Kommunisten geben könnte.

Auch unsere gewerkschaftlichen Freunde in Frankreich waren eher skeptisch. Die drittgrößte Organisation, die CGT-FO und ihr Generalsekretär André Bergeron, verübeln den Sozialisten das Bündnis mit den Kommunisten und hielten sich während des Wahlkampfes nicht nur zurück, sondern ließen gelegentlich sogar durchblicken, daß ihnen ein Sieg der Linken um den Preis einer Beteiligung der Kommunisten an der französischen Regierung nicht gelegen kommen würde.

Anders, aber auch skeptisch und kritisch, die sozialistische CFDT. Der Generalsekretär Edmond Maire war durch eine lange politische Freundschaft mit dem Sozialisten Michel Rocard verbunden. Und Rocard war in harten Auseinandersetzungen um die Spitzenkandidatur gegen Mitterrand unterlegen. Rocard stand und steht politisch für eine Öffnung der Sozialisten auf die bürgerliche linke Mitte hin und machte keinen Hehl aus seiner Überzeugung, daß in einem Land wie Frankreich die in Jahrzehnten gewachsenen sozialen, wirtschaftlichen und politischen Machtstrukturen nur durch eine langfristig angelegte Politik der schrittweisen Reformen verändert werden könnten, nicht aber durch ein nach rechts hin abgedichtetes Bündnis mit der kommunistischen Partei.

Die CFDT, eine noch junge Organisation, die ursprünglich aus der alten christlichen CFTC hervorgegangen war, hatte in ihrer kurzen Geschichte schon viele Häutungen durchgemacht. Spuren hinterließ vor allem der Mai 1968, der nicht nur für eine erhebliche Verjüngung ihrer Mitgliedschaft sorgte, sondern auch eine ganze Reihe von linken Minderheitentendenzen in den Bund hineinführte. Diese Tendenzen bereiteten der CFDT gelegentlich einige Sorgen und verhalfen ihr zu innergewerkschaftlicher Bewegung. Bewegung, die sicher auch heilsam und lehrreich war – die aber die Politik der CFDT, jedenfalls für uns, die wir aus traditionellen Gewerkschaftsorganisationen in Westeuropa kamen, manchmal schwer berechenbar machte.

So fuhr die CFDT bis Mitte der siebziger Jahre einen Kurs, der – sicher auch als Folge des gemeinsamen Programms der Linken – die Herstellung einer gewerkschaftlichen Aktionseinheit mit der CGT zum Ziel hatte. Die Achse CGT-CFDT, zu der sich auch noch die Lehrergewerkschaft FEN gesellte, war also in gewisser Weise die gewerkschaftliche Flanke des Linksbündnisses der Parteien.

Allerdings gab es einen wesentlichen Unterschied zwischen CGT und CFDT: Während die CGT völlig von der KPF kontrolliert wird, waren die Beziehungen zwischen der Sozialistischen Partei und der CFDT wesentlich lockerer und keineswegs frei von Spannungen und Meinungsverschiedenheiten auch in wichtigen Grundsatzfragen. Das lag auch daran, daß die von Mitterrand neu gegründete Sozialistische Partei über lange Jahre hinweg eine sehr konfuse Gewerkschaftspolitik betrieb und gewerkschaftlicher Einfluß auf die Programmatik der Partei kaum zu spüren war.

Bis heute ist die Sozialistische Partei Frankreichs, im Unterschied zur Kommunistischen Partei, eine Honoratioren- und Lehrerpartei, mit einer nur geringen Beteiligung der

Arbeiter in ihren Gremien. Zwar spielte sicherlich auch der gewerkschaftliche Pluralismus in Frankreich dabei eine Rolle, aber erklären kann er nicht, wieso ein starker gewerkschaftlicher Flügel in der Partei fehlt.

Die alte »Französische Sektion der Arbeiterinternationalen« (SFIO), trotz ihres nostalgisch-revolutionären Parteinamens eine reformistisch-sozialdemokratische Partei, unterhielt immer enge Beziehungen zur CGT-FO, deren Einfluß sich auch in der Politik der SFIO bemerkbar machte. Die SFIO hatte sich, von Glanztagen in der Vierten Republik unter ihrem damaligen Führer Guy Mollet abgesehen, als nicht überlebensfähig erwiesen. Auf ihren Resten baute Mitterrand eine breit angelegte Sozialistische Partei auf, wobei allerdings, wie schon gesagt, das gewerkschaftliche Element vernachlässigt wurde; ein Defizit, das sich bis heute, da die Sozialisten die führende Regierungspartei sind, bemerkbar macht.

Das Bündnis zwischen PS und KP hielt, sieht man einmal von den Versuchen der KP ab, in einer vermeintlich günstigen Stunde vom Gemeinsamen Programm durch die Verkündung maximalistischer Positionen (es ging dabei vor allem um die Zahl der zu verstaatlichenden Unternehmen) abzurücken. Die französischen Kommunisten fürchteten – und dies nicht zu Unrecht –, daß sie durch die wachsende Popularität Mitterrands und die bemerkenswerten Wahlerfolge der Sozialisten vor allem bei den Kommunalwahlen des Jahres 1977 zur zweiten Kraft auf der Linken absinken könnten. Ihre dominierende Rolle als die »Partei der Arbeiterklasse« sah sie bedroht, und das war wohl der eigentliche Grund für den zeitweiligen Bruch des linken Bündnisses.

Die Taktik Mitterrands war von Anfang an durchschaubar: Er wollte die Verfassung der V. Republik, die von ihm vorher immer entschieden bekämpft worden war und die in der Tat gewisse autoritäre Züge aufweist (was sich schon aus der hervorragenden Stellung des Staatspräsidenten und aus der schwachen Rolle der Nationalversammlung ergibt), zu seinen Gunsten nutzen.

Die Popularität Giscard d'Estaings wurde in den letzten beiden Jahren seiner Präsidentschaft von Tag zu Tag geringer. Offenkundiger Machtmißbrauch, Skandale und die sichtbar werdende Arroganz der Macht – das verminderte das Ansehen Giscards auch bei seinen Stammwählern, vor allem bei der Schicht der liberal eingestellten kaufmännischen und technischen Intelligenz.

Ich hatte im Jahre 1978 Gelegenheit, als Präsident des Europäischen Gewerkschaftsbundes gemeinsam mit meinen französischen Kollegen und dem EGB-Generalsekretär, dem Luxemburger Mathias Hinterscheid, den französischen Staatspräsidenten zu sprechen. Es ging dabei um die Vorbereitung eines Gipfeltreffens der Staats- und Regierungschefs der Europäischen Gemeinschaft. Beschäftigungspolitische Themen standen im Vordergrund, insbesondere die Rolle des Staates, der Wirtschaftspolitik und die Verkürzung der Arbeitszeit. In seinem eigenen Land stand es um die Beziehungen zwischen dem Präsidenten und den Gewerkschaften nicht zum Besten – lediglich André Bergeron unterhielt regelmäßige Kontakte zur damaligen Regierung. Versuche, den Dialog zwischen den Gewerkschaften und der Regierung zu institutionalisieren, schlugen regelmäßig fehl.

Warum das so war, wurde mir in diesem Gespräch mit Giscard d'Estaing recht bald klar: Er war überzeugt davon, daß seine liberale Wirtschaftspolitik ohne jede Alternative sei, und er ließ keinen Zweifel daran, daß er eine »Störung« dieses Kurses durch die Gewerkschaften nicht wünsche. Seinen Standpunkt trug er mit ausgesuchter Höflichkeit und Konzilianz vor – erwarten aber konnten wir von ihm nicht, daß er beschäftigungspolitische Impulse in die Politik der Europäischen Gemeinschaft einführen würde. Eingriffen des Staates stand er als Ordo-Liberaler ablehnend gegenüber – er setzte ohne Umschweife auf die Selbstheilungskräfte des Marktes und der Wirtschaft sowie die Richtigkeit der von ihm vertretenen Linie. Als Giscard die Macht an Mitterand übergab, stand die Inflationsrate in Frankreich bei 14 Prozent und das Außenhandelsdefizit belief sich auf 60 Milliarden Franc. Die Arbeitslosigkeit bewegte sich auf die Zwei-Millionengrenze zu.

Es war also nicht nur das Charisma Mitterrands, sondern es waren auch die allgemeine wirtschaftliche Lage und die zunehmenden sozialen Spannungen, die einen Machtwechsel greifbar werden ließen. Darauf baute Mitterrand, der von seinem Erfolg überzeugt war. Wichtig für ihn war es, die Kommunisten zu neutralisieren. Eine KPF in der Opposition, so sein Kalkül, würde ihm das Regierung fast unmöglich machen. Denn klar war, daß auch eine sozialistische Regierung keine Wunder zustande bringen würde und an die Opferbereitschaft der Arbeitnehmer appellieren müßte. Das konnte nach der Überzeugung François Mitterrands und seiner Freunde von der PS nur dann durchgehalten werden, wenn man die Kommunistische Partei und damit auch den stärksten Gewerkschaftsbund des Landes, die CGT, in der Regierungsloyalität »kasernieren« und zu Wohlverhalten zwingen würde. Wir deutschen Gewerkschafter beurteilten die Erfolgsaussichten einer solchen Politik außerordentlich zurückhaltend. Sicher spielten dabei unsere Vorbehalte gegen die Kommunisten eine Rolle – wir glaubten aber auch nicht daran, daß sich die Kommunisten auf Dauer in eine solche Lage fügen würden.

Bundeskanzler Helmut Schmidt, den eine politische Freundschaft mit Giscard d'Estaing verband, machte selbst öffentlich keinen Hehl daraus, wen er sich in Frankreich an der Regierung wünschte: Giscard. Kein Wunder war es, daß die französischen Sozialisten ihm das sehr übelnahmen, denn Helmut Schmidt genoß in Frankreich hohes Ansehen und für manchen Franzosen war die Bundesrepublik unter der Kanzlerschaft Helmut Schmidts tatsächlich ein Vorbild. Willy Brandt hatte alle Hände voll zu tun, um Mitterrand und die Sozialistische Partei Frankreichs davon zu überzeugen, daß die deutsche Sozialdemokratie die Ansichten ihres selbstbewußten Bundeskanzlers in dieser Frage nicht teilte. Das mag das Bild ein wenig aufgehellt haben – denn dem Respekt, den Helmut Schmidt zweifellos genoß, stand in weiten Teilen der französischen Bevölkerung eine große emotionale Zuneigung für Willy Brandt gegenüber.

Kurz vor den französischen Präsidentschaftswahlen fand in Paris eine Sitzung der Sozialistischen Fraktion des Europäischen Parlamentes statt, an der ich teilnahm. Die Haltung Helmut Schmidts machte uns schwer zu schaffen, denn sie wurde von unseren französischen Freunden als direkte Wahlhilfe für Giscard d'Estaing und als »Kriegserklärung« an die Sozialisten aufgefaßt. Der Sprecher der deutschen Sozialdemokraten im Europäischen Parlament, Horst Seefeld, nutzte dann die Anwesenheit François Mitterrands zu einer Rede, in der er für die deutschen Sozialdemokraten im Europäischen Parlament keinen Zweifel daran ließ, wen man sich als Sieger bei den Wahlen wünschte.

Der Wahltag wurde zu einem Triumph Mitterrands. Bereits im ersten Wahlgang hatte der Generalsekretär der KPF, Georges Marchais, der auch gegen Mitterrand einen scharfen Wahlkampf führte und Mitterrand als einen nicht verläßlichen Partner der Arbeiterschaft darstellte, von den Wählern eine Abfuhr erhalten. Selbst zahlreiche traditionelle Wähler der KP stimmten beim ersten Mal für Mitterrand – der KPF war es nicht gelungen, ihrer potentiellen Wählerschaft ihre Absicht zu vermitteln: Sie wollte als möglichst starker Partner in das spätere Regierungsbündnis der Linken einziehen, und dazu brauchte sie einen Erfolg im ersten Wahlgang der Präsidentschaftswahlen.

Viele KP-Wähler empfanden diese Taktik als spalterisch und gaben der KP die Quittung. Reine Formsache war schließlich, daß die Sozialisten bei den nachfolgenden Wahlen zur Nationalversammlung die absolute Mehrheit schafften, Mitterrand ein zweites Mal eindrucksvoll bestätigt wurde und die Kommunisten ein zweites Mal für ihre doppeldeutige Politik einen Denkzettel erhielten.

Die französischen Gewerkschaften taten sich mit diesem Wahlergebnis schwer: Die CFDT hatte vorher keinen

Zweifel daran gelassen, daß sie einen Wahlsieg der Linken nicht für wahrscheinlich hielt. Dennoch unterstützte sie die Linke, rüstete sich aber innergewerkschaftlich für den Tag nach der erwarteten Niederlage.

André Bergeron und seine FO wiederholten unmißverständlich ihre Zweifel an der Zuverlässigkeit der Kommunisten und an der Regierbarkeit Frankreichs unter Einschluß kommunistischer Minister.

Die CGT hingegen zeigte ungeteilte Freude, wenn ihr auch der spektakuläre Sieg der Sozialisten und die Zurückweisung der KP in die zweite Linie nicht gefallen konnte.

Das Verhältnis zwischen CGT und CFDT war bereits seit einigen Jahren harten Belastungsproben ausgesetzt. Von der anfänglichen Aktionseinheit war eigentlich nur noch die Erinnerung übriggeblieben. Die CFDT vertrat die Auffassung, die Gewerkschaften müßten ihren eigenen, autonomen Beitrag zur sozialen und kulturellen Veränderung der französischen Gesellschaft leisten. Eine linke Mehrheit im Lande sei selbstverständlich dafür eine Voraussetzung, aber die Gewerkschaften dürften nicht darauf verzichten, sozusagen von unten für eine parallele Bewegung in den Betrieben und in den Wohngebieten zu sorgen. Sonst, so die Befürchtung der CFDT, würden sich zwar die politischen Kräfteverhältnisse »oben« ändern, »unten« aber würde alles beim alten bleiben. Am deutlichsten läßt sich die Meinungsverschiedenheit zwischen CFDT und CGT am folgenden Beispiel verdeutlichen: Die CGT vertritt die Auffassung, durch eine Verstaatlichung großer Teile der Wirtschaft allein würden sich auch die sozialen Kräfteverhältnisse ändern, wenn diese Verstaatlichung unter den Bedingungen einer linken Regierung stattfinden würde. Die Verstaatlichung sei auch eine Voraussetzung dafür, mit den Schwierigkeiten am Arbeitsmarkt fertig werden zu können. Sie könnte zum Ausgangspunkt einer aktiven staatlichen Beschäftigungspolitik werden, von ihr könne eine Erneuerung der französischen Industrie ausgehen, eine Modernisierung ohne Arbeitsplatzverluste und ein wirtschaftlicher Wiederaufschwung. Das Programm von CGT und KPF drehte sich also zentral um den Kern der Verstaatlichung. Anderen Lösungsvorschlägen, wie z. B. der schrittweisen Demokratisierung der Wirtschaft durch Mitbestimmung mit dem Ziel der Selbstverwaltung, stand die CGT ablehnend gegenüber, obwohl die KPF – sicher aus taktischen Gründen – im gemeinsamen Programm die »Kröte« Selbstverwaltung schluckte. Das industriepolitische Konzept der CGT sieht eine Erweiterung der Rechte der Arbeitnehmer im Betrieb, eine Legalisierung parteipolitischer Aktivitäten in den Betrieben und eine gewisse nationale Rückbesinnung (will heißen: relative Abkoppelung gegenüber der Europäischen Gemeinschaft) vor. Zwar fordert auch die CGT Arbeitszeitverkürzung, aber in Wirklichkeit steht sie dem Konzept nahe, das auch der Sprecher des »linken« Flügels der PS, der ehemalige Forschungsminister des ersten Kabinettes Mauroy, Chevenement, vertritt: Besinnung auf die eigene nationale Kraft, nicht weniger arbeiten, sondern mehr arbeiten, Abkoppelung Frankreichs von der Europäischen Gemeinschaft und Expansion unter den Bedingungen einer geschützten nationalen Industrie. Diese Richtung wird in der innenpolitischen Diskussion in Frankreich nicht ohne Häme als die »albanische Linie« bezeichnet.

Die Politik der CFDT unterscheidet sich grundlegend von der der CGT. Sie empfiehlt Zurückhaltung bei Verstaatlichungen und vertritt den Standpunkt, daß Verstaatlichung an sich keineswegs zwangsläufig die Rolle der Arbeitnehmer in der Gesellschaft verbessern müsse. Sie fürchtet, daß dabei eine dirigistische Politik mit bürokratischen Zügen die Oberhand gewinnen könnte, während die wirklichen Rechte der Arbeitnehmer nicht entwickelt würden. Die CFDT tritt für ein dezentrales Konzept der Wirtschaftsdemokratie ein, wobei sie sich sicher dagegen wehren würde, wenn man ihr nachsagte, sie strebe mitbestimmungsähnliche Lösungen an. Aber hier muß eingefügt werden, daß die anfänglich totale Ablehnung der deutschen gewerkschaftlichen Vorstellungen zur Mitbestimmung, so wie sie in Frankreich, Belgien, aber auch in Italien lange Zeit zu hören war, sich durch die enge Zusammenarbeit, durch einen regelmäßigen Erfahrungs- und Informationsaustausch im Laufe der Jahre grundlegend gewandelt hat. Vor allem den sozialistischen Richtungsgewerkschaften galten damals unsere Auffassungen als »Sünde wider den Geist der gewerkschaftlichen Unabhängigkeit«. Niemand vermochte sich so recht vorzustellen, daß bei der Einführung der Mitbestimmung die Unabhängigkeit der Gewerkschaften und ihrer Vertreter gewahrt bleiben könne. Mitbestimmung, so viele unserer gewerkschaftlichen Nachbarn damals, sei eine Art »Korruption« der Arbeitnehmer. Sitze man erst einmal mit dem Kapital an einem Tisch, dann sei es bald aus mit der Kampfkraft und der Kampfbereitschaft der Arbeiterklasse. Das System könne man nicht von innen heraus verändern, sondern nur in der direkten Konfrontation. Auch die CGT-FO fand immer wieder deutliche Worte gegen die Mitbestimmung. Sie fürchtete den Verlust der gewerkschaftlichen »Jungfräulichkeit«.

Die deutschen Unternehmer haben uns sehr geholfen, diese Eindrücke über die Mitbestimmung zu korrigieren. Ihr verbissener Widerstand gegen jede Art der qualifizierten Mitbestimmung überzeugte nach und nach unsere Kollegen in den westlichen Nachbarländern davon, daß unsere Forderungen nach Mitbestimmung so verräterisch eigentlich nicht sein könnten, denn wie sonst wäre der geharnischte dauerhafte Widerstand der Kapitalseite zu erklären. Noch wichtiger für diesen Prozeß der Meinungsbildung jedoch waren die immer intensiver werdenden Kontakte zwischen uns und unseren Nachbarn, sowohl im Rahmen des DGB wie auch zwischen den einzelnen Industrie- und Branchengewerkschaften. Der unmittelbare Eindruck vom Charakter der Mitbestimmung sowie von ihren Leistungen in der Montanindustrie überzeugte mehr als jede Schrift zu diesem Thema.

Wie mißverständlich dennoch die deutsche Gewerkschaftspolitik manchmal aufgenommen wurde, erlebte ich auf dem Kongreß der CFDT in Brest im Jahre 1979. Dort wollte ich als Vorsitzender des Europäischen Gewerkschaftsbundes sprechen, aber ich war nun einmal auch ein deutscher Gewerkschafter. Einige tausend Delegierte in einer riesigen Fabrikhalle – eine ganz andere Art von Kongreß als bei uns üblich – empfingen mich nicht nur mit kühler Zurückhaltung, sondern die Pfiffe waren unüberhörbar. Dazu muß man wissen, daß die Mehrheit der CFDT unter Edmond Maire auf diesem Kongreß eine Neugestaltung ihrer Politik durchsetzen wollte, unter anderem auch die Festschreibung des ohnehin schon groß gewordenen Abstandes zur CGT.

Man könnte diese neue Linie der CFDT auch als einen Abschied von einer gewissen verbalen Radikalität interpretieren, obwohl man damit sicherlich den in diesem Fall verzeihlichen Fehler einer Vereinfachung begeht. Mag sein, daß viele Delegierte die Absichten Edmond Maires als das Ergebnis unheilvoller Einflüsse seitens des reformistischen DGB betrachteten und insofern meinen Auftritt als eine gewisse Provokation empfanden. Noch etwas fiel dabei ins Gewicht: die internationale Politik der CFDT, die seit Brest keiner Internationalen mehr angehört, wies markante Unterschiede zu unserer internationalen Politik auf. Für uns lag ein unbestreitbarer Schwerpunkt auf den Ost-West-Beziehungen, auf der Förderung der Entspannungspolitik.

Wir trugen darüber hinaus als ein wichtiges Mitglied die Politik des Internationalen Bundes Freier Gewerkschaften, den die CFDT, vor allem wegen der IBFG-Politik in Lateinamerika, deutlich kritisierte. Zum Zeitpunkt meines Auftrittes vor den Delegierten des Brester Kongresses wurde im EGB um die Aufnahme der französischen CGT und der spanischen Arbeiterkommissionen gerungen. Wir lehnten eine Aufnahme dieser beiden Organisationen ab und begaben uns dadurch in Widerspruch zur Politik der CFDT, vor allem was die beabsichtigte Aufnahme der spanischen Arbeiterkommissionen anging.

Als ich meine Rede begann, verstummten die Pfiffe bald,

und als ich abtrat, gab es demonstrativen Beifall. Es war gelungen, die Delegierten davon zu überzeugen, daß der DGB keinesfalls die Absicht habe, durch seine Größe und sein finanzielles Gewicht die Politik des Europäischen Gewerkschaftsbundes zu dominieren, und ich konnte auch klarmachen, daß wir die deutschen Vorstellungen zur Mitbestimmung für unseren eigenen Weg zur Demokratisierung der Wirtschaft, nicht aber für ein Exportmodell halten. Schließlich unterstrich ich, daß der Europäische Gewerkschaftsbund gerade aus der in ihm vertretenen Vielfalt seine Kraft gewinnen könne. Kurz: Es war gelungen, den sehr lebhaften Kongreß der CFDT von der Unrichtigkeit gewisser vorgefaßter Urteile über die deutschen Gewerkschaften zu überzeugen.

Ich empfand diesen meßbaren und hörbaren und fühlbaren Stimmungswandel unter den Delegierten als einen Beweis dafür, daß die oft diplomatischen Verrenkungen internationaler gewerkschaftlicher Begegnungen eigentlich kein geeigneter Beitrag für eine wirkliche Verständigung und die Ausräumung gegenseitiger Vorurteile sind. Jedenfalls gehört dieses Erlebnis auf dem Kongreß in Brest zu dem, was mich in meiner Zeit als Gewerkschafter tiefer beeindruckt hat.

Der Bruch mit der CGT auf dem Kongreß war unübersehbar. Die CFDT vermißte vor allem die notwendige Klarheit und Offenheit in den zwischengewerkschaftlichen Beziehungen und wandte sich gegen eine Einheitsfront, hinter deren Fassade erhebliche Differenzen bestanden. Besonders deutlich wurde dies bei den Ereignissen in Polen, als sich dort eine unabhängige gewerkschaftliche Bewegung entwickelte. Die KP und die CGT übernahmen die Sprachregelung der polnischen Regierung und wandten sich gegen jeden Versuch, zu einer einheitlichen Politik der Gewerkschaften gegenüber Polen zu kommen. Innerhalb der CGT kam es darüber nur am Rande zum Streit – die Treue der Kommunisten gegenüber der Politik der Sowjetunion stand außer Zweifel. Dies mußte gerade in Frankreich zu einer neuen Belastung zwischen CGT und allen anderen Gewerkschaften führen. Noch war nicht vergessen, daß die CGT ein gutes Jahr vor den Ereignissen in Polen eine Spitzendelegation nach Afghanistan geschickt hatte, die mit dem Befund zurückkam, dort sei alles ruhig und deshalb auch in Ordnung.

Polen war ein Thema, das die gesamte französische Öffentlichkeit erregte. Immer schon waren die Beziehungen zwischen Frankreich und Polen von besonderer Qualität gewesen. Die CGT brachte sich mit ihrer Haltung, die sie als im Schlepptau der Politik der KPF auswies, in arge Bedrängnis, und es ist durchaus wahrscheinlich, daß die Verluste, die die CGT in den letzten Jahren bei betrieblichen Wahlen hinnehmen mußte, auch darauf zurückzuführen waren.

Überhaupt ist die undurchsichtige internationale Politik der CGT ein Grund dafür, daß es kaum zu intakten Beziehungen zu den Gewerkschaften anderer westeuropäischer Länder kommen konnte. Immer noch nimmt die CGT einen prominenten Platz in dem von den sowjetischen Gewerkschaften kontrollierten Weltgewerkschaftsbund ein. Während die italienische CGIL den WGB verließ, entpuppten sich die Distanzierungsversuche der CGT (sie zog den Generalsekretär Saillant vom Prager Sitz des WGB ab) als pure Taktik. Eine Entwicklung der CGT im Sinne einer Emanzipation von der sowjetischen Bevormundung in Fragen der internationalen Politik ist bis auf den heutigen Tag nicht erkennbar. Afghanistan und Polen sind die Beweise.

Auch nach dem Regierungswechsel hat sich an den Beziehungen zwischen CGT und CFDT nicht sehr viel geändert. Der Versuch, am 1. Mai 1983 zum ersten Mal seit langer Zeit wieder eine gemeinsame Mai-Demonstration in Paris durchzuführen, scheiterte praktisch. Viele Mitglieder der CFDT blieben zu Hause, weil sie keine ausreichende Grundlage für einen gemeinsamen 1. Mai erkennen konnten.

Es ist sicherlich nicht übertrieben, wenn ich feststelle, daß zahlreiche europäische Gewerkschafter Hoffnungen in die

Politik der neuen französischen Regierung setzten. Das Regierungsprogramm sah eine aktive Beschäftigungspolitik und vor allem die schrittweise Verwirklichung der 35-Stunden-Woche vor. Überall in Europa hatten wir es mit Regierungen zu tun, die sich zuversichtlich abwartend gegenüber der Krise verhielten und die bei der Bekämpfung der Arbeitslosigkeit nicht viel zuwege brachten. Die Ankündigungen der französischen Regierung ließen erwarten, daß endlich, vor allem über den Weg der Umverteilung der Arbeit, die Entwicklung der Arbeitslosenzahlen nicht nur gestoppt, sondern sogar zurückgeführt werden können.

Im Herbst 1981 wurde ich vom französischen Staatspräsidenten François Mitterrand zu einem längeren Gespräch empfangen. Zwar war ich seit 1979 nicht mehr Präsident des Europäischen Gewerkschaftsbundes, aber doch schon so lange als Gewerkschafter an der Gestaltung der europäischen Politik beteiligt, daß offensichtlich protokollarische Bedenken zurückgestellt wurden. Mitterrand unterstrich seine Überzeugung, daß Frankreich einen anderen Weg zur Wiederherstellung der Vollbeschäftigung gehen müsse, und er zeigte sich zuversichtlich, daß auch die deutsche Bundesregierung, nämlich die damalige sozial-liberale Koalition, für eine solche Politik zu gewinnen sei. Sichtbar war, daß sich die Beziehungen zwischen Helmut Schmidt und François Mitterrand mittlerweile zum Guten gewendet hatten. Der Präsident kündigte an, er werde im Europäischen Rat der Staats- und Regierungschefs für eine Wende hin zu einem sozialen Europa plädieren. Für mich war eigentlich klar, daß Mitterrand nicht zu den Politikern der französischen Linken gehört, die einer gewissen Abwendung von der Gemeinschaft das Wort reden und allein auf die wirtschaftliche Regenerierungsfähigkeit Frankreichs setzen.

Sein Bekenntnis zu Europa war ohne Wenn und Aber. Seine Zuversicht, Frankreich werde gemeinsam mit der deutschen Regierung in der Gemeinschaft einen Impuls in dieser Richtung geben, hat sich allerdings als trügerisch erwiesen: Nicht nur, weil es mittlerweile in der Bundesrepublik eine »Wende« gegeben hat, sondern auch, weil sich die französische Regierung durch die außenwirtschaftliche Entwicklung zu einem sehr rigiden wirtschafts- und sozialpolitischen Kurs gezwungen sieht.

Zum Zeitpunkt meines Gespräches mit Mitterrand war davon noch wenig zu spüren: Der Präsident erfreute sich großer Popularität, die Regierung hatte unmittelbar nach der Regierungsübernahme eine ganze Reihe von Reformen eingeleitet, die Mindesteinkommen deutlich angehoben und die 39-Stunden-Woche eingeführt.

Mich erinnerte das politische Klima in Paris ein wenig an die hochgemute Bewegtheit, mit der die erste sozial-liberale Regierung unter Willy Brandt ans Werk ging. Damals waren natürlich die wirtschaftlichen Bedingungen weit besser als im Jahre 1981 in Frankreich und im übrigen Europa. Verstehen konnte ich die euphorische Stimmung in Paris schon, denn es bedeutet viel, wenn man nach Jahrzehnten der Opposition mit Schwung und festen Absichten an die Gestaltung der Regierungspolitik gehen kann.

Unüberhörbar war die Sorge Mitterrands über die Beziehungen zwischen den französischen Gewerkschaften und seiner Regierung. Die zwischengewerkschaftliche Konkurrenz machte ihm offensichtlich viel zu schaffen. Ich hatte den Eindruck, daß ihm eine engere Zusammenarbeit zwischen den Gewerkschaften lieber gewesen wäre. Offensichtlich interessierte ihn die Gestaltung der sozialen Beziehungen, so wie sie sich in der Bundesrepublik herausgebildet hatten. Erfreut und berührt nahm ich seine Ankündigung entgegen, er werde den Generalsekretär des Elysée, Beregovoy, und einen seiner engsten Mitarbeiter, den Wirtschaftsspezialisten Attali, zum Studium der deutschen Verhältnisse in die Bundesrepublik und auch zum DGB schicken. Aber dazu kam es erst gar nicht. Die zunehmenden Schwierigkeiten holten die Reformbegeisterung ein, und der Alltag des Krisenmanagements stellte sich ein. Der damalige Generalsekretär des Elysée hat heute die undankbare Aufgabe, als Superminister für soziale Angelegenheiten der Wählerschaft der Linken eine Abmagerungskur nahezulegen und die Finanzen der noch unter Giscard in Unordnung geratenen Versicherungskassen wieder in Ordnung zu bringen.

Unsere Hoffnung, die Franzosen würden in der Arbeitszeitverkürzung einen entscheidenen Schritt vorantun, wurden enttäuscht. Es blieb zunächst bei der Einführung der 39-Stunden-Woche, wobei wahrscheinlich die Order des Präsidenten, dies habe bei vollem Lohnausgleich zu geschehen, die Verweigerungsfront der Arbeitgeber noch verhärtete.

Gegen das mächtige Patronat in Frankreich helfen eben auch keine präsidentialen Machtworte. Tiefgreifende Veränderungen der gesellschaftlichen Kräfteverhältnisse verlangen sehr viel mehr als einige Flitterwochen zwischen der Linken und dem erwartungsfrohen Volk. Insofern konnte ich der Argumentation Edmond Maires schon folgen, mit dem ich mich am Vorabend meines Gespräches mit Mitterrand unterhalten hatte. Maire befürchtete schon an diesem Abend, die Regierung schaffe Erwartungen im Volk, die sie nur enttäuschen könne, und es wäre besser, mit viel Realismus und mehr Ehrlichkeit auf den langen und schwierigen Weg hinzuweisen, der vor der Linken lag. Maire wurde in den folgenden Wochen von den anderen Gewerkschaftsführern heftig kritisiert. Man bemängelte unter anderem eine zu große Verquickung mit der neuen Regierung – die CFDT »lieferte« verschiedenen Ministerien einige wichtige Mitarbeiter und auch die Gewerkschaftsberaterin im Elysée, Jeanette Laot, war ein ehemaliges Vorstandsmitglied der CFDT. Vor allem aber verübelten CGT und FO Maire, daß er offen über die Notwendigkeit einer rigiden Politik sprach, Kaufkraftverzicht bei Besserverdienenden zugunsten der unteren Einkommensgruppen, den Beziehern des gesetzlichen Mindesteinkommens (SMIC), forderte, gleichzeitig aber eine Mobilisierung aller Gewerkschaften für eine grundlegende Veränderung der sozialen Struktur, Dezentralisierung und Übertragung von Verantwortung auf die Arbeitnehmer verlangte.

Es gelang der französischen Regierung bis zum Frühjahr 1983, durch eine Vielzahl von Maßnahmen den Anstieg der Arbeitslosenkurve zu stoppen. Die Einführung der 39-Stunden-Woche trug dazu jedoch kaum bei: Französische Experten schätzen ihren Netto-Beitrag für den Arbeitsmarkt auf etwa 30000 bis 50000 Arbeitsplätze. Das bestätigte die Richtigkeit meiner Annahme, daß man bei einer nur zaghaften Verkürzung der Wochenarbeitszeit einen so geringen Anpassungszwang für die »Wirtschaft« erzeugt, daß mit nennenswerten neuen Arbeitsplätzen kaum zu rechnen ist und man damit den radikalen Gegnern der Wochenarbeitszeitverkürzung leichtfertig ein Argument an die Hand gibt.

Dennoch kann die französische Regierung nicht so ohne weiteres ihre Selbstverpflichtung aufgeben, einen weiteren Schritt in Richtung Arbeitszeitverkürzung zu tun. Es ist zu erwarten, daß die Gewerkschaften in Frankreich dazu bessere politische Durchsetzungsbedingungen vorfinden werden als die Gewerkschaften in den liberal-konservativ regierten Ländern Westeuropas.

Vieles, wenn nicht alles, wird davon abhängen, ob es gelingt, die wirtschaftliche Lage Frankreichs deutlich zu verbessern. Ich habe mit dem jetzigen Wirtschafts- und Finanzminister Jacques Delors während seiner Zeit als Abgeordneter des Europäischen Parlamentes sehr eng zusammengearbeitet, was besonders leichtfiel, denn Delors kommt aus der Gewerkschaftsbewegung und war früher ehrenamtlicher Funktionär der CFDT. Er ist ein außerordentlich überlegter und brillanter Mann, dem manche Wirtschaftskommentatoren zu Unrecht das Etikett eines Wirtschaftsliberalen umhängen (Otto Graf Delors). In Wirklichkeit ist Delors ein sozial sehr empfindsamer Politiker, der sich den Gewerkschaften verbunden fühlt, allerdings auch dann mit seiner Meinung nicht hinter dem Berg hält, wenn diese den französischen Gewerkschaften weniger gefällt.

Sicherlich gibt es keine sonderlich »sozialistische« Variante von Austerität. Austerität trifft immer auch die kleinen Leute, selbst wenn wie im Falle Frankreichs alles getan wird, um für differenzierte Verteilung der neuen Lasten zu sorgen. Delors ist vorgehalten worden, er habe sein Programm nicht mit den Gewerkschaften debattiert. Daran ist etwas Richtiges. Die Sozialisten, ungeübt im Regieren und keineswegs besonders versiert in der Zusammenarbeit mit den Gewerkschaften, haben geglaubt, es reiche aus, wenn die Minister und Staatssekretäre ständig Vertreter der Gewerkschaften empfangen würden, um eine enge Konsultation zu sichern. Was sie dabei übersehen haben, ist, daß es den Gewerkschaften nicht darum geht, über bereits vorab festgelegte Beschlüsse informiert zu werden, sondern daß sie vielmehr ein vitales Interesse daran haben, bei der Gestaltung von Politik, die die Arbeitnehmer betrifft, mitwirken zu können. Die CFDT spricht ganz unverhohlen davon, daß es darauf ankomme, aus der Gewerkschaftsbewegung einen »Akteur des gesellschaftlichen und politischen Wandels« zu machen. Offensichtlich reicht es in der Tat nicht aus, wenn formale Konsultationen stattfinden, die den Gewerkschaften lediglich die Möglichkeit der Zustimmung oder der Ablehnung lassen. Die Qualität der Beziehungen zwischen Gewerkschaften und Regierung ist es, die in Frankreich auf dem Prüfstand steht.

Eine große Streitfrage der französischen Innenpolitik innerhalb der linken Mehrheit wird die Stellung Frankreichs gegenüber der Europäischen Gemeinschaft sein. Delors hat bei den Verhandlungen im Jahre 1983 über die Verhältnisse der Währungen im Europäischen Währungssystem virtuos geblufft: Er hat seine Partner, vor allem die Deutschen, wissen lassen, daß ein Scheitern der Brüsseler Verhandlungen den Anti-EG-Flügel in der Regierung und im Beraterkreis von Mitterrand stärken müsse. Diese Taktik hat ihm einen Erfolg bei den Verhandlungen eingebracht, gleichzeitig aber die Widerstände innerhalb der Linken gegen seine Politik verstärkt. Seine Gegner operieren hinter vorgehaltener Hand mit der Bezeichnung: »Delors, der Liebling der Deutschen«. Und das ist auch im

Frankreich des Jahres 1983 immer noch kein besonderes Zeichen persönlicher Wertschätzung.

Die französischen Gewerkschaften, sieht man von der CGT einmal ab, haben sich konsequent für den europäischen Weg entschieden. Sie sehen keine Zukunft Frankreichs in der nationalen Isolation und wehren sich, so gut sie können, gegen jede Art von Protektionismus. André Bergeron, der Generalsekretär der CGT-FO, ist wie Maire ein entschiedener Anhänger der europäischen Integration. Ich habe im Vorstand des Europäischen Gewerkschaftsbundes, aber auch in den zahlreichen bilateralen Begegnungen erlebt, wie entschieden sich die Vertreter beider Organisationen, auch gegen Widerstand auf der Linken im eigenen Land, für eine gestalterische Politik der Gewerkschaften beim Aufbau der Gemeinschaft ausgesprochen haben.

Trotz dieser Gemeinsamkeit sind die Beziehungen zwischen den beiden Organisationen unverändert schlecht. Ich selber habe bescheidene Versuche unternommen, die guten Beziehungen, die wir sowohl zur Force Ouvrière als auch zur CFDT hatten, in gewisser Weise und mit aller gebotenen Vorsicht vermittelnd zu nutzen. Beide sind im Europäischen Gewerkschaftsbund vertreten, beide arbeiten in den gewerkschaftlichen Zusammenschlüssen in den Grenzregionen mit und beide Organisationen beteiligen sich an Aktionen der Europäischen Gewerkschaften. Die Distanz zwischen ihnen aber hat sich kaum verringert. Möglicherweise liegt das auch im Persönlichen. Die Beziehungen zwischen den beiden Generalsekretären scheinen nicht sonderlich gut zu sein. Bergeron hat sicher den Zugewinn, den Maire in der Arbeitnehmeröffentlichkeit in den letzten Jahren verzeichnen konnte, mit einigem Unbehagen beobachtet, ist er doch selber eine starke Persönlichkeit mit einem ausgesprochen Charisma. Der Schein trügt: Der eher kleine und zunächst wie ein ordentlicher Beamter wirkende Bergeron ist ein begnadeter Redner, der, wenn es sein muß, auch die Klaviatur der gehobenen Demagogie glänzend beherrscht. Edmond Maire hingegen wirkt eine Spur intellektueller und komplizierter, kühler, aber auch origineller. Der eine, Bergeron, ist gelernter Schriftsetzer, der andere, Maire, Chemie-Ingenieur. Der eine, Bergeron, ist groß geworden in der keineswegs undogmatischen Tradition der alten antikommunistischen französischen Sozialdemokratie – der andere, Maire, kommt aus der Tradition des linken Katholizismus und gehörte lange Jahre der PSU an, einer für die intellektuelle Diskussion auf der Linken in Frankreich außerordentlich wichtigen Partei. Wenn wir in unseren Begegnungen mit der FO die Sprache auf die Beziehungen zur CFDT brachten, dann waren es diese beiden unterschiedlichen Traditionen, die immer wieder eine große Rolle spielten. Das Mißtrauen in den politischen Katholizismus bei alten französischen Sozialdemokraten ist fast unüberwindbar, selbst wenn die CFDT ein Bund ist, der sich mit Fug und Recht als sozialistisch und unabhängig bezeichnen kann. CFDT und FO sind unmittelbare Konkurrenten. Die Sozialwahlen der letzten Jahre haben klargemacht, daß die CFDT etwa mit einem Viertel der Stimmen zur zweitgrößten französischen Organisation geworden ist. Aber auch die FO hat beachtliche Zuwächse verzeichnen können, so daß heute FO und CFDT zusammen etwa so stark sind wie die CGT. Eine Veränderung der gewerkschaftlichen Situation in Frankreich ist nach allem vorerst nicht zu erwarten.

Die Bundesrepublik Deutschland –
der weiche Bauch Europas?

Wer nach den Wahlsiegen der Linken in Frankreich geglaubt haben sollte, daß es nun eine Änderung der französischen Sicherheits- und Militärpolitik geben würde, wurde enttäuscht. Im Gegenteil: Die Politik Mitterrands, seine demonstrativen Besuche bei allen Teilen der französischen Streitkräfte, sein Beharren auf dem nuklearen Rüstungsprogramm, seine entschiedene Weigerung, das Potential der französischen Atomwaffen in die Genfer Verhandlungen einbeziehen zu lassen, seine »Nachrüstungsrede« im Deutschen Bundestag – das alles war noch eine Spur deutlicher als die Politik seines Vorgängers Giscard d'Estaing.

Manche Beobachter hatten den Eindruck, daß Mitterrand bei seiner Rede vor dem Deutschen Bundestag auch ein bißchen Revanche für die reservierte Haltung Helmut Schmidts während des französischen Wahlkampfes üben wollte. Doch das wäre ein Trugschluß. Mitterrand fühlt sich in der Tradition de Gaulles und trägt das institutionelle Korsett der V. Republik und das republikanische Zeremoniell und Pathos, die Frankreich zu bieten haben, wie einen für ihn geschneiderten Maßanzug. Seine herbe Kritik an diesen Institutionen, die er in der Opposition gegen de Gaulle immer wieder vorgetragen hat, ist längst zu den Akten gelegt. Die große Mehrheit der französischen Sozialisten vertritt in der Sicherheits- und Abrüstungspolitik Standpunkte, die sich von denen fast aller anderen westeuropäischen sozialistischen Parteien unterscheiden und deren Anhänger sich außerhalb Frankreichs bei der Rech-

ten finden. So ist Mitterrand heute für die nachrüstungs-
bereiten Konservativen in Europa zum Kronzeugen für
ihre Politik geworden.

Die deutschen Sozialdemokraten werden dabei keineswegs geschont. In der sozialistischen Wochenzeitschrift
»Nouvel Observateur« erschien am 15. Januar 1983 ein
Interview mit einem führenden Mitglied der Sozialistischen Partei Frankreichs, Jean Poperen, der innerhalb der
Partei der Gruppierung um François Mitterrand nahe-
steht. In diesem Interview, das sich mit der Rüstungspolitik befaßte, bemerkte Poperen unter anderem: »Man kann
sich fragen, ob die Bundesrepublik Deutschland nicht der
weiche Bauch Europas ist.« Diese Randbemerkung zielte
auf die Politik der deutschen Sozialdemokraten und auf
die Entwicklung der Friedensbewegung. Poperen wußte,
was er mit dieser Bemerkung erreichen wollte: Eine De-
nunziation der deutschen Linken als unsichere Kantoni-
sten mitten in einem entscheidenden Wahlkampf und die
Heraufbeschwörung der Gefahr eines neutralistischen
Deutschlands. Das erinnerte an die ein wenig zynische Bemerkung Mitterrands gegenüber Willy Brandt, als der versuchte, mit ihm im Sommer 1983 ein klärendes Gespräch
über die Meinungsverschiedenheiten zwischen deutschen
und französischen Sozialdemokraten zu führen. Mitterrand zu Willy Brandt: »Damit (mit der Hochrüstung auf
deutschem Boden) müssen Sie leben. Das ist der Preis für
den verlorenen Zweiten Weltkrieg.«

Selbst wenn man versucht, die Auffassungen der französischen Sozialisten vor dem Hintergrund einer auf nationale
Interessen fixierten Politik zu sehen, erstaunt doch das
Defizit an Diskussion in dieser Partei über die erschrek-
kenden Folgen der internationalen Hochrüstung für die
Menschen in den Ländern der Dritten Welt, denn selbstverständlich ist die extreme Hochrüstung eine entschei-
dende Ursache für Hunger, Elend und Massensterben in
den Entwicklungsländern.

Die Polemik Poperens empfand ich als außerordentlich
provozierend und unannehmbar, so daß ich mich zu einer

Entgegnung entschloß, die ich dem Herausgeber des »Nouvel Observateur«, Jean Daniel, zur Verfügung stellte. Selbst die Interventionen Edmond Maires jedoch reichten nicht aus, um diese Entgegnung zu veröffentlichen. Auf das böse Wort vom »weichen Bauch« Europas schrieb ich unter anderem:

»Es ist ganz offensichtlich so, daß die deutschen Sozialdemokraten eine andere Vorstellung als die französischen Sozialisten davon haben, was für die Sicherheit der Bundesrepublik gut und nützlich ist. Es ist wenig dagegen einzuwenden, daß sich auch französische Sozialisten zu Zielen und Inhalten der deutschen Außenpolitik äußern, denn schließlich leben wir ja in einem Europa, in dem sich jeder auch um die vermeintlichen Fehler des anderen kümmern sollte.

Was wollte Poperen mit seiner Bemerkung sagen?:

1. Die Bundesrepublik erweist sich als ein Land, das immer in der Gefahr steht, sich gegenüber sowjetischen Vorschlägen besonders aufgeschlossen zu erweisen. Darin liegt eine Gefahr für die Geschlossenheit des westlichen Bündnisses auch mit Auswirkungen auf die Sicherheit Frankreichs.

2. Die deutsche Sozialdemokratie tritt nicht hart genug für eine Verstärkung des westlichen Atompotentials vor allem auf deutschem Boden auf. Deutschland West wird seine Rolle als militärischer Vorposten gegenüber der Sowjetunion nicht gerecht.

3. Es gibt in der Bundesrepublik, vor allem auf der Linken, bedenkliche Anzeichen für eine Entspannungspolitik, die vermeintliche deutsche Interessen so in den Vordergrund rückt, daß die Gefahr eines deutschen Neutralismus und damit die einer Zerschlagung der westeuropäischen Zusammenarbeit auf längere Sicht besteht.

Diese und noch einige andere Auffassungen scheinen seit langem beim großen Teil der französischen Linken herrschende Lehre zu sein.

Wie stellt sich das nun aus der Sicht eines deutschen Gewerkschafters und Sozialdemokraten dar?

Die Bundesrepublik Deutschland ist nach dem westlichen Militärkonzept das Glacis, auf dem militärische Auseinandersetzungen zwischen Ost und West ausgetragen würden. Darauf haben sowohl die NATO wie auch der Warschauer Pakt ihre Strategie eingestellt. So verfügt ein Teil der französischen Raketen über eine Reichweite – und das entspricht der Logik dieses Militärkonzepts –, die über deutsches Territorium nicht hinausgeht. Deshalb weigert sich Frankreich, seine Raketen gegen sowjetische Raketen aufrechnen zu lassen. Während nämlich Frankreich seine Militärpolitik in erster Linie darauf abstellt, sein eigenes Territorium zu schützen, kommt Deutschland, und zwar beiden deutschen Staaten, die Rolle zu, einen Beitrag zum Schutz der jeweils benachbarten Länder zu leisten. Hilfreich für Frankreich ist es auch, daß der deutsche Militärbeitrag im westlichen Bündnis im Bereich der konventionellen Bewaffnung so bedeutend ist, daß es dadurch Frankreich erleichtert wird, seine kostspielige Atomstreitmacht zu finanzieren.

Deutschland ist bereits ein Arsenal von Atomwaffen. Dies wird sich, wenn die Genfer Verhandlungen scheitern, noch vergrößern. Denn ein Scheitern in Genf bedeutet: Die Bedrohung der Bundesrepublik durch die sowjetischen SS-20-Raketen bleibt im vollen Umfang erhalten – die »Attraktivität« der Bundesrepublik als Zielscheibe wird durch die dann geplante Aufstellung der Pershings eher noch vergrößert.

Daß eine solche Lage zu Unbehagen führt, zeigt die Feststellung der italienischen Regierung, die ihre Zustimmung zur eventuellen Stationierung von Pershings davon abhängig gemacht hat, daß die italienische Regierung das letzte Wort über den Einsatz solcher Waffen behält. Diese Forderung liegt in der Logik nationalen Interesses. Würden sie von einer deutschen Regierung erhoben (was denkbar ist), dann stieße ein solches Begehren sicherlich auf eine heftige internationale Reaktion.

Auch nach Auffassung der deutschen Sozialdemokraten liegt die Verfügung über Atomwaffen nicht im deutschen

Interesse. Im deutschen Interesse aber liegt es sehr wohl, daß die UdSSR ihr Bedrohungspotential zurücknimmt und verschrottet und daß der zweite Teil des Doppelbeschlusses, nämlich der Nachrüstungsteil, nicht vollzogen wird.

Nicht nur nach Ansicht der deutschen Sozialdemokraten, sondern auch nach Meinung des wohl überwiegenden Teils der deutschen Bevölkerung schaukeln sich die beiden Weltmächte mit ihrer Rüstung so nach oben, daß wir uns immer weiter vom Zustand eines militärischen Gleichgewichts auf möglichst niedrigem Niveau entfernen. Da sich diese Entwicklung vor allem auf Deutschland auswirkt, kann sich eigentlich niemand wundern, wenn gerade die Deutschen nichts sehnlicher wünschen als einen Erfolg der Verhandlungen.

Daß Helmut Schmidt als einer der Vordenker des Doppelbeschlusses gilt, das steht nur bei vordergründiger Betrachtung im Widerspruch zur Politik der Sozialdemokratie. Der Doppelbeschluß hatte vor allem die Aufgabe, die beiden Großmächte an den Verhandlungstisch in Genf zu bringen. Nun sitzt die Sowjetunion am Verhandlungstisch, und nun hat Andropow bedenkenswerte Vorschläge unterbreitet, die es verdienen, ernsthaft erörtert zu werden.

Niemand kann übersehen, daß es in der Bundesrepublik Kritik an der Abrüstungspolitik der Vereinigten Staaten gibt. Nach Auffassung vieler und keineswegs nur deutscher Politiker sind die USA in ihrer Politik unberechenbarer geworden.

Den Deutschen, die darüber ihren Unmut äußern, wird nun von einem führenden französischen Sozialisten das Etikett der Unzuverlässigkeit angehängt.

Es ist noch gar nicht so lange her, da bekam die Bundesrepublik, vor allem von der französischen Linken, zu hören, sie sei der verlängerte Arm der USA in Westeuropa. Was nun? Und: Was tun? Die Lage der Bundesrepublik Deutschland, aber auch die deutsche Geschichte in diesem Jahrhundert – das vor allem sind die Quellen, aus denen die Friedensbewegung in beiden Teilen Deutschlands gespeist wird.

In dieser Friedensbewegung gibt es so manchen Fellowtraveller, der das Spiel Moskaus spielt. Das ist wahr. In der Friedensbewegung gibt es auch manche Naivität. Auch das ist wahr. Aber mittlerweile hat diese Friedensbewegung so an Größe und Eigendynamik gewonnen, daß es niemandem mehr möglich ist, sie für eigene Zwecke zu mißbrauchen.

Es ist für mich schwer zu verstehen, daß manche unserer Nachbarn vor dieser Friedensbewegung Angst haben. Willy Brandt hat einmal gesagt, daß von deutschem Boden schon Schlimmeres ausgegangen sei als eine Friedensbewegung.

Die Friedensbewegung ist weder eine deutsche Erfindung noch eine deutsche Spezialität, aber sie ist eine deutsche Notwendigkeit. Schließlich wird den deutschen Sozialdemokraten und den Gewerkschaften von befreundeter Seite in Frankreich oft der Vorwurf gemacht, sie hätten mit ihrer Entspannungspolitik und ihren Kontakten dazu beigetragen, daß sich die Herrschaft der Sowjetunion über die Völker Osteuropas verfestigt hätte. Deutschland sei bereit, auf dem Rücken der Polen, der Tschechoslowaken und anderer Völker im Ostblock, mit dem Status quo für halbwegs erträgliche Beziehungen zwischen den beiden deutschen Staaten zu zahlen.

Abgesehen davon, daß die Deutschen diesen Status quo, der ein Ergebnis des von den Deutschen verursachten Zweiten Weltkrieges ist, nicht ändern können, muß zur Seelenlage der Deutschen angemerkt werden: Deutschland ist ein geteiltes Land. Gerade Franzosen wundern sich oft darüber, wie wenig die Deutschen über die sogenannte nationale Frage nachdenken und sprechen. Irgendwie ist es ihnen unerklärlich und wohl auch unheimlich, daß es keinen deutschen Nationalismus chauvinistischer Machart mehr gibt. Deshalb wird der Popanz vom Neutralismus als Vorläufer eines neuen Nationalismus aufgebaut, denn nur so wird für manchen das Verhalten der Deutschen erklärbar.

Das Leitwort der Brandtschen Ostpolitik lautet nicht

›Friedhofsruhe‹, sondern ›Wandel durch Annäherung‹. Das Ziel dieser Politik bezieht sich also auch auf die inneren gesellschaftlichen Verhältnisse im Ostblock. Heute ist es der UdSSR nicht mehr möglich, den Eisernen Vorhang auf Dauer herunterzulassen. Selbst die Mauer in Berlin kriegt Löcher.

Es gibt außerhalb des Sowjetblocks kein Land in Europa, das die Wirkungen der sowjetischen Politik so unmittelbar verspürt wie Deutschland. Das vor allem erklärt, warum in der Bundesrepublik die Kommunistische Partei chancenlos ist und bleiben wird. Von Naivität den Kommunisten gegenüber kann also keine Rede sein. Und schließlich möge sich jeder, der, wie Jean Poperen, den Vorwurf der Unzuverlässigkeit der Bundesrepublik und der deutschen Sozialdemokratie in die Welt setzt, die Frage vorlegen, welche Haltung er eigentlich einnehmen würde, wenn er Deutscher und Sozialdemokrat in einem geteilten Land wäre.«

Exkurs über die Arbeitszeitverkürzung

Arbeitszeitverkürzung – dieses Thema spielte in der gewerkschaftlichen Politik schon sehr früh eine Rolle. Den Beteuerungen vieler wirtschaftswissenschaftlicher Institute und auch denen der Bundesregierung in den siebziger Jahren konnten wir nicht so recht folgen: Arbeitslosigkeit sei, so die Logik von Wirtschaft und Regierung, das Ergebnis einer vorübergehenden Konjunkturschwäche. Um aus diesem Tief wieder herauszukommen, müsse man nur die Wirtschaft bei Laune halten, zurückhaltend bei Lohnerhöhungen sein, die Steuern senken und auch sonst alles unterlassen, was den wirtschaftlichen Wiederbelebungsprozeß gefährden könnte.

Wenn man nun heute nach einem halben Jahrzehnt und einem Regierungswechsel in der Presse die Arbeitgeberfunktionäre, die Politiker, Wissenschaftler und Institute nach Namen und Argumenten zurückverfolgt, bleibt nur festzustellen: Im Westen nichts Neues. Den Gewerkschaften aber sei gesagt: Wenn es nicht gelingt, die Angst vor der Veränderung, die Sorge um die Lebenshaltung und auch den Egoismus eines nicht unbeachtlichen Teils der Mitglieder in Empörung über die Flut der Desinformation und über die Kaltschnäuzigkeit der Arbeitgeberfunktionäre in Wissen um Richtigkeit, Glaubwürdigkeit und Moral der gewerkschaftlichen Forderungen und Argumentation und so in kämpferische Solidarität umzuwandeln, dann bleibt nur noch das Warten auf die politische Revolte – auch in dieser Frage an Parteien und Gewerkschaften vorbei. Dieser Situation gegenüber hat es gar keinen

Zweck, in der »Menschenfrage Arbeitslosigkeit« noch auf Weltwirtschaftsgipfel und sonstigen Gipfelkonferenzen oder eine rücksichtnehmende Wirtschaftspolitik des großen Bündnispartners zu warten. Die Breschnew-Doktrin der USA in Mittelamerika und der Kreditbedarf der Raketenrüstung in der doppelten Höhe unseres Bundeshaushaltes sind die realen Maßstäbe politischen Handelns, die dazu noch durch die zinsgierigen monatlichen Milliardenabflüsse des europäischen Kapitals bestätigt werden. Europa soll sehen, wie es allein mit seiner Wirtschafts- und Gesellschaftspolitik zu Rande kommt.

Ich finde es gar nicht so rüde, bei der Lösung der Arbeitslosenfrage uns auf uns selbst, auf die Europäische Gemeinschaft zurückzuverweisen. Wenn es schon mehr Arbeitslose als Bauern gibt, dann sind doch die Arbeitslosen in ihrer Hoffnungslosigkeit das europäische Schicksal.

Als ich zur Jahreswende 1977/78 in einem Interview mit der »Welt am Sonntag« mich zur Arbeitszeitverkürzung äußerte, wurde ich vom Gesprächspartner mit dem Lieblingseinwand der Unternehmer (»Wer soll denn das bezahlen?«) konfrontiert.

Aus meiner eigenen Erfahrung als Tarifpolitiker im Bergbau – ich hatte damals an den Abschlüssen der Tarifverträge über die Einführung der 40-Stunden-Woche mitgewirkt – konnte ich nur entgegnen, wir hätten in der Geschichte der sozialen Beziehungen der Bundesrepublik immer einen gemeinsamen Weg zur Finanzierung der Arbeitszeitverkürzung gefunden, und das werde man auch diesmal so halten müssen.

Nun ist nach der »Hackordnung« des Deutschen Gewerkschaftsbundes der Vorsitzende für alles zuständig, eigentlich aber nicht für die öffentliche Behandlung von tarifpolitischen Fragen. Ob das heute allerdings noch in vollem Umfang aufrechtzuerhalten ist, wenn man bedenkt, wie wichtig die Entwicklung einer gemeinsamen Politik aller Gewerkschaften mit dem Ziel der Umverteilung der Arbeit ist, wage ich ernsthaft zu bezweifeln. Ich habe mich, so gut ich konnte, in meiner Zeit als DGB-Vorsitzender immer an diese Regel gehalten. Aber manchmal war auch eine Änderung des DGB-Vorsitzenden zu tarifpolitischen Fragen unumgänglich. Dieses Interview brachte mir dann den üblichen Ärger ein, aber alle Beteiligten haben ihn überlebt.

Meine Erkenntnisse als Vorsitzender des Europäischen Gewerkschaftsbundes hatten mich schon früh zu einem überzeugten Vertreter der Auffassung werden lassen, ohne Arbeitszeitverkürzung, ohne Umverteilung der Arbeit, sei der Arbeitslosigkeit nicht beizukommen. Die Gewerkschaften anderer Länder, vor allem die Belgier und die Niederländer, aber auch die Franzosen, drängten auf eine gemeinsame Politik des EGB. Die Belgier spürten am eigenen Leibe, wie dauerhaft und wie tiefgreifend die wirtschaftliche und industrielle Krise war. In ihrem Land, in dem sie ständig auf Arbeitszeitverkürzung drängten und sie auch zu einem beachtlichen Teil durchsetzen konnten, wurden sie von den Arbeitgebern immer wieder mit dem Hinweis gekontert, Arbeitszeitverkürzung könne man nur in Westeuropa insgesamt durchsetzen, keineswegs aber bloß in einem Land. Eine solche Arbeitszeitverkürzung, die natürlich nicht kostenneutral bliebe, würde die belgische Wirtschaft in der internationalen Konkurrenz weiter schwächen und sei deshalb nicht zu verantworten.

Im EGB kam also sehr früh die Forderung nach einem gemeinsamen Programm aller europäischen Gewerkschaften für eine Umverteilung der Arbeit auf. Zunächst verlief diese Diskussion keineswegs einmütig. Der britische TUC war zunächst zurückhaltend, teilweise sogar ablehnend. Diese Haltung hatte einen realen Hintergrund: In Großbritannien gehört die Ableistung von Überstunden für viele Arbeitnehmer praktisch zur Regelarbeitszeit, und der Lohn daraus ist seit langen Jahren fester Bestandteil ihres Einkommens. Daran zu rütteln, das war schwer für den TUC, zumal seine Möglichkeiten, die Vielzahl der englischen Einzelgewerkschaften zu koordinieren, viel geringer ist als die jedes anderen Dachverbandes in Europa.

Die Skandinavier, vor allem die Schweden, gingen noch

einen Schritt weiter: Sie vertraten die Meinung, Arbeitszeitverkürzung sei keineswegs ein Mittel zur Bekämpfung der Arbeitslosigkeit. Ziemlichen Ärger zwischen uns und den Schweden gab es, als der damalige Vorsitzende des schwedischen Dachverbandes LO, Gunnar Nilsson, mitten in der Tarifauseinandersetzung der Metall-Industrie in Nordrhein-Westfalen, bei der es vor allem auch um Arbeitszeitverkürzung ging, in einem Gespräch mit dem »Handelsblatt« diese Auffassung vertrat und so den Arbeitgebern Munition gegen die IG Metall lieferte. Den Österreichern, die sich eher neutral verhielten, lag die Verkürzung der Arbeitszeit so sehr nicht am Herzen, denn dank der österreichischen Wirtschaftspolitik gab es noch keine nennenswerte Arbeitslosigkeit in der Alpenrepublik. Die große Mehrheit der Bünde aber trat für eine europäische Gewerkschaftspolitik mit dem Ziel einer aktiven staatlichen Beschäftigungspolitik in Verbindung mit der Arbeitszeitverkürzung ein.

Für den DGB, dessen Gewerkschaften der Arbeitszeitverkürzung zustimmten, aber doch verschiedene Wege gehen wollten – Verkürzung der Lebensarbeitszeit, Urlaubsverlängerung, Verkürzung der Wochenarbeitszeit –, war die schließlich gefundene Kompromißformel im Europäischen Gewerkschaftsbund akzeptabel: Auf dem Münchner Kongreß des EGB 1979 einigten wir uns auf einen Abbau der Arbeitszeit um zehn Prozent innerhalb von fünf Jahren. Dieser Kompromiß ließ allen Mitgliedsbünden ausreichende Gestaltungsfreiheit bei gleichzeitiger Einigkeit über ein umfassendes Ziel.

Die deutschen Arbeitgeber, die im benachbarten Ausland oftmals als besonders liberale und zur Vernunft neigende Sozialpartner gelten, lieferten nun den Beweis dafür, daß es sich hier um ein glattes Vorurteil handeln muß: Bis heute führen sie die Verweigerungsfront der Arbeitgeber in Europa an, was aufgrund ihres Einflusses im Dachverband der europäischen Arbeitgeberverbände, der UNICE, schwer wiegt.

Die Aufstellung eines Tabu-Katalogs und die Aufnahme

der Arbeitszeitverkürzung in diesen Katalog ist nichts anderes als eine soziale Kriegserklärung derer, die sonst so gern von der sozialen Vernunft sprechen. Eigentlich sollte es in einem Land mit einigermaßen geregelten Arbeitgeber-Arbeitnehmer-Beziehungen undenkbar sein, daß eine Seite Themen, die die andere Seite für wichtig hält, einseitig für nicht diskussions- und verhandlungsfähig erklärt. Diese Blockade ist entscheidend dafür, daß wir in der Beschäftigungspolitik immer noch auf der Stelle treten.

Während zahlreiche gesellschaftliche Gruppen, seriöse wirtschaftswissenschaftliche Institute und Politiker verschiedener Parteien mittlerweile die Arbeitszeitverkürzung als eine ernsthafte Möglichkeit im Kampf gegen die Arbeitslosigkeit ansehen, igeln sich die Arbeitgeber weiter ein. Sie verweisen darauf, daß man der Krise nur mit Wachstum beikommen könne und wenn dieses Wachstum ausbliebe, dann müsse man sich eben mit einem Sockel an Dauerarbeitslosigkeit für den Rest dieses Jahrhunderts abfinden. Und Wachstum, so die Arbeitgeber, sei nur durch eine steuerliche Entlastung der Unternehmen, durch die Begünstigung privater Investitionen, durch Lohnabschlüsse in der Nähe von Null und durch Absenken der sozialen Sicherung – kurz, durch eine gute, weil einseitige Behandlung der Unternehmerinteressen zu erreichen.

Abgesehen davon, daß auch wir Gewerkschafter uns in den letzten Jahren mehr und mehr fragen mußten, ob Wachstum um jeden Preis und in jede Richtung gut für unsere Gesellschaft sei, stammen die Vorschläge der Arbeitgeber aus dem Geist der sechziger Jahre, in der die strukturelle Krise – außer bei Kohle und Textil – noch ein kaum beachtetes Pflänzchen war. Nebenbei: Unser Kampf gegen die überstürzte Erhardsche Energiepolitik hat durch die Ölpreisschocks seine – wenn auch späte – Rechtfertigung gefunden.

Lange habe ich mir die Frage vorgelegt, warum die Arbeitgeber, mit denen ich im Laufe der Jahre auch persönlichen und keineswegs immer unangenehmen Kontakt gehabt habe, sich auf einen so bornierten Stellungskrieg einlassen, gegen den Strom der Vernunft schwimmen und nicht einmal auf den Ratschlag des von ihnen doch sonst so verehrten Grafen Lambsdorff hören. Es sieht so aus, als ob die Arbeitgeber so unglücklich über die Massenarbeitslosigkeit gar nicht sind. Unter den Bedingungen von Arbeitslosigkeit, so könnten sie denken, können wir die andere Seite auf Dauer in die Knie zwingen, die Beziehungen zwischen den Belegschaften und den Gewerkschaften, die ja die Interessen der Arbeitslosen bei ihrer Politik immer stärker berücksichtigen müssen, belasten und vor allem Fortschritte in der Gesellschaftspolitik, so wie sie die Gewerkschaften mit ihrer Mitbestimmungsprogrammatik verfolgen, verhindern. Die Arbeitgeberverbände in der Bundesrepublik repräsentieren heute eine gesellschaftspolitische Richtung, der es nicht nur darauf ankommt, das bisher Erreichte (gewerkschaftliche Rechte, Rechte der Arbeitnehmer im Betrieb, soziale Sicherheit) einzufrieren – sie sehen vielmehr eine Chance zur Umrüstung unserer Gesellschaftsverfassung. Das aber geht nur mit schwachen, dem steigendem Druck weichenden Gewerkschaften.

In dieser Lage ist eine Auseinandersetzung um die Umverteilung der Arbeit, ist eine Kraftprobe unvermeidlich. Das ist der Grund dafür, warum dieses Thema von so grundsätzlicher Bedeutung nicht nur für den Abbau der Arbeitslosigkeit, die soziale Bewältigung der neuen Technologien, sondern auch für die langfristige Stellung der Arbeitnehmer in dieser Gesellschaft ist.

An Fürsprechern und guten Begründungen fehlt es der Umverteilung der Arbeit nicht. Oswald von Nell-Breuning, der Nestor der katholischen Soziallehre, ging in einem Aufsatz im »Rheinischen Merkur« auch auf das liebste Argumentationsschätzchen der Unternehmer ein, wenn er am Schluß schreibt: »Nur komme mir niemand mit dem Einwand ›Wer soll das bezahlen‹. Alles, was sich güterwirtschaftlich erstellen läßt – und nur von solchem war in meinen Ausführungen die Rede –, das läßt sich auch finanzieren unter der einzigen Bedingung, daß man es ehrlich will.« Dem ist nichts hinzuzufügen.

Die Argumente für die Nützlichkeit einer Umverteilung der Arbeit sind so stark, daß sich Otto Esser, der Arbeitgeberpräsident, mit dem Einwand helfen muß, theoretisch sei das ja alles richtig, aber den Befürwortern fehle es an der richtigen praktischen Erfahrung. Offensichtlich wird Männern wie Oswald von Nell-Breuning zum Vorwurf gemacht, daß sie es nicht zum Inhaber eines mittelständischen Unternehmens gebracht haben und nun den Praktikern der Wirtschaft mit blutarmer Theorie ins Handwerk pfuschen. Otto Esser meint in der gleichen Ausgabe des »Rheinischen Merkur« vom 8. Januar 1983: »In der Theorie sind diese Gedankengänge durchaus nachvollziehbar. Aber für die Beurteilung der Praxis reicht es nicht aus, aus rein formelmäßigen Zusammenhängen zwischen Wachstum, Produktivitätsfortschritt und Beschäftigungsvolumen bestimmte kausale Schlußfolgerungen zu ziehen.

Das konkrete Verhalten der Unternehmer und der Arbeitnehmer läßt sich aus solchen Formeln nicht ableiten, die weder etwas über die Veränderungen der nationalen Wettbewerbsverhältnisse noch über die Arbeitszeitwünsche der Arbeitnehmer aussagen.«

Esser greift einen Punkt auf, der auch den Gewerkschaften, wie schon angedeutet, noch Sorge bereiten wird, die Einstellung vieler Arbeitnehmer zur Arbeitszeitverkürzung – und zwar die Einstellung derer, die noch einen Arbeitsplatz haben. In einer Gesellschaft, in der immer noch versucht wird, die Menschen geradezu darauf abzurichten, den anderen danach zu beurteilen, was er im Portemonnaie hat, verfängt natürlich leicht die Stimmungsmache der Arbeitgeber, die so tun, als käme alles an den Ruin, wenn sich die Gewerkschaften mit ihrem Konzept durchsetzen. Und es ist schon ein Problem für einen Durchschnittsverdiener, sich etwa mit dem Gedanken zu befreunden, bei erfolgter Umverteilung von Arbeitszeit könne sich sein Monatsbudget schmälern. Die Gewerkschaften haben nie einen Zweifel daran gelassen, daß sie nicht nur über die 35-Stunden-Woche, sondern auch über ihre Finanzierung reden wollen.

In der realen Tarifpolitik werden nichtmaterielle Fortschritte fast regelmäßig in Lohnentwicklungen einbezogen. Das war immer so und das wird, wenn überhaupt Substanz da ist, so bleiben. Den Gewerkschaften wird es gelingen, die Arbeitnehmer davon zu überzeugen, daß die deutliche Verminderung der Arbeitslosigkeit auch eine größere Sicherheit für die Noch-Beschäftigten bedeutet und daß ein Anwachsen der Arbeitslosigkeit unvermeidlich zu einer Abgabenerhöhung führt, die die Kaufkraft der breiten Schichten weiter beeinträchtigt. Die Kategorisierung der Gesellschaft in Gruppeninteressen führt unweigerlich zu einem Gegeneinander, das solidarische Lösungen erschwert und den notwendigen Zusammenhalt der Arbeitnehmer gefährdet. Welche Blüten eine solche Kategorisierung treiben kann, zeigte mir kürzlich eine Zeitungsmeldung mit der tränentreibenden Überschrift: »Manager müssen Gürtel enger schnallen«. Grund: Sie hatten im Bundesdurchschnitt im Jahre 1982 vier Prozent ihrer Kaufkraft eingebüßt. Solche Meldungen, die bei uns in aller Ernsthaftigkeit auf der Wirtschaftsseite abgedruckt werden, hätten einen geeigneten Platz höchstens in der Satireecke.

Eine Tatarenmeldung ist auch die immer wieder vorgetragene Behauptung der Arbeitgeber, wenn man jetzt die Arbeitszeit verkürze, dann kämen wir spätestens 1990 fürchterlich unter die Räder. Dann nämlich, so die Arbeitgeber, könnten wir uns vor Arbeit nicht mehr retten und es wäre außerordentlich schwierig, die Arbeitszeitverkürzung wieder rückgängig zu machen.

Diese höchst unseriöse Einlassung bleibt ohne jeden Beweis. Sie ist nicht nur ein Trick der Arbeitgeber, von der jetzt und hier erforderlichen Bekämpfung der Arbeitslosigkeit abzulenken – sie wird auch wider besseres Wissen vorgetragen. Denn den Arbeitgebern sind wie uns auch die Zahlen bekannt, die belegen, daß die fortschreitende Einführung neuer Techniken, der sich die deutsche Industrie nicht entziehen kann und soll, die Menge an verfügbarer Arbeit weiter verringern wird, und das per Saldo, trotz aller neuen Arbeitsplätze, die durch die neue Technik geschaffen werden. Und wir stehen erst am Anfang einer solchen Entwicklung. Der amerikanische Nobel-Preisträger und Wirtschaftswissenschaftler Wassilij Leontief hat kürzlich zu Recht darauf hingewiesen, daß die Umverteilung der Arbeit die einzige Möglichkeit sei, mit der Freisetzung von Arbeitskräften durch die moderne Technologie fertigzuwerden. Und als überzeugter Europäer fühle ich mich bemüßigt hinzuzufügen: Selbst wenn wir eines Tages erneute Engpässe auf dem deutschen Arbeitsmarkt hätten, dann könnten wir diese Lücke mit Arbeitnehmern anderer europäischer Länder füllen, die schon jetzt wissen, daß sie das von Arbeitgebern für 1990 projizierte Problem nicht haben werden.

Unter die Räder gerät bei diesem aktuellen Streit um die Verkürzung der Arbeitszeit ein ganz anderer Aspekt: Die wünschenswerte Veränderung der modernen Arbeitswelt durch ihre Humanisierung.

Arbeit ist kein Wert an sich. Der Entfremdungsprozeß in der Arbeit macht gewaltige Fortschritte. Gerade die Einführung neuer Technologien stellt uns vor neue Fragen und setzt die Menschen Belastungen anderer und neuer Art aus. Wenn wir jetzt nicht aufpassen, bekommen wir eine Spezies »keimfreier Maloche«, die zwar nichts mehr mit der physischen Belastung der alten Art zu tun hat, die aber neue Belastungen und andere Berufskrankheiten hervorbringen wird. Erste Anzeichen dafür gibt es. Dem muß mit einer veränderten Arbeitsorganisation begegnet werden. Die Monotonie am Arbeitsplatz, die dauerhafte Festlegung des Menschen auf wenige Handgriffe, die völlige Zerstörung der Beziehung zwischen dem Menschen und dem Produkt, der durch die stetig steigende Produktivität und die kleiner werdende Zahl von 40-Stunden-Arbeitsplätzen wachsende Leistungsdruck – das sind keine Erfindungen kranker Funktionärsgehirne, sondern reale Begleitumstände der modernen Erwerbsarbeit. Nehmen wir nur die Arbeit an Bildschirm und Computer. Entscheidungen aufgrund von Akten, die Erledigung komplizierter Organisationsaufgaben, das alles löste sich auf in Zahlen und Buchstabenreihen, die in Computer eingetippt und als Anweisungen auf dem Bildschirm erscheinen. Der eigentliche Vorgang ist kaum noch nachvollziehbar und das Ergebnis oft nicht mehr verständlich.

Jämmerlich nenne ich das Mißverhältnis zwischen den Aufwendungen für die neuen Techniken und den Anstrengungen im Bereich einer Arbeitsorganisation, die es mehr darauf anlegt, den Menschen der Technik gefügig zu machen, als das Recht des Menschen der Technik gegenüber zu wahren.

Die Auseinandersetzungen über die Rückkehr zur Vollbeschäftigung werden wie ein Grabenkrieg geführt. Jede Seite deckt sich mit Gutachten ein und führt die Wissenschaft ins Feld. Gewisse Vorschläge werden einfach verworfen und statt sozialen Verstand anzuwenden, werden Denkverbote ausgesprochen und eigene Standpunkte dogmatisiert.

Die meisten Regierungen begnügen sich damit, die Verantwortung wie einen Ball in das Feld von Gewerkschaften und Arbeitgebern zu spielen und sich mit dem Verweis auf die Tarifautonomie aus der Verantwortung zu stehlen. Ganz besonders perfide verhalten sich diejenigen, die mit dem gerade in Deutschland weit verbreiteten Vorurteil hantierten, wer für Arbeitszeitverkürzung eintrete, der sei ein unverbesserlicher Anhänger der Faulheit. Das Gebot der Stunde sei jedoch: Nicht weniger, sondern mehr arbeiten, sonst sei der Karren nicht aus dem Dreck zu ziehen.

Zur Faulheit: Abgesehen davon, daß es neben und außer der Erwerbsarbeit eine ganze Reihe von Tätigkeiten gibt, die, vergleicht man sie mit gewissen Arbeitsplätzen und Produktionsveranstaltungen, den Menschen durchaus erfüllen können, hat der Schwiegersohn von Karl Marx, Paul Lafargue, durchaus recht, wenn er ein »Recht auf Faulheit« konstituiert. Niemand wird allen Ernstes behaupten können, die Mehrheit der in unserer Industriegesellschaft angebotenen Tätigkeiten und Verrichtungen dienten ausschließlich der menschlichen Selbstverwirklichung. Sie dienen dem Erwerb. Der Preis der Arbeitsteilung war auch der der Entmenschlichung der Arbeit.

Die Glorifizierung der Arbeit, so wie sie z. B. von den Konservativen und den Neoliberalen einerseits sowie den Ideologen des realen Sozialismus andererseits praktiziert wird, führt zu falschen Schlußfolgerungen: Denn derjenige, der arbeitet, weil er arbeiten muß, ist keineswegs grundsätzlich zum Glücksgefühl verpflichtet.

Das Dilemma, in dem sich die Gewerkschaften befinden, besteht darin, daß sie just zu dem Zeitpunkt, zu dem sie versuchten, aus Maloche halbwegs erträgliche und selbstbestätigende Arbeit zu machen, gezwungen waren, die Arbeitszeitverkürzung als Arbeitsmarktinstrument gegen die Arbeitslosigkeit einzusetzen. Es darf nicht versäumt werden, beide Gesichtspunkte miteinander in Verbindung zu halten: den der Humanisierung und den der Umverteilung. Das eine verlangt eine kontinuierliche Reorganisation der Arbeit im Betrieb – das andere verlangt Bereitschaft zu radikalen Einschnitten in die Organisation der Verteilung der Arbeitszeit auf die Menschen.

Von einem kleinen Schluck aus der Pulle wird niemand betrunken. So ist es auch mit der Arbeitszeitverkürzung. Das Beispiel Frankreichs zeigt es uns: Die sozialistische Regierung verkürzt die Wochenarbeitszeit um eine Stunde auf 39 Stunden – eine politische Halbherzigkeit, die keine befriedigenden Ergebnisse erbringen konnte.

Der Nachweis, daß Arbeitszeitverkürzung zu einer wesentlichen Umverteilung der Arbeit führen kann, läßt sich in der eingetretenen Lage nur dann führen, wenn die Arbeitszeitverkürzung in einem Schritt durchgeführt wird. Das schafft den organisatorischen Anpassungszwang für die Unternehmen, der sich nicht nach und nach auffangen läßt. Richtig ist es, wenn die Politik ihre Verantwortung wahrnimmt: Sie muß bei den eingefahrenen Fronten – und Arbeitslosigkeit ist ja keine Privatsache von Gewerkschaften und Arbeitgebern – der Arbeitszeitverkürzung durch Teilhabe an der Finanzierung, durch neue Regelzeitbestimmungen einen gesetzlichen Rahmen geben, dessen Ausgestaltung aber den Tarifparteien überlassen. Die Einführung der 35-Stunden-Woche kostet Geld – allerdings deutlich weniger als die Finanzierung der Arbeitslosigkeit.

Eine globale, nur verordnete Verkürzung, die nicht von branchenbezogenen und betriebsnahen Verträgen begleitet ist, wird den Anpassungszwang einer radikalen Verkürzung der Arbeitszeit schnell verpuffen lassen: Die Unternehmen werden zwar kurzfristig einstellen, aber zügiger rationalisieren und den Arbeitsdruck erhöhen und alsbald wieder entlassen. Das wär's dann gewesen und die Arbeitnehmer würden in die Arbeitslosigkeit zurück entlassen.

Also kommt es darauf an, im Dreieck Regierung, Arbeitgeber und Gewerkschaften die arbeitsplatzschaffenden Effekte einer Arbeitszeitverkürzung durch feste Verträge zu stabilisieren. Jede andere Form ist schon jetzt in den Wind geschrieben.

Nun zur Finanzierung: Ich erinnere mich noch gut an ein Spitzengespräch über die Arbeitslosigkeit zwischen dem DGB-Bundesvorstand und den Arbeitgeberverbänden im November 1981. Als absolut nichts mehr zu sagen blieb, haben wir, die Vorsitzenden der Einzelgewerkschaften und ich, in stillschweigender Übereinstimmung, um wenigstens die steigende Tendenz der Arbeitslosigkeit zu brechen, das Angebot gemacht: Für 1982 jede Tarifforderung, Löhne und Gehälter eingeschlossen, zurückzustellen, gegen die Zusage, den ernsthaften und bewertbaren Versuch der Arbeitgeber, 500 000 Arbeitsplätze neu zu schaffen. Die Antwort war Schweigen.

Die Kostenargumentation ist also nur vorgeschoben und allzu brennend an der drastischen Verringerung der Arbeitslosigkeit sind die Arbeitgeber ganz offensichtlich nicht interessiert. Die erstaunliche und für mich kaum begreifliche soziale Ruhe trotz heftig steigender Arbeitslosigkeit sowie die Untätigkeit der Politik befestigen die Arbeitgeber in ihrer Bunkermentalität. Aber das kann und das wird nicht so bleiben.

Und wenn dann zur Sache gesprochen werden muß, dann

muß die Finanzierung der Arbeitszeitverkürzung im Rahmen von Solidaritätsverträgen erfolgen: Unter Beteiligung des Staates, der Arbeitgeber und der Arbeitnehmer. Niemand sollte sich jedenfalls darauf verlassen, daß sich irgendwie schon von selbst alles erledigen werde. Die Aufschwungtheoretiker, die sich von Jahr zu Jahr mit ebenso optimistischen wie falschen Prognosen über die Runden retteten, sind längst widerlegt. Wir befinden uns in einer strukturellen Krise, die von keiner Seite mit den alten Hausmittelchen bewältigt werden kann: wie Investitionsanreize, Erhöhung der Massenkaufkraft, Riemen enger schnallen, Ärmel aufkrempeln und ordentlich »reinhauen«.

Alle Prognosen zeigen, daß wir, ändern wir nichts Wesentliches an den Rahmenbedingungen der Arbeit, auf eine Arbeitslosenquote von fast 20 Prozent noch bis zum Ende dieses Jahrzehntes hinsteuern. Die in Aussicht genommenen und keinesfalls garantierten Wachstumsraten bewegen sich dabei um die drei Prozent (sagen die Optimisten) oder um zwei Prozent (sagen die Pessimisten). Diese Wachstumsraten reichen vorne und hinten nicht: Mit ihnen kann nicht einmal der jetzige Stand an Arbeitslosigkeit erhalten bleiben, was kein Fortschritt wäre.

Die Mehrheit der europäischen Regierungen hat sich darauf geeinigt, sich und den Bürgern Sand in die Augen zu streuen. Sie favorisieren den Teil des Kampfes gegen die Arbeitslosigkeit, mit dem sich am leichtesten Tätigkeit vortäuschen läßt und der auf emotionale Zustimmung rechnen kann. Sie konzentrieren sich auf die (vornehmlich publizistische) Bekämpfung der Jugendarbeitslosigkeit. Da werden Versprechen abgegeben, die man anschließend durch rege Nebelwerfertätigkeit wieder aus der Welt schaffen will. Da werden Aufrufe und Appelle erlassen, da werden notstandsmäßig »Arbeitsbeschaffungsmaßnahmen« eingeleitet und Schmalspurausbildungen angeboten. Da wird immer noch über dem Lehrsatz: »Hauptsache, die jungen Menschen haben eine ordentliche Berufsausbildung« vergessen, sich die Frage zu stellen, ob sich ein junger Mensch als qualifizierter Arbeitsloser nach der Lehre glücklicher fühlen kann. Jugendarbeitslosigkeit – das ist ein Teil des Problems, das nur im Zusammenhang mit dem großen Rest zu lösen ist. Also gibt es einen ganz direkten Zusammenhang zwischen der Neuverteilung der Arbeit und der Lösung der Jugendarbeitslosigkeit.

Bei allem Respekt vor dem westlichen Wirtschaftssystem: Bisher ist jedenfalls noch nirgendwo ein soziales Problem, und davon bringt dieses Wirtschaftssystem ja einige hervor, etwa auf der Grundlage des Prinzips Hoffnung gelöst worden.

Die Gewerkschaften leben sehr bewußt in dieser Welt der Ost-, West-, und Nord-Süd-Probleme. Sie stellen sich der deutschen und europäischen Einbindung in die Weltwirtschaft mit ihrer Konkurrenz und technologischen Entwicklung, sie kennen sehr wohl die betrieblichen Organisations- und Finanzprobleme der Arbeitszeitverkürzung, aber um den sozialen Grundkonsens zu sichern, müssen sie ihren klaren und überzeugenden Kurs zur Durchsetzung der 35-Stunden-Woche gehen.

Wenn es nicht anders zu erreichen ist, dann muß die Wiederherstellung der Vollbeschäftigung durch einen umfassenden Arbeitskampf durchgesetzt werden.

Gerade Gewerkschafter der Generation, die die gesellschaftlichen und politischen Folgen der Massenarbeitslosigkeit in den zwanziger und dreißiger Jahren selbst erlebt haben, wissen um deren verheerende Auswirkungen. Das kann und darf sich um der Menschen und unserer Gesellschaft willen nicht wiederholen.

Die soziale Ruhe in der Bundesrepublik ist trügerisch. Die Gefahr von rechts will ich nicht überbewerten – aber es gibt, nicht nur bei uns, sondern auch in anderen europäischen Ländern Anzeichen dafür, daß rechtsradikale Gruppen die hohe Arbeitslosigkeit und die größer werdende Hoffnungslosigkeit zu erhöhten Aktivitäten ausnutzen. Vor diesem gesamten Hintergrund jedenfalls kann eine Lage eintreten, in der die Gewerkschaften zum Einsatz ihres letzten Mittels gezwungen sein könnten.

Austritt der Amerikaner aus dem IBFG und Wiederaufnahme

Als ich im Jahre 1969 das Amt des DGB-Vorsitzenden übernahm, wurde ich in der internationalen Gewerkschaftspolitik gleich mit einem uns alle belastenden Vorgang konfrontiert: Der amerikanische Gewerkschaftsbund AFL-CIO verließ den Internationalen Bund Freier Gewerkschaften.

Die Gründe für den Austritt der Amerikaner waren nicht so einschichtig, wie mancherorts angenommen wird. Eine vorrangige Rolle spielte natürlich die Aufnahme von Beziehungen zu den Gewerkschaften in Osteuropa, so wie sie vor allem vom britischen TUC, den skandinavischen Bünden, vom belgischen FGTB, den Italienern, dem DGB und im geringeren Umfange auch von den niederländischen Gewerkschaften gesucht wurden.

Die AFL-CIO, vor allem der übermächtige und damals schon legendäre Präsident George Meany, vertrat einen außerordentlich harten Kurs und lehnte jede »Feindberührung« mit den Ostblockgewerkschaften kategorisch ab. Daß die Europäer, aus unterschiedlichen nationalen Motiven, vor allem aber aufgrund ihrer Nachbarschaft mit den osteuropäischen Ländern, die damals sich entwickelnde Entspannungspolitik mit eigenen Aktivitäten begleiteten, dafür fehlte den Amerikanern jedes Verständnis. Kontaktaufnahme mit den Gewerkschaften der osteuropäischen Länder – das war eine Art »Verrat« an der freien Arbeiterbewegung. Bestraft werden sollten die Europäer – so wollte es der in dieser Frage besonders halsstarrige George Meany – mit dem Austritt der Amerikaner aus dem

IBFG, da der IBFG nicht in der Lage gewesen sei, die Aufnahme solcher Kontakte zu verhindern.

Eine korrekte Beurteilung dieses Beschlusses der AFL-CIO muß immerhin die Tatsache einschließen, daß der IBFG und einige seiner Kommission sich seit 1955 bei verschiedenen Gelegenheiten dagegen ausgesprochen hatten, daß Mitgliedsbünde des IBFG Beziehungen zu gewerkschaftlichen Organisationen in den Ostblockländern aufnehmen. Nun hatte sich zwischen 1955 und 1969 die internationale Lage verändert. Differenzierte Prozesse zwischen Ost und West, durchaus unter Beteiligung der amerikanischen Außenpolitik, waren in Gang gekommen, und die europäischen Gewerkschaften versuchten, von den unter dem Einfluß des Kalten Krieges und des Eisernen Vorhangs formulierten Grundsätzen abzurücken und die neue internationale Entwicklung in Rechnung zu stellen. In der Beurteilung des Charakters der Ostblock-Gewerkschaften gab und gibt es keine Meinungsverschiedenheiten zwischen den Amerikanern und den Europäern. Die kommunistischen Gewerkschaften der Ostblock-Länder hatten nicht die klassischen Aufgaben einer freien Schutz- und Interessenvertretungsorganisation der Arbeiter. Sie waren eine Untergliederung des kommunistischen Einparteienstaates. Für uns aber stand auch fest, daß gerade die Gewerkschaften der unter sowjetischer Kontrolle stehenden Ostblockstaaten nicht immer über einen Kamm zu scheren waren: Die spätere Entwicklung hat uns recht gegeben. Hätten wir auf Kontakte verzichtet, dann wäre vieles nicht möglich geworden, was später im Interesse der Menschen möglich wurde.

Die AFL-CIO unterstellte, daß durch die Aufnahme von Beziehungen lediglich kommunistischen Unterwanderungs- und Infiltrierungsversuchen Vorschub geleistet würde. Wir verkannten diese Gefahr nicht, aber wir fühlten uns durchaus imstande und selbstbewußt genug, solchen Versuchungen zu begegnen. Im übrigen – und das ist auch heute noch meine feste Überzeugung – bleibt das Gespräch wichtig und unverzichtbar und ist ein Bestandteil von internationaler Friedenspolitik, die keineswegs mit Appeasement-Politik verwechselt werden darf.

Die Ostkontakte aber waren nicht der einzige Grund für den Auszug der AFL-CIO. Die Amerikaner hatten offensichtlich Zweifel, ob ihre Rolle im IBFG angesichts des erheblichen Beitrags, den sie leisteten, noch angemessen berücksichtigt wurde und ob nicht die europäischen Bünde einen zu dominierenden Einfluß ausübten. Schließlich behagten ihnen auch nicht die Struktur und die Führung des Generalsekretariats des IBFG in Brüssel.

Ein möglicherweise ausschlaggebendes Motiv aber war etwas anderes: Der damalige Generalsekretär des IBFG, Harm Buyter, hatte Gespräche mit der UAW, der Gewerkschaft der Vereinigten Automobilarbeiter, über einen eventuellen Beitritt dieser Organisation in den IBFG geführt. Die UAW galt vor allem den Europäern als eine in Fragen der internationalen Politik flexible Organisation. So hoffte Buyter, durch einen Eintritt der UAW, die sich in dieser Zeit von der AFL-CIO löste, in den IBFG nicht nur eine Verbreiterung der Basis für den IBFG zu erreichen, sondern auch den Einfluß der AFL-CIO relativieren zu können. Zwischen George Meany und dem damaligen Vorsitzenden der UAW, dem nicht minder profilierten Walther Reuther, bestanden erhebliche Rivalitäten. Die Meinungsverschiedenheiten zwischen Meany und Reuther, die natürlich auch gesellschaftspolitische Gründe hatten, führten zu dem Austritt der Automobilarbeitergewerkschaft aus dem Dachverband AFL-CIO, nachdem die UAW bereits im Jahre 1968 über drei Monate lang keine Mitgliedsbeiträge mehr geleistet hatte. Diese Situation war es, die Buyter dazu brachte, der UAW nahezulegen, die Mitgliedschaft im IBFG zu beantragen.

Zu Recht, meine ich, empfand der Dachverband dieses Vorgehen als eine Provokation. George Meany wußte allerdings, daß unter diesen Bedingungen – und mit dem Veto seiner Organisation gegen eine Aufnahme der UAW in den IBFG – keine Aufnahme der UAW in den IBFG durchzusetzen war. Trotzdem blieb die AFL-CIO bei ihrem Entschluß und beantwortete die Meinungsverschiedenheiten zwischen den europäischen Gewerkschaften und den amerikanischen mit dem Austritt.

Es ist heute müßig, darüber zu streiten, wer ursächlich für den Austritt verantwortlich war. Ich habe mich sofort nach meinem Amtsantritt mit diesem Problem befaßt und habe seinerzeit den Eindruck gewonnen, daß George Meany den Austritt schon länger fest ins Auge gefaßt hatte und sich von dieser Meinung nicht mehr abbringen lassen würde.

Wir bedauerten diesen Entschluß sehr und hatten dafür zahlreiche Gründe. Die amerikanischen Gewerkschaften haben nach dem Zweiten Weltkrieg auch in Deutschland viel für den Neuaufbau der Gewerkschaften getan und dabei keineswegs versucht, den Deutschen eine Gewerkschaftsideologie aufzudrücken, die den amerikanischen Vorstellungen entsprochen hätte. So waren die gesellschaftspolitischen Auffassungen und Meinungsverschiedenheiten zwischen uns und den Amerikanern erheblich, und es gibt sie, wenn auch abgeschwächt, bis heute.

Daß sofort nach dem Zweiten Weltkrieg der bereits in den zwanziger Jahren entwickelte Gedanke der Wirtschaftsdemokratie von den deutschen Gewerkschaften aufgegriffen wurde, das war den Amerikanern durchaus ein Dorn im Auge. Sie haben aber immer der Versuchung widerstanden, uns ihren Stempel aufzudrücken. Ein weiteres Element war, daß der Austritt der AFL-CIO die immer schon starken Anhänger einer »splendid isolation« in den USA stärken mußte. Die Abkoppelung vom IBFG war ein Stück Isolierung und sie hätte schwerwiegende Folgen haben können: Bis heute führen die Vereinigten Staaten, gerade unter Ronald Reagan, eine Wirtschaftspolitik mit stark protektionistischen Zügen. Hätte eine solche Politik die Gewerkschaften in den USA zum uneingeschränkten Bündnispartner, dann wäre diese Politik noch gefährlicher für die weltwirtschaftliche Entwicklung, für die Lage in den Entwicklungsländern und für Europa selbst als sie es ohnehin schon ist.

Der Austritt von AFL-CIO bedeutete auch eine erhebliche Schwächung der freien Gewerkschaftsbewegung in der Welt und dies keineswegs nur wegen der ausbleibenden Beitragszahlungen. Objektiv war dies mehr als nur eine Abspaltung vom IBFG. Es bestand die Gefahr einer doppelgleisigen Weltgewerkschaftspolitik, ja sogar einer Konkurrenz zwischen dem IBFG und den amerikanischen Gewerkschaften und dies vor allem in der Dritten Welt, wo die Amerikaner ihre besonderen Gewerkschaftsinstitute verstärkten.

Das Verhältnis zwischen dem DGB und der AFL-CIO war in den sechziger Jahren nicht von abgrundtiefer Liebe bestimmt. Ich muß das auch für mein persönliches Verhältnis zu Meany feststellen, wobei sich allerdings im Laufe der Jahre aus einem zunächst recht kühlen Kontakt ein gewisser Respekt voreinander entwickelte. Niemand allerdings konnte Meany davon überzeugen, daß diese Entscheidung früher oder später revidiert werden mußte.

Für uns war klar, daß wir alles zu tun hätten, um weiterhin mit den amerikanischen Gewerkschaften in Verbindung zu bleiben. Zu keinem Zeitpunkt, nachdem die erste Frostperiode abgeklungen war, kam es zu einer wirklichen Gesprächspause. Das wäre auch verheerend gewesen, weil die amerikanischen Gewerkschaften und die Zusammenarbeit mit ihnen auf allen wichtigen Gebieten internationaler Gewerkschaftspolitik unersetzbar ist. Entgegen der landläufigen Meinung mancher junger Gewerkschafter sind die amerikanischen Gewerkschaften kampfstarke, selbstbewußte und unabhängige Verbände, ohne die man international keine Gewerkschaftspolitik gegenüber den multinationalen Gesellschaften aufbauen kann.

In den ersten Jahren sandten wir mehrere Vorstandsdelegationen in die USA, die allerdings von der AFL-CIO zunächst nicht mit Gegenbesuchen beantwortet wurden. Ich nutzte jede Gelegenheit, um mit Meany im Gespräch zu bleiben. Dabei half der Umstand sehr, daß Bundeskanzler Helmut Schmidt, der es bei seinen USA-Besuchen nie versäumte, George Meany, mit dem ihn ein freundschaftliches Verhältnis verband, aufzusuchen, Vertreter der Gewerkschaften und der Arbeitgeber in seine Regierungsdelegation einbezog. Auch so kamen mit den amerikanischen Gewerkschaften und mit Meany fruchtbare Kontakte zustande.

Gleichgewichtige und direkte Beziehungen zwischen uns und den Amerikanern nutzten wir gerne bei verschiedenen anderen Gelegenheiten, um den deutsch-amerikanischen Gewerkschaftsdialog nicht abreißen zu lassen. Ich hielt es dabei für sehr wichtig, daß wir jungen Gewerkschaftern auf beiden Seiten Gelegenheit gaben, miteinander im Gespräch zu bleiben. Nur so konnte verhindert werden, daß über die offizielle Funkstille Vorurteile und vorgefaßte Meinungen auf beiden Seiten anwuchsen. Endlich war es nach unserer Auffassung nicht vertretbar, daß auf allen Ebenen die deutsch-amerikanischen Beziehungen immer stärker entwickelt wurden, nur auf gewerkschaftlicher Ebene nicht.

Wir förderten und nutzen nach Kräften Einrichtungen und Institutionen, durch die Gespräche, gegenseitige Informationen und Begegnungen möglich wurden. Dazu gehörte die Atlantik-Brücke, der German-Marshal-Found, das Gewerkschaftsprojekt der Harvard-Universität (eine Reihe jüngerer deutscher Gewerkschafter konnte dort nach vorangegangenem Sprachkurs ein mehrmonatiges Studium absolvieren) und nicht zuletzt die auf diesem Gebiet außerordentlich aktive Arbeit der Friedrich-Ebert-Stiftung.

Mitte der siebziger Jahre machte die AFL-CIO einen ersten Schritt vorwärts. Sie nahm ihre Mitarbeit in der TUAC, dem gewerkschaftlichen Beratungsgremium der OECD, wieder auf. Ich habe Anlaß zu vermuten, daß dies zunächst nicht ganz ohne Nebenabsicht geschah. Offensichtlich verband Meany damit die Absicht, eine Art Konkurrenzorganisation oder Ersatz für die Internationale Arbeitsorganisation (IAO) in Genf zu entwickeln, nachdem die USA – mit Zustimmung und wohl auch auf Empfehlung der AFL-CIO – im Jahre 1975 aus dieser UN-Organisation ausgetreten waren. Natürlich konnte der TUAC die IAO nicht ersetzen, denn die Interessen der Entwicklungsländer sind in der OECD zumindest offiziell nicht vertreten. Die Zusammenarbeit innerhalb der OECD entwikkelte sich außerordentlich gut. Die AFL-CIO nahm aktiv an den gewerkschaftlichen Vorbereitungen der Weltwirtschaftsgipfel teil, und ich kann nicht sagen, daß es dabei unüberwindliche Meinungsverschiedenheiten gegeben hätte. Die AFL-CIO nahm 1978 mit ihrem damaligen Schatzmeister Lane Kirkland auf DGB-Einladung in Düsseldorf an der gewerkschaftlichen Vorbereitung des Weltwirtschaftsgipfels teil. Auf dieser Konferenz war auch die italienische CGIL als Mitglied des Europäischen Gewerkschaftsbundes vertreten. Dies war ganz zweifellos ein erster Durchbruch. Später, beim Weltwirtschaftsgipfel 1980 in Tokio, kam es dann noch einmal zu einer kurzen Kontroverse zwischen den Amerikanern und der CGIL, die aber beigelegt werden konnte.

Zwischen Lane Kirkland und mir entwickelte sich, das wurde recht bald deutlich, ein sehr gutes, vor allem aber offenes, persönliches Verhältnis. Während Meany, der »große Alte« der AFL-CIO, nur schwer zugänglich war, und nicht gerade als Absolvent der Diplomatenschule gelten konnte (sein eckiger Charakter hatte allerdings durchaus positive Seiten und seine barsche Art entbehrte nicht eines gewissen rüden Charmes), ist Lane Kirkland ein unkonventionell handelnder und dennoch außerordentlich grundsatztreuer Mann. Hinzu kam, daß er als politisch weitsichtiger Kopf mehr Verständnis für die Europäer und ihre Lage mitbrachte und weniger isolationistisch dachte als George Meany.

Als Lane Kirkland nach dem Tode George Meanys erwartungsgemäß den Vorsitz der AFL-CIO übernahm, wurden die vorher schon geführten Gespräche vertieft. Sicher ist es auch den ständigen Arbeitskontakten zwischen dem DGB und der AFL-CIO zu verdanken, daß diese große Organisation im Jahre 1981 einen Antrag auf Wiederaufnahme in den IBFG stellte, dem dann die Aufnahme im gleichen Jahr folgte.

Entspannungspolitik:
Wandel durch Annäherung
oder Anpassung?

Die Beziehungen zwischen dem DGB und den sowjetischen Gewerkschaften waren keineswegs so störungsfrei und eng, wie man das gelegentlich in der Presse lesen konnte. Dieser Eindruck entstand wohl nach der »Bruderkuß-Episode«, die mir mit dem ehemaligen Präsidenten des Zentralrates der sowjetischen Gewerkschaften, Scheljepin, dem früheren KGB-Chef, angedichtet wurde. Ich werde später darauf noch kurz eingehen.

Für Oktober 1981 hatte mich der Präsident des Zentralrates der sowjetischen Gewerkschaften, Schibajew, zu einem kurzen Besuch in die Sowjetunion eingeladen. Ich wurde vom Leiter der Internationalen Abteilung beim DGB-Bundesvorstand, Erwin Kristoffersen, begleitet.

Das internationale Klima war nicht erfreulich, und die gewerkschaftlichen Beziehungen waren kühler geworden. So war es schon ungewöhnlich, als wesentliches Ziel dieses Besuches ein Gespräch mit dem Generalsekretär der KPdSU, Leonid Breschnew, zu führen. Wir wollten ihm die Haltung der deutschen Gewerkschaften zur Entspannungs- und Abrüstungspolitik erläutern und die Gelegenheit dazu benutzen, wenn notwendig, irrige Vorstellungen bei der sowjetischen Führung über eben diese Haltung zu korrigieren. Im übrigen entsprach es der langjährigen Praxis des DGB insbesondere den osteuropäischen Organisationen immer wieder die gewerkschaftliche Unterstützung der offiziellen deutschen Entspannungs- und Friedenspolitik zu verdeutlichen.

In meiner Zeit als DGB-Vorsitzender hatte ich mich bis

dahin nie um Begegnungen oder Gespräche mit den politischen Führern der kommunistischen Staaten bemüht. Solche Treffen kamen regelmäßig auf Vorschlag der jeweiligen Gewerkschaftsbünde zustande.

Es war ja auch nicht unsere Aufgabe, Beziehungen auf staatlicher oder politischer Ebene zu pflegen. Oft hatte ich den Eindruck, daß die Führung der jeweiligen Gewerkschaftsorganisation besonderen Wert auf solche Gespräche legte, schon, um uns ihren eigenen Einfluß im Staat zu beweisen.

Besonders zeremoniell ging es in Rumänien zu. Die dortigen Gewerkschaften überbrachten mir eine Einladung für ein Gespräch mit Staatspräsidenten Ceaucescu, der – ganz im Gegensatz zu seinem äußeren Auftreten – mich in einer Atmosphäre empfing, die zunächst steif und unpersönlich wirkte, was dann dem Inhalt und der Form des Gespräches keinen Abbruch tat; nur, der Gewerkschaftsvorsitzende selbst durfte mich zwar vorstellen, aber nicht am Gespräch teilnehmen. Ich empfand das als ziemlich demütigend für ihn und als ein sichtbares Zeichen dafür, daß er schon anfing, in Ungnade zu fallen, aber auch dafür, wie gering manche kommunistische Potentaten ihre Haus- und Hofgewerkschafter schätzen.

Amüsanter hingegen war das Gespräch mit dem lebendigen und freundlichen bulgarischen Staatschef Todor Schiwkoff, der mich selbstironisch fragte, ob ich denn nun eigentlich lieber seine lange oder seine kurze Einführungsrede hören wolle. Er habe immer, so Schiwkoff, zwei Varianten zur Verfügung. Ohne zu zögern sprach ich mich für die Kurzfassung aus. Meine Erwartungen über kurz oder lang mußte ich allerdings sofort korrigieren, als mir Schiwkoff lächelnd und ein wenig mitfühlend antwortete: »Das können Sie gerne haben. Aber ich muß Sie darauf aufmerksam machen, daß die Kurzfassung so an die drei Stunden dauert.« Das allerdings stellte sich zu meinem Glück als eine erhebliche Übertreibung dar. Nichtsdestoweniger war die Aussprache erfrischend offen und ohne ideologische Scheuklappen auf die internationalen und wirtschaftlichen Probleme unserer Länder und Gewerkschaften konzentriert. Eine Atmosphäre, die unsere Delegation während des ganzen Besuches begleitete.

Vor unserem Besuch in Moskau, um darauf zurückzukommen, hatten wir natürlich Kontakt mit der Bundesregierung. Der Bundeskanzler war daran interessiert, daß es zu einem Gespräch mit Breschnew vor dessen Besuch in Bonn kam. Er wollte nichts unversucht lassen, um die Sowjetunion davon zu überzeugen, daß Abrüstung nur über substantielle Zugeständnisse auch der Sowjetunion zu erreichen sei.

Der DGB hatte eine sehr klare Auffassung zur Abrüstung. Wir verlangten von beiden Seiten Verzicht, und ich brachte bei verschiedenen Gelegenheiten diese Position auf die kurze Formel: »Wer über Pershing redet, der muß auch über die SS-20 reden.« Mit anderen Worten: Wir stimmten mit denen nicht überein, die die Verantwortung für weltpolitische Krisen, für Rüstung und Abrüstung allein auf die Schultern der Amerikaner legen wollten. Auf der hohen Woge der deutschen Friedensbewegung war es denn manchmal auch sehr schwierig, sich differenziert, gegen einseitige Beurteilungen durchzusetzen. Wir haben viel Presseschelte und unqualifizierte Kritik über uns ergehen lassen müssen.

An einem hatte ich allerdings auch vor meinem Besuch in die Sowjetunion keinen Zweifel: Die Sowjetunion hatte ein vitales Interesse an der Abrüstung und an der Fortsetzung der Entspannungspolitik. Ein Land, das wie kein anderes in Europa unter dem Zweiten Weltkrieg gelitten hat, war sowohl auf seinen Schutz wie auf die Bewahrung eines Zustandes bedacht, den man zwar nicht als friedlich, wenigstens aber als »kriegsfrei« bezeichnen könnte. Bei unserer Ankunft in Moskau war es noch unklar, ob es zu einer Begegnung mit Breschnew kommen würde. Das war zwar für sowjetische Verhältnisse nicht ungewöhnlich, denn wir absolvierten ja keinen Staatsbesuch, aber den sowjetischen Gewerkschaften war von unserer Seite erstmalig ein derartiger Wunsch angedeutet worden. Vielleicht ging diese Unklarheit ein wenig auf das Konto des sowjetischen Gewerkschaftsvorsitzenden Schibajew, der im Unterschied zu seinem Vorgänger Scheljepin, den Breschnew als unliebsamen Konkurrenten ausgeschaltet hatte, nicht über das erforderliche politische Gewicht verfügte. Ich hatte immer den Eindruck, daß er bei der Erörterung politischer und gewerkschaftlicher Probleme – wenn auch auf sympathische Art – bewußt zurückhaltend blieb und um so mehr bei der Diskussion über die technologischen Entwicklungen auftaute. Er war eben ein leidenschaftlicher Ingenieur, weniger der politische Gesprächspartner, den ich in dieser auch international-gewerkschaftlich schwierigen Zeit suchte und brauchte.

Schon auf der Fahrt vom Flughafen machten wir klar, daß wir, käme es nicht zu einem Treffen mit Breschnew, uns nicht sehr lange in der Sowjetunion aufhalten würden. Aber dann kam es schon am 13. Oktober zu einer Begegnung, an der auf sowjetischer Seite neben Schibajew noch Boris Ponomarjow, der Leiter der Internationalen Abteilung des ZK der KPdSU und A. M. Aleksandrow, der persönliche Berater Breschnews, teilnahmen; Aleksandrow, ein freundlicher älterer Herr, der wohl seinen Qualitäten entsprechend den Führungswechsel gut überstanden hat, denn er sitzt heute immer noch freundlich lächelnd an der Seite des neuen Generalsekretärs Andropow.

Man merkte Leonid Breschnew an, daß es gesundheitlich nicht zum Besten um ihn stand. Er bewegte sich sehr zögernd und vorsichtig und las seine Einführung von einem Manuskript ab, wobei er sehr genau jede vorgetragene Passage wie einen erledigten Posten abhakte und seine Mitstreiter fragend ansah, die pflichtschuldig nickten und ihm so Zustimmung und Beifall bekundeten.

Es lohnt sich schon, diese Ausführungen und das Gespräch mit dem Generalsekretär zusammengefaßt wiederzugeben, weil beides einen guten Eindruck von den Erwartungen, aber auch von den Empfindungen der sowjetischen Führung vermitteln kann. Eben weil Taktik und Polemik ausgeschlossen blieben, war diese lange Stunde erregend und ernüchternd zugleich.

Die deutsch-sowjetischen Beziehungen, das wurde sehr deutlich, werden von sowjetischer Seite sehr ernsthaft auch unter dem Aspekt der Wirtschaftsbeziehungen gesehen. Diese Beziehungen hätten sich, so Breschnew, sehr positiv entwickelt und wären zu einem Eckpfeiler der Entspannungspolitik geworden. Mit Genugtuung äußerte er sich zur Fortsetzung des Gas-Röhren-Geschäfts, das nunmehr trotz massiver amerikanischer Interventionen zustande komme. Er kündigte an, daß er bei seinem bevorstehenden Besuch in Bonn einen ganzen Stapel von unterschriftsreifen Projektverträgen, auch über weitere Großprojekte, mitbringen würde.

Er machte keinen Hehl daraus, daß für die Sowjetunion dieser Teil der Zusammenarbeit von großer Wichtigkeit sei, aber, so merkte er an, die Bundesrepublik wisse sicher sehr gut, daß etwa 500 000 Arbeitsplätze vom deutsch-sowjetischen Handel und der wirtschaftlichen Zusammenarbeit abhängig seien. Eine Zahl, die zur Zeit wohl noch zu hoch gegriffen sein dürfte.

Dann kam Breschnew zur Hauptsache, nämlich zur Abrüstung. Er warf der amerikanischen Regierung vor, sie sei dabei, die Uhr zurückzudrehen in die Zeiten des Kalten Krieges und der direkten Konfrontation. Das Rüstungsprogramm der USA schreibe bis zum Ende dieses Jahrhunderts einen noch nicht absehbaren Rüstungswettlauf fest. Dies, so meinte Breschnew, im Hinblick auf die Entwicklungsperspektiven nicht nur der UdSSR, binde enorme Ressourcen, die man für zivile Zwecke sinnvoller nutzen könne. Er habe kein Verständnis für die amerikatreue Haltung der Bundesregierung in dieser Frage, denn durch die Aufstellung neuer Waffensysteme würden vor allem die Länder bedroht, in denen man sie aufstellt.

Die Sowjetunion gehe von einem bereits bestehenden Gleichgewicht aus und schlage deshalb vor, die Rüstung auf beiden Seiten auf den jetzigen Stand einzufrieren und dann über eine schrittweise und abgewogene Abrüstung weiterzuverhandeln. Den USA ginge es nach sowjetischer Meinung vor allem darum, sich die bessere Position von

Westeuropa aus für den sogenannten Erstschlag zu sichern. Der dann unvermeidliche Gegenschlag, so Breschnew, würde zwangsläufig Westeuropa total einbeziehen müssen. Die Bundesrepublik mache sich, folge sie dieser Politik, weiterhin zu einer nuklearen Geisel der USA.

Das war ganz unmißverständlich auf den Gesprächspartner gezielt. Breschnew unterstrich immer wieder, daß diese Rüstungspolitik, der man nicht tatenlos zusehen könne, die deutsch-sowjetischen Beziehungen eines nicht zu fernen Tages entsprechend berühren müsse. Und ganz im Unterschied zu beachtlichen Teilen der westeuropäischen Friedensbewegung, die für einseitige Abrüstung im Westen eintreten, sagte Breschnew für die östliche Seite: »Einseitige Abrüstung, nämlich der einseitige Abbau von SS-20, ist für uns ohne Gegenleistung nicht akzeptabel.«

Den Gewerkschaften käme eine besondere Aufgabe zu: Er habe mit Interesse den Friedensaufruf des DGB gelesen, dem er nicht in allen seinen Teilen zustimmen könne, dessen Prinzipien er aber für richtig halte.

Dann gab er einen Einblick in seinen Informationsstand über die Lage in der Bundesrepublik. Er sehe mit großer Sympathie im sowjetischen Fernsehen, wie in der Bundesrepublik »die Massen der Werktätigen« demonstrierend für den Frieden eintreten. Daran knüpfe er eine große Hoffnung. In der Diskussion vertiefte er diesen Hinweis noch und kam zu einem für uns sehr verblüffenden Schluß: Er hielte es für durchaus wahrscheinlich, daß die nächste Bundesregierung aus den Reihen der Friedensbewegung kommen werde, in der ja die deutschen Werktätigen nun massenhaft in Erscheinung treten. Ich führte zunächst diese Fehleinschätzung eines der mächtigsten Männer der Welt auf sein hohes Alter zurück, was sich wiederum als Fehleinschätzung meinerseits erwies. Boris Ponomarjow, doch sicherlich ein alter Fuchs in allen internationalen Fragen, stimmte – Breschnew suchte wieder, als ich ihm widersprach, Blickunterstützung bei Ponomarjow – ausdrücklich und wortreich zu. Nun hätte das ja blanker Opportunismus sein können, aber auch diese Hypothese ließ sich nicht auf-rechterhalten, denn ganz offensichtlich war es Ponomar-jow, der Breschnew – sozusagen in Koproduktion mit dem sowjetischen Fernsehen, das wohl laufend Bilder von den im Bonner Hofgarten demonstrierenden werktätigen Mas-sen über den Bildschirm flimmern ließ – dieses ganz beson-dere Deutschlandbild vermittelt hat. In der Oktober-Aus-gabe der in Prag herausgegebenen Zeitschrift »Probleme des Friedens und des Sozialismus« vertieft Ponomarjow dieses Bild von den vorm Bundeskanzleramt zur Regie-rungsübernahme bereitstehenden werktätigen Massen noch ideologisch in einem Artikel zum Thema »Von wo die Kriegsgefahr ausgeht und wie sie zu bannen ist«.

Trotz meines Respekts und meiner geistig-politischen Be-ziehung zur deutschen Friedensbewegung habe ich behut-sam beginnend, aber immer unmißverständlicher die ab-wegigen und paradiesischen Vorstellungen des alten Ge-neralsekretärs von den politischen Entwicklungen in der Bundesrepublik zerstören müssen. Ich konnte ihm den wiederholten Hinweis nicht ersparen, wenn schon von ei-nem Regierungswechsel in Bonn zu sprechen sei, nicht eine von der Friedensbewegung, sondern von der CDU/CSU geführte Bundesregierung die Realität sein würde. Was ihn schließlich zu der Bemerkung veranlaßte: »Das wollen wir aber auch nicht.« Jedenfalls war dieser Teil des Gespräches ein weiteres meiner Schlüsselerlebnisse über Staatsmänner im persönlichen Gespräch. Ein solches Maß an Fehlurteilen und wohl auch an Fehlinformation hatte ich im Jahre 1981 beim ersten Mann einer Weltmacht für ausgeschlossen gehalten. In meiner Erinnerung lebte noch der kraftvolle, aufgeschlossene Breschnew aus seiner Dis-kussion mit dem DGB-Bundesvorstand anläßlich seines ersten Besuches in der Bundesrepublik. Während seiner einführenden Worte und auch im Verlauf des Gespräches schrieb er immer wieder in großen Lettern das Wort »Frie-den« quer über seine Notizen. Und nun dies.

In der Endphase der Unterhaltung ließ ich keinen Zweifel daran, daß die deutschen Gewerkschaften immer für eine beiderseitige ausgewogenen Abrüstung eingetreten seien und die Hochrüstung und den Rüstungswettlauf für eine unverantwortliche Vergeudung von Mitteln und Energien hielten. Der DGB stände andererseits aber auch hinter der Bundesregierung und hinter dem Doppelbeschluß, wobei für uns natürlich dieser Beschluß seinen Sinn erst durch den Verhandlungteil erhalten habe. Hier gäbe es nach unserem Eindruck Meinungsverschiedenheiten zwischen den meisten europäischen NATO-Partnern und den Vereinigten Staaten. Ich sei davon überzeugt, daß für die Bundesregierung unter Helmut Schmidt der Verhandlungteil absoluten Vorrang habe. Die Autorität der Bundesregierung in der Frage sei auch durch einen Beschluß des SPD-Parteitages gestärkt worden, auf dem sich nach ausführlichen Diskussionen 80 Prozent der Delegierten für die Linie Helmut Schmidts ausgesprochen hätten. Die Sowjetunion dürfe bei ihrer Beurteilung auch nicht übersehen, daß die Menschen in der Bundesrepublik keineswegs amerikanische Raketen herbeisehnen, aber auch von der Bedrohung durch die sowjetischen Raketen im Mittelstreckenbereich tief beunruhigt seien.

Während des letzten Besuches Leonid Breschnews in der Bundesrepublik hatte ich für den DGB auf einer gesamteuropäischen Gewerkschaftskonferenz im Rahmen der ILO in Genf zu reden und konnte daher nur bei dem großen Abschiedsempfang Breschnews mit mir bekannten Mitgliedern der sowjetischen Delegation sprechen. Die Festrede des Gastgebers Breschnew schien von den vorausgegangenen Verhandlungen und Gesprächen wenig berührt und erschöpfte sich darin, die guten Beziehungen zur Bundesrepublik und die schlechten zu den USA hervorzuheben. Was würde der Bundeskanzler antworten? Ich war inzwischen ein wohl geübter Zuhörer Schmidtscher Weltbetrachtungen und bereit, den zu erwartenden bekannten Darlegungen jeweils grüßend zuzunicken. Aber es kam anders.

Helmut Schmidt sprach in unüberhörbarem Ernst, in vollendeter Diktion und mit so zwingender Logik über die

Verantwortung der Sowjetunion und den unbeugsamen Willen der Bundesrepublik, im Rahmen ihres Bündnisses jeden nur denkbaren Schritt zu tun, um die Genfer Verhandlungen zum Erfolg zu führen. Bei der Ehrlichkeit und den nur durch Höflichkeit gebundenen Mut des Bundeskanzlers konnte die Politik der USA nicht unkritisiert bleiben, aber der Kern der bewegenden Rede blieb der große Anspruch an die Weltmacht Sowjetunion, die Sicherung des Friedens in der Welt von Europa ausgehen zu lassen. Bereits am nächsten Morgen wieder in Genf konnte ich diese Rede den Delegierten aus Ost und West in drei Sprachen zu Konferenzbeginn auf die Plätze legen.

Zwar konnte ich die vorprogrammierte Raketendiskussion nicht mehr verhindern, aber merkwürdig, die längst formulierten Schuldzuweisungen zwischen Ost und West wurden sehr leise oder fielen ganz aus.

Die vom DGB geführte »Ostpolitik« ist oft mißverstanden worden. Viele unserer westeuropäischen Brudergewerkschaften haben nicht recht verstehen können, welche gewerkschaftspolitischen Motive wir unseren Beziehungen zu den Arbeitnehmerorganisationen der Ostblockländer unterlegt haben.

In der Tat gibt es aus enger gewerkschaftlicher Sicht nur wenig Gründe, die die Aufnahme solcher Beziehungen rechtfertigen und sinnvoll machen. Der Beginn meiner Amtszeit fiel mit der Übernahme der Bundesregierung durch die Sozialdemokraten und mit der Bildung der sozialliberalen Koalition zusammen. Wesentlich für die Bildung dieser Koalition war ganz offensichtlich das immer stärker werdende Bedürfnis der deutschen Politik, die Beziehungen zu den osteuropäischen Ländern, insbesondere zur Sowjetunion und zu Polen, zu normalisieren. Natürlich hatte diese Politik der Entspannung auch die Verbesserung der Verhältnisse im geteilten Deutschland zum Ziel. Insofern ist es richtig, wenn immer wieder festgestellt wird, daß die Ostpolitik der Regierung Willy Brandts auch gesamtdeutsche Motive hatte.

Nach mehr als zwanzig Jahren des Kalten Krieges und

harter ideologischer Auseinandersetzung zwischen Ost und West, die sich vor allem in den beiden Teilen Deutschlands abspielten, war es für die Menschen in Deutschland keineswegs leicht, sich an diese neue Politik »zu gewöhnen«. Deshalb kam gerade den großen gesellschaftlichen Verbänden, vor allem den Gewerkschaften und den Kirchen, die Aufgabe zu, ihren Beitrag zur Aufklärung und zur Verbesserung des politisch-psychologischen Klimas zu leisten. Und schließlich durften wir auch nicht verkennen, daß der vom Hitler-Deutschland begonnene Zweite Weltkrieg gerade in Osteuropa tiefe und bis heute erkennbare Spuren hinterlassen hat. Bereits in den sechziger Jahren, also noch vor Beginn der Brandtschen Entspannungspolitik, kam es zu gelegentlichen Kontakten zwischen Organisationen aus der Bundesrepublik und solchen aus den Ostblockländern. Auch wir hatten sporadische Begegnungen mit den offiziellen Organisationen dieser Länder.

Ein Hauptvorwurf gegen die Ostpolitik, der gegen die deutschen Gewerkschaften auch in der jüngsten Zeit, nämlich während der Polen-Krise, mehr oder weniger offen erhoben wurde, war der, daß diese Politik im Grunde Vorteile für die beiden Teile Deutschlands durch eine Stabilisierung des Status quo (also die Anerkennung der Unantastbarkeit des sowjetischen Machtbereiches) erkaufte. Und manche meinen darüber hinaus, es seien vor allem wirtschaftliche Gründe gewesen, die zur Ostpolitik geführt hätten. Gerade die Bundesrepublik ziehe einen nicht unerheblichen Nutzen aus diesen Beziehungen.

All das ist richtig und falsch zugleich. Eine Veränderung des Status quo z. B., das heißt die Öffnung der Gesellschaften des Ostens und eine gewisse Demokratisierung, kann sicher von der Politik der Bundesrepublik nicht erreicht werden. Übersehen wird von den Kritikern aber andererseits, daß ein wesentlicher Grund für die Brandtsche Ostpolitik auch darin lag, durch die Wegnahme militärischer Spannungen und durch die Aufnahme von Beziehungen auf allen möglichen Gebieten erstrebenswerte Erleichterungen für das Leben der Menschen zu erreichen. Ich bin sicher, daß ohne die Entspannungspolitik, die ja nicht zuletzt auch von der damaligen amerikanischen Regierung zumindest toleriert wurde, bestimmte despotische Züge des sowjetischen Systems viel stärker zum Zuge gekommen wären und daß innere Entwicklungen in den Ostblockstaaten, vor allem in Polen, ohne die Entkrampfung im Ost-West-Verhältnis nicht möglich gewesen wären.

Wir hielten es für unsere Aufgabe, im Rahmen unserer begrenzten Möglichkeiten einen eigenen Beitrag zur Begleitung und Unterstützung dieser Politik zu leisten; zumal wir fest davon überzeugt waren und sind, daß die Entspannungspolitik eine wesentliche Voraussetzung für die Erhaltung eines kriegsfreien Zustandes in Europa ist.

Illusionen über Art und Qualität von Beziehungen zwischen den Gewerkschaften der beiden Systeme hatten wir nicht. In der Tat gibt es sehr wenig Möglichkeiten zu einer konstruktiven und sinnvollen Zusammenarbeit über originäre gewerkschaftliche Themen. Versucht wurde es oft – meistens ist es gescheitert. Das liegt vor allem an den völlig unterschiedlichen gesellschaftspolitischen Funktionen der Gewerkschaften bei uns und im Ostblock. Diese Funktionen sind unverändert nicht auf einen Nenner zu bringen und nach wie vor miteinander unverträglich.

Die Gewerkschaften in den Ostblockländern haben nicht die Aufgabe einer Interessenvertretung der Beschäftigten den Arbeitgebern gegenüber. Die sowjetkommunistische Doktrin geht davon aus, daß sich im System des realen Sozialismus eine Interessenvertretung erübrige, weil der sogenannte gesellschaftliche Grundwiderspruch zwischen Arbeit und Kapital aufgehoben sei. Den Gewerkschaften werden deshalb vorrangig zwei Funktionen zugewiesen: einmal die soziale und kulturelle Betreuung der »werktätigen Massen« und zum anderen die ständige Disziplinierung der arbeitenden Menschen zum Zwecke der Produktivitätserhöhung. Vertreter vor allem der sowjetischen Gewerkschaften bekennen sich unverhohlen zu dieser Aufgabe. Besonders deutlich machte mir dies der Lenin-

124

grader Gewerkschaftsvorsitzende Leonow. Auf meine Frage, was er denn für die wesentliche Aufgabe der Gewerkschaften halte, kam er zu folgender Aufzählung: Erfüllung des »sozialistischen Wettbewerbs«, Steigerung der Produktivität, Kampf gegen Trunksucht und Faulenzertum und schließlich Verwaltung und Betreuung der Sozialeinrichtungen. Die Unfähigkeit der kommunistischen Parteien, die erheblichen Widersprüche in der sowjetkommunistischen Gesellschaft zu erkennen und die latente Unzufriedenheit der Arbeitnehmer in diesen Ländern aufzunehmen, ist, das zeigt besonders deutlich das Beispiel Polen, ein wesentlicher Grund für den Zustand innerer Unruhe und Spannungen in diesen Gesellschaften. Die Gewerkschaften sind Instrument und Erfüllungsgehilfe der politischen Macht. Werden sie mit der ihnen gestellten Aufgabe nicht fertig, dann wird gesäubert und ausgewechselt. Dies alles wußten wir vor Aufnahme unserer Beziehungen. Dies alles hat sich während unserer Kontakte immer wieder bestätigt.

Selbst da, wo sich eine gewerkschaftliche Zusammenarbeit zwangsläufig ergeben müßte, ist sie offensichtlich nicht möglich. So gibt es in der Bundesrepublik eine Vielzahl von Montage- und Baukolonnen aus den osteuropäischen Ländern, und zahlreiche Fachkräfte aus der Bundesrepublik sind in diesen Ländern vor allem an der Erstellung und Betreuung von Industrieanlagen beteiligt. Die von ihren Firmen zu uns entsandten Arbeitskräfte aus den Ländern des Comecon müssen hier unter den Entlohnungsbedingungen ihrer Heimatländer arbeiten. Das heißt: Sie erhalten eine erheblich niedrigere Bezahlung als ihre mit gleichwertiger Arbeit betrauten deutschen Kollegen – den »Mehrwert« steckt »ihr« Staat ein. Dies führt natürlich zu Spannungen zwischen Deutschen und Ausländern, die sich von ihren deutschen Kollegen den Vorwurf der Lohndrückerei gefallen lassen müssen. Die deutschen Gewerkschaften würden nur zu gerne auch die Interessen dieser ausländischen Arbeitskräfte vertreten. Das liegt zweifellos auch in deren Interesse, nicht aber im Interesse des politischen Systems der Länder, die sie entsandt haben. Umgekehrt gibt es auch in der Sowjetunion Probleme, die sich aus der mangelnden Bereitschaft der dortigen Gewerkschaften erklären, die Interessen dieser deutschen Fachkräfte angemessen zu berücksichtigen. So wurde z. B. mehrfach deutschen Montagetrupps in der Sowjetunion der von ihrem deutschen Arbeitgeber bereits genehmigte Weihnachtsurlaub versagt, ohne daß etwa die sich Gewerkschaften nennenden Organisationen in der Sowjetunion eingegriffen hätten.

Wir haben verschiedene Anläufe gemacht, mit bestimmten gewerkschaftsspezifischen Themen zu Referentenaustausch und zu Gesprächen zu kommen. So hatten wir mit den sowjetischen Gewerkschaften einen Delegationsaustausch zum Thema »Mitbestimmung in der Bundesrepublik und Mitgestaltung der betrieblichen Verwaltung durch die Werktätigen in der UdSSR« vereinbart. Eine sowjetische Fachdelegation bereiste die Bundesrepublik – zu einem Gegenbesuch kam es dann nicht, weil unsere Mitbestimmungsexperten wohl zu Recht das sowjetische System für unergiebig hielten. Was geblieben ist, ist der Austausch von Referenten, die das jeweilige System auf Gewerkschaftsakademien und -schulen darstellen und diskutieren.

Selbst bei der Formulierung von Themen gab es oft Schwierigkeiten. So wurde eine gesamteuropäische Gewerkschaftskonferenz zum Thema »Humanisierung der Arbeitswelt« veranstaltet. Die osteuropäischen Gewerkschaften übernahmen dieses Thema nicht, sondern tauften es in »Gestaltung des Arbeitsmilieus« um. Der Grund: Die sozialistische Gesellschaft sei schon human und deshalb erübrige sich eine Diskussion über das Thema Humanisierung der Arbeitswelt, jedenfalls was die Verhältnisse in den sozialistischen Ländern anginge. Wer auch nur oberflächlich die Arbeitsbedingungen, den Leistungsdruck und das Normen- und Sollerfüllungssystem in den Betrieben dieser Länder kennt, der weiß, wie abwegig und unhaltbar eine solche Behauptung ist. Aber auch das ist wahr, es gibt ernste Bemühungen und bemerkenswerte Beispiele, bei denen versucht wird, den sozialistischen Alltag zum Besseren zu wenden. Sie zu lokalisieren, heißt heute noch, ihre Entwicklung zu stören, wenn nicht gar zu zerstören.

In der Vergangenheit versuchten die Gewerkschaften des Weltgewerkschaftsbundes immer wieder, uns beim »Kampf gegen den Kapitalismus« unter die Arme zu greifen. So ermunterten sie uns, mit ihnen gemeinsam zum Kampf gegen die multinationalen Unternehmen und zur Überwindung der Krise des westlichen Kapitalismus anzutreten. In einem Gespräch mit Vertretern der alten polnischen Gewerkschaften habe ich einmal die Frage gestellt, ob denn, wenn die Fiat-Arbeiter in Turin in einen Streik treten, mit der solidarischen Unterstützung der Arbeiter bei Fiat-Polski gerechnet werden könne. Bezeichnenderweise blieb diese Frage ohne Antwort, wie über die Finanz-, Produktions- und Arbeitsbedingungen in den sich bildenden kapitalistisch-sozialistischen Multis ein dichter Schleier gezogen wurde.

Schließlich gibt es im sowjetischen Machtbereich – auf allerdings völlig andere Art als im Westen – ebenfalls ein System herrschender Wirtschaftsunternehmen. Dieses staatsgestützte und vertraglich abgesicherte System verbirgt hinter der Kennzeichnung »sozialistische Arbeitsteilung« nichts anderes als die Festschreibung ökonomischer Macht über die Arbeitnehmer. Und im Interesse der nationalen Wirtschaften des Ostblocks können sich westliche multinationale Unternehmen in keinem Teil Europas so ungehindert von gewerkschaftlicher Tätigkeit entfalten wie im Ostblock. Was die gewerkschaftliche Situation angeht, so finden in diesen Ländern kapitalistische Investoren geradezu paradiesische Verhältnisse vor: keine Behinderung durch gewerkschaftliche Forderungen und außerordentlich niedrige Löhne.

Ein immer wichtiger werdendes Thema – und dieses Thema hätte auch seinen Platz in den gewerkschaftlichen Ost-West-Beziehungen – ist die Frage, wie die sozialen

Folgen der technischen Entwicklung bewältigt werden. Die Aufnahme dieser Diskussion scheitert immer wieder daran, daß die Vertreter der osteuropäischen Gewerkschaften kategorisch behaupten, bei ihnen gebe es solche Probleme nicht, auch nicht das Phänomen der durch Technologie herbeigeführten Arbeitslosigkeit. Auch das ist eine unhaltbare Behauptung, denn die scheinbare Vollbeschäftigung in diesen Ländern muß von den Arbeitnehmern mit einem ausgesprochen niedrigen Lebensstandard und von der Gesellschaft insgesamt mit niedriger Produktivität bezahlt werden. Während sich z. B. im Westen Ergebnisse hochtechnologischer Forschung auch im Massenkonsumbereich durch die Entwicklung neuer Produkte für die Menschen merkbar niederschlagen, kommt es zu solchen Resultaten in der Sowjetunion kaum. Unerklärlich bleibt, daß trotz des hohen Standes der sowjetischen Weltraumforschung sogenannte »Abfallprodukte« dieser Forschung auf dem sowjetischen Markt kaum existieren. Westliche Massenverbrauchsgüter, wie z. B. Taschenrechner, sind in der Sowjetunion immer noch teuer zu bezahlende Raritäten.

Die Frage, warum wir dennoch unsere Kontakte zu den Osteuropäischen Gewerkschaften aufgenommen und entwickelt haben, und das trotz des Mangels an »gewerkschaftlichem Gesprächsstoff«, muß zweifach beantwortet werden: Wir wollten nichts unterlassen, was die Friedens- und Entspannungspolitik hätte fördern können; und wir sind der Überzeugung, daß durch unsere Besuche und Gespräche nicht nur eine Verbesserung des politischen Klimas erreicht werden konnte, sondern auch solche Kräfte in den osteuropäischen Ländern, selbst innerhalb der regierenden Parteien, Unterstützung suchten und fanden, die eine innere Reform und allmähliche Veränderung des Systems anstrebten.

So hatten wir zu den tschechoslowakischen Gewerkschaften schon vor der Zeit des Prager Frühlings recht gute Beziehungen. Gerade beim damaligen tschechoslowakischen Gewerkschaftsbund gab es eine Reihe von Kollegen, die zu den aktiven Anhängern des Reformkurses zählten und die unsere solidarische Unterstützung erbaten und erhielten. Gerade dies zeigt, daß gewerkschaftliche Ostpolitik dazu beitragen kann, den Eisernen Vorhang durchlässiger zu machen. Die Sowjets und ihre Erfüllungsgehilfen in der Tschechoslowakei nach der Dubček-Ära haben uns dies – wie übrigens auch später im Falle Polens – als Einmischung ausgelegt und innenpolitisch daraus den Vorwurf konstruiert, die Reformer hätten im Solde des westlichen Imperialismus gestanden. Das war absurd, denn die Gewerkschafter, denen wir begegneten, waren allesamt überzeugte Kommunisten mit allerdings erheblichen Zweifeln an der Vertretbarkeit des damaligen harten stalinistischen Kurses. Sie waren fest davon überzeugt, daß dieses verharschte politische System dringend einer demokratischen Veränderung bedürfe. Daß wir solchen Kräften unsere Unterstützung nicht versagten, das war nichts anderes als ein Gebot der gewerkschaftlichen Solidarität, ein Wort, das gerade die Vertreter des bürokratischen Herrschaftssystems der sowjetkommunistischen Länder ansonsten immer gern im Munde führen.

Ohne die Ostpolitik wäre der Prager Frühling nicht möglich gewesen. Auch wenn die Versuche der Reformkommunisten in der Tschechoslowakei scheiterten, so sind doch die Ereignisse des Jahres 1968 eine nicht mehr auszulöschende Wegmarke der tschechoslowakischen Geschichte. Danach sind unsere Beziehungen zu den wieder disziplinierten tschechoslowakischen Gewerkschaften auf ein Mindestmaß heruntergefahren worden und wurden erst Mitte der siebziger Jahre wieder aufgenommen. Informelle und persönliche Kontakte mit Repräsentanten des »Prager Frühlings« sind inzwischen zu einer Normalität geworden, die nachdenklich stimmen sollte. Wir haben nämlich oft bitter lernen müssen und nicht anders als in Spuren praktizieren können, was es heißt, die Balance zwischen dem »zu früh und zu viel« und dem »zu spät und zu wenig« zu halten.

Im Grunde sind die Ereignisse in Polen ähnlich zu beurteilen. Ohne die internationale Aufmerksamkeit, ohne die ständige Anwesenheit der internationalen Presse, auf die die polnischen Machthaber liebend gerne verzichtet hätten, das aber eben unter den Bedingungen der Entspannungspolitik nicht konnten, wäre die polnische Volksbewegung längst mit den probaten Mitteln gewaltsamer Unterdrückung völlig zerschlagen worden. Wir haben uns, ich möchte geradezu sagen, aus deutschem Grunde der polnischen Entwicklung gegenüber auch ohne allzu lärmende Veranstaltungen als solidarisch, effektiv und zuverlässig erwiesen. Nicht, weil wir etwa der Solidarność nach den Erfahrungen in Ungarn und der Tschechoslowakei keine Chance einräumten, sondern weil wir wußten, daß sich diese gewerkschaftlich politische Massenbewegung unter den gegebenen Bedingungen nur in Polen selbst behaupten und durchsetzen konnte.

Weitsichtige Politiker und Wissenschaftler hatten bereits sehr lebendige deutsch-polnische Kommissionen, wie die Schulbuch-Kommission ins Leben gerufen, um durch einvernehmliche Geschichtsschreibung die Ungeheuerlichkeiten der jüngsten Geschichte nicht zur bleibenden Trennung unserer Völker mißbrauchen zu lassen. Es gab also Bindungen, die zu schätzen waren. So diskret wie möglich gestalteten wir deshalb unsere Polen-Politik. Den Machthabern, vor allem aber den sowjetischen Kontrolleuren, wollten wir nicht die geringste Handhabe für eine in Polen nach wie vor wirksame Kampagne mit einem antideutschen Leitmotiv geben. Teile des Regimes ließen auch nicht die geringste Möglichkeit aus, um nach dieser Partitur zu spielen. Der Solidarność wurde im Danziger Abkommen das Recht auf eigene Rundfunksendungen zugestanden. Wir hatten dafür technische Einrichtungen zur Verfügung gestellt. Von der offiziellen polnischen Propaganda wurde diese Hilfe als Versuch denunziert, den amerikanischen Sender »Radio Freies Europa« in Polen zu installieren. Die französischen und italienischen Gewerkschaften waren in ihrer Polen-Politik sehr viel demonstrativer. Sie hatten keine historischen Hypotheken in ihrem

Gepäck und konnten viel offener als wir vorgehen. Ob eine solche Haltung allerdings immer der klügste Weg zur Unterstützung war, will ich einmal dahingestellt sein lassen. Jedenfalls brauchen wir nicht den Vorwurf hinzunehmen, wir hätten uns der Solidarność gegenüber »leisetreterisch« verhalten. In unseren zahlreichen Gesprächen mit den Vertretern von Solidarność haben wir immer wieder betont, daß wir uns in unserer Unterstützung ausschließlich an den Bedürfnissen und Anforderungen von Solidarność orientieren würden. Lech Walesa, den wir gleich zu Anfang zu einem Besuch in die Bundesrepublik einluden, ließen wir wissen, daß es uns nicht darum gehe, aus seinem Besuch eine deutsche Demonstration zu machen, und daß wir ihm die Wahl des Zeitpunktes eines Besuches und die öffentliche Bekanntgabe überlassen würden. Im Frühjahr 1982 wollte Walesa in die Bundesrepublik kommen. Da aber war es leider schon zu spät. Nach Abschätzung des Wirkungsbereiches anderer Gewerkschaften konzentrierten wir uns vor allem auf die Unterstützung des Regionalverbandes der Solidarność um Warschau, der uns auch mit einer Delegation unter der Leitung des heutigen Untergrundführers Bujak besuchte. In diesen Kontakten ging es nicht, wie das offizielle Polen immer wieder behauptete, um Propaganda, sondern um sehr konkrete gewerkschaftliche Zusammenarbeit und einen Erfahrungsaustausch über den organisatorischen Aufbau von Solidarność.

Ich jedenfalls habe Bujak, den 26jährigen Handwerker aus den Ursuswerken, als einen der klarsichtigsten Analytiker der gesellschafts- und machtpolitischen Lage Polens erlebt. Ein charismatischer Arbeiterführer mit einer sehr nüchternen Vision über die wünschenswerte Zukunft Polens.

Ende Oktober 1981 habe ich mich dann mit zwei der engsten Berater Walesas in Brüssel getroffen. In seinem Auftrage wollten sie die Hilfe der westlichen Gewerkschaften zur Überwindung der polnischen Versorgungskrise erbitten und koordinieren. Am 23. Oktober veröffentlichten wir einen entsprechenden Appell Walesas an die Freien Gewerkschaften. Das war die Geburtsstunde der DGB-Aktion »Solidarität für Polen«, die mit Millionen-Beträgen in erster Linie die Angehörigen der inhaftierten Gewerkschafter unterstützte. Bei der humanitären Hilfe für das polnische Volk wird die Rolle der Kirchen, vor allem der Katholischen, aber auch des Roten Kreuzes und der Arbeiterwohlfahrt unvergessen bleiben.

Unsere solidarische Hilfe für Solidarność war nicht leicht zu bewerkstelligen, denn die polnischen Behörden zeigten sich nicht sehr kooperativ. Aber schließlich gelang es ihnen nicht, uns daran zu hindern, daß die Hilfssendungen die erreichten, für die sie bestimmt waren.

Die polnische Entwicklung ist bis heute ein einzigartiges Beispiel für die Widerstandskraft und den Selbstbehauptungswillen eines Volkes und der Beleg dafür, welche Kräfte in der Arbeiterklasse stecken, die ja diejenigen, gegen deren System sich die polnische Volksbewegung richtet, immer wieder für sich in Anspruch nehmen wollen. Sicher spielt der Umstand eine erhebliche Rolle – und das unterscheidet Polen von der Situation in allen anderen Ländern des Ostblocks –, daß die Kirche neben dem Staat eine bestimmende und so leicht nicht auszuhebelnde gesellschaftliche Kraft ist.

Zunächst hatte meine historische Erfahrung und meine politische gesellschaftliche Vorstellungskraft nicht ausgereicht, um bereits zu Anfang die Breite der Bewegung in der Arbeiterschaft, dann auch bei den Bauern und in steigendem Maße in der Intelligenz, in der Studentenschaft, richtig einzuschätzen. Zumal ich in Polen das Klima im Vorfeld zweier Aufstände hautnah erlebt hatte und recht bald das bittere Ende aus den Schilderungen der Dabeigewesenen nachempfinden konnte.

Jetzt aber wurden wir mitgerissen von der Kraft und der Standfestigkeit der politischen Bewegung und waren doch gleichzeitig gebeugt von der Sorge, ein weiteres Budapest oder Prag hinnehmen zu müssen. Wie lange würde die Massenhaftigkeit des Aufbegehrens, die geradezu rauschhafte Begeisterung quer durch alle Schichten des Volkes vorhalten? Was unsere mit Zweifeln gemischte Hoffnung in Vertrauen wandelte, war schließlich die durch nichts zu brechende Spontaneität, der Einfallsreichtum und die Phantasie, mit der die Solidarność zu Werke ging. Noch war es keine Revolution, aber sicher doch ein politisch-gesellschaftlicher Prozeß, der, wie ihn die herrschenden Funktionäre nicht nur in Polen zu Recht einstuften, zumindest langfristig über die Bildung freier Gewerkschaften hinausgehen würde.

Das polnische Volk, allen voran die Industriearbeiterschaft, hat nicht nur für die kommunistische Welt ein historisches Lehrstück geschrieben. Auch unabhängig von Organisationsformen wird Solidarność weiterleben, ein bleibender Faktor im sozialen und politischen Leben, den die Herrschenden nicht ignorieren können.

Allerdings will und kann ich mich nicht in die Reihe derjenigen einordnen, die in dem General und Ministerpräsidenten Jaruzelski bloß den »Statthalter Moskaus« sehen. Dies ist sicher eine zu einfache, zu bequeme Art der politischen Betrachtung. Polen ist neben der DDR der Nerv des sowjetischen Machtsystems in Europa.

Wenn ich mich an die früheren Gespräche mit führenden Mitgliedern der jetzigen Regierung in meinem Hause erinnere, ist es ganz sicher kein Zynismus, wenn man die Logik der Sowjetunion, so wie sie heute ist, berücksichtigt, um eine Politik zu finden, die Polens Zukunft lebens- und entwicklungsfähig erhält. Wie man das aber auch immer bewertet, für einen Gewerkschafter bleiben Militärdiktatur und Polizeistaat unvereinbar mit seinen Grundsätzen.

Im übrigen hat es nichts mit Prinzipienlosigkeit zu tun, wenn man, wie wir es versucht haben und sicher weiterhin so halten werden, gerade die unauffälligen aber wirksamen Kontaktfäden nicht aus der Hand gibt und die manchmal geradezu schmerzlich stille Hilfe den lauthals vorgetragenen Beteuerungen vorzieht.

Wir hatten schon früher mit den damaligen polnischen

Gewerkschaften Kontakte. Diese Beziehungen hielten wir – und davon haben wir auch heute kein Jota wegzunehmen – für ganz besonders wichtig, denn die Aussöhnung zwischen dem deutschen und dem polnischen Volk war ein richtiges und zentrales Ziel der Außenpolitik der sozialliberalen Koalition. Die deutschen Gewerkschaften hatten sich schon sehr früh für die Anerkennung der polnischen Westgrenzen ausgesprochen, weil ohne diese Anerkennung die Verbesserung der Beziehungen zwischen Deutschen und Polen völlig ausgeschlossen war, und weil der Zweite Weltkrieg, dessen Ursache ja bei uns und nicht etwa bei den Polen lag, Realitäten geschaffen hatte, die anerkannt werden mußten. Schon damals waren 50 Prozent der in den ehemaligen deutschen Gebieten lebenden Polen dort geboren.

Die ersten Gespräche verliefen keineswegs glatt. Ein Grund war, daß die Vertreter der polnischen Gewerkschaften immer wieder über unsere gewerkschaftliche Rolle ins Stolpern kamen. Sie erwarteten von uns, daß wir sozusagen anstelle der deutschen Bundesregierung »verhandeln« sollten. Sie, die polnischen Gewerkschaften, hatten damals von ihrer Regierung einen solchen »Verhandlungsauftrag«. Immer wieder mußte ich, als ich im Jahre 1970 mit einer DGB-Delegation zum ersten Mal Polen besuchte, meinem Gegenüber, dem polnischen Gewerkschaftsvorsitzenden Logas-Lowinski, erklären, daß wir keine Erklärungen für die Regierung abgeben könnten. Wir betrachteten unsere Aufgabe als die von »Brückenbauern«, und wir waren durchaus gewillt, in der Bundesrepublik unsere Stimme für eine an den Realitäten orientierte Polen-Politik zu erheben.

Und in der Tat: Nicht zuletzt den Kirchen und den Gewerkschaften ist es zu verdanken, daß die Brandtsche Politik gegenüber Polen trotz aller Widerstände von rechts, von der überwiegenden Mehrheit der Deutschen akzeptiert und verstanden wurde. Und nicht ohne Grund bat Willy Brandt eine Reihe von nicht »amtlichen« Persönlichkeiten, darunter auch mich als Vorsitzenden des DGB, ihn zur Unterzeichnung des deutsch-polnischen Vertrages im Dezember 1970 nach Warschau zu begleiten. Die große und menschliche Geste Willy Brandts, als er vor dem Mahnmal vor dem Warschauer Ghetto niederkniete, war keine einstudierte Inszenierung. Es war die Geste eines Mannes, der mehr als jeder andere für die Wiederherstellung des Ansehens Deutschlands in der Welt getan hat. Und es war mehr als geschmacklos, als einige Unverbesserliche bei uns zu Hause diese Geste als Unterwürfigkeit abqualifizierten. Man kann nicht oft von historischen Stunden sprechen: Dies aber war eine und wir alle, Polen und Deutsche, die wir dabei waren, haben das gespürt.

Die Fortsetzung und die Vertiefung der deutsch-polnischen Gewerkschaftsbeziehungen war eine Konsequenz aus der Ostpolitik. Verträge sind wichtig – aber es kommt vor allem darauf an, sie mit Leben zu erfüllen. Und unsere Beziehungen zu Polen waren ein Teil davon. Diese Beziehungen waren nicht frei von Problemen. Immer wieder wurde der deutsche »Revanchismus« ins Spiel gebracht. Diese Zweckpropaganda wurde gelegentlich auch benutzt, um die deutsch-polnischen Beziehungen vor allem auf der sogenannten »unteren Ebene« nicht zu eng werden zu lassen.

Immer dann, wenn es in Polen Probleme gab, bediente sich die offizielle Propaganda dieses Mittels und blies politisch nicht sehr bedeutende Bemerkungen einiger Unverbesserlicher bei uns zu gewaltigen Ballons auf. Uns störte das, und wir haben daraus unseren polnischen Gesprächspartnern gegenüber nie einen Hehl gemacht. Dennoch: Beide Seiten waren an einer Verbesserung des politischen und menschlichen Klimas interessiert. Stellt man die geopolitische Lage Polens und den Ost-West-Konflikt in Rechnung, so kam es zu bemerkenswerter Zusammenarbeit auf vielen Gebieten.

Wie schwer die Ost-West-Konflikte wiegen, wurde mir bei meinem letzten Besuch in Polen im Januar 1980 klar. Dieser Besuch fand kurz nach dem NATO-Doppelbeschluß und dem Einmarsch der Sowjetunion in Afghanistan statt.

Ich führte auf Wunsch der polnischen Gewerkschaften, die in den vorherigen Gesprächen nur über den NATO-Beschluß diskutierten, ein Gespräch mit dem Mitglied des Politbüros der Vereinigten Polnischen Arbeiterpartei, Babiuch, der kurze Zeit später als Nachfolger Giereks Ministerpräsident wurde. Babiuch war in dieserm Gespräch außerordentlich unverbindlich und aggressiv und bearbeitete mich unaufhörlich mit dem Thema NATO-Beschluß. Unsere Einwände gegen die sowjetische Raketenrüstung wies er zurück und für unsere Kritik an der Intervention Moskaus in Afghanistan zeigte er nicht das geringste Verständnis. Das sei, so Babiuch, brüderliche Hilfe und entspreche dem tiefen Wunsch des afghanischen Volkes. Alles in allem eine festgefahrene Situation, in der wir das Gespräch beendeten. Später erreichten uns dann eine ganze Reihe von Briefen aller osteuropäischen Gewerkschaften, die fast wortgleich und offensichtlich von einer Zentrale veranlaßt, uns aufforderten, zum NATO-Doppelbeschluß Stellung zu nehmen. Wir haben das getan, allerdings nicht so, wie es die Briefschreiber von uns erwarteten.

Der Weltgewerkschaftsbund (WGB) wurde ganz eindeutig vom WZSPS, dem sowjetischen Gewerkschaftsbund, kontrolliert. Vor allem deshalb waren unsere Beziehungen zu den sowjetischen Gewerkschaften nicht ohne Bedeutung. Zum ersten Mal fuhr ich im Jahre 1973 an der Spitze einer DGB-Delegation nach Moskau, wo ich vorher einige Male auf der Durchreise Gelegenheit zu Gesprächen gesucht hatte. Wir wurden vom damaligen WZSPS-Vorsitzenden Scheljepin empfangen, der eine besondere Rolle in der Hierarchie der KPdSU spielte, nicht nur, weil er vorher Chef des KGB gewesen war. Als wir in Moskau ankamen, passierte das, was von einer einschlägigen Zeitung in der Bundesrepublik mit der Schlagzeile »Bruderkuß durch Mördermund« kommentiert wurde. Ich wurde von Scheljepin, als ich das Flugzeug verließ, unter gleißendem Scheinwerferlicht, »brüderlich« umarmt und mußte das über mich ergehen lassen, was nicht nur für die Funktionäre und Führer der Ostblockstaaten so eine Art politisch-erotisches Alltagsgericht ist. Andere Systeme – andere Sitten. In dieser Hinsicht kann von einem Gewerkschaftsvorsitzenden Leidensfähigkeit erwartet werden. Daß ich heute einen leichten Bandscheibenschaden habe, hat sicherlich seinen Grund auch darin, daß bei Begegnungen mit lateinamerikanischen Gewerkschaftsführern diese zur sogenannten Akkolade ausholen, die in gewaltigen Schlägen auf die Rückenteile des menschlichen Körpers ausartet und eine besonders gesunde Konstitution verlangt.

In den späten sechziger und in den siebziger Jahren fiel den sowjetischen Gewerkschaften in der sowjetischen Innenpolitik und in der internationalen Politik eine besondere Rolle zu. Scheljepin verstand es, die sowjetischen Gewerkschaften zu einem machtpolitischen Instrument zu machen und damit auch ganz zweifellos sein eigenes Gewicht zu erhöhen. Ohne in Kreml-Astrologie zu verfallen: In den Reden Breschnews auf dem 24. und 25. Parteitag der KPdSU wurde eine derartige Entwicklung im Gefüge der Institutionen schon sichtbar. Auf dem 24. Kongreß sprach Breschnew auffallend oft von der hervorragenden Rolle der Gewerkschaften – das war auf dem Höhepunkt des Einflusses Scheljepins im Politbüro der Partei. Auf dem 25. Kongreß war jedoch von den Gewerkschaften nicht mehr die Rede, sondern nur noch von den Werktätigen – das war der Abgesang auf Scheljepin, der von Breschnew als unliebsamer Konkurrent ausgeschaltet wurde. Besonders die internationale Politik hatte Scheljepin kräftig zu einer Verbesserung seiner innenpolitischen Bedeutung genutzt. Er sorgte für eine gewisse »Öffnung nach Westen«, worunter er natürlich den Versuch verstand, die internationale Gewerkschaftsbewegung unter dem Stichwort »Frieden und Entspannung« in den Dienst der außenpolitischen Interessen der Sowjetunion zu stellen und um durch eine Aufwertung des Weltgewerkschaftsbundes, den er gekonnt mit leichter Hand führte, für eine Schwächung des IBFG zu sorgen. Er ging dabei recht weit und »gestattete« zum Beispiel den italienischen kommunistischen Gewerkschaften einen quasi-Austritt aus dem WGB, um so den Europäischen Gewerkschaftsbund zur Aufnahme zu bewegen. Daß seine Rechnung nicht aufging, der EGB seinen Prinzipien nicht untreu wurde und die italienische CGIL sich schließlich völlig vom WGB »emanzipierte«, das mag seinen Sturz beschleunigt haben.

Lieblingskind Scheljepins war die Idee, die europäischen Gewerkschaften aus Ost und West könnten doch eine große internationale Friedenskonferenz im Vorfeld der Konferenz von Helsinki über die Sicherheit und Zusammenarbeit in Europa (KSZE) abhalten. Mit uns war das nicht zu machen, und wiederum mußten wir unseren sowjetischen Partnern erklären, daß wir im Unterschied zu ihnen nicht an die Stelle der Regierungspolitik treten wollen. Eine solche Konferenz kam also nicht zustande.

Das entmutigte aber Scheljepin keineswegs, und er schlug eine Reihe anderer Themen vor. Ziel dieser Ideen war es, über gesamteuropäische Gewerkschaftskonferenzen den IBFG auszuhebeln und die Fiktion von einer europäischen »Aktionseinheit der Arbeiterklasse« aufzubauen, die ja auch in den Ostblock hinein eine gewisse systemstabilisierende Wirkung gehabt hätte. Die Sowjetgewerkschaften fanden in Westeuropa, vor allem bei den britischen Gewerkschaften, gewisse Zustimmung, so daß schließlich eine gesamteuropäische Gewerkschaftskonferenz unausweichlich wurde. Im Jahre 1973 kam es in Wien zu einer vorbereitenden Gesprächsrunde, an der die Gewerkschaftsvorsitzenden der UdSSR, der DDR, Ungarns, Großbritanniens, Schwedens und der Bundesrepublik teilnahmen. Nachher schwärmten aber im Regierungsauftrag die Vorsitzenden der Ostblockgewerkschaften gen Westen – unter geflissentlicher Aussparung der DGB – aus, um ihrerseits die Wiener Ansprachen »vorzubereiten« und »ein gemeinsames parmanentes Büro« zur Vorbereitung von Konferenzen zu installieren, die der WGB nun in Serie auflegen wollte.

Von all dem war in Wien nicht die Rede. Die Ostblockgewerkschaften versuchten also wieder, mit der üblichen Taktik zu operieren. Ich schrieb allen westeuropäischen Gewerkschaften einen Brief, in dem ich für den DGB mitteilte, wir würden an einer Konferenz, die mit Vorbereitungskomitees und einem »ständigen Büro« institutionalisiert würde, nicht teilnehmen. Ich schlug als Thema vor – damals erlebten wir gerade den ersten Ölpreisschock, der erhebliche Auswirkungen auf die Beschäftigungssituation in der ganzen Welt, bei uns und in den Entwicklungsländern hatte –, wir sollten uns doch einmal aus gewerkschaftlicher Sicht im Rahmen einer gesamteuropäischen Konferenz kritisch mit der Politik der ölproduzierenden Länder auseinandersetzen. Das paßte natürlich den Sowjets nicht ins Konzept, denn das hätte ihrem Verhältnis zu den arabischen Ländern nicht gutgetan, und so verzichteten sie dann schleunigst auf die von ihnen so sorgfältig eingefädelte institutionalisierte, permanente gesamteuropäische Gewerkschaftskonferenz. Was dann behandelt wurde, war das Thema »Humanisierung der Arbeitswelt« (West) bzw. »Gestaltung des Arbeitsmilieus« (Ost). Diese Konferenz lief, wie alle Veranstaltungen dieser Güte, sehr frustrierend ab: Vorher fixierte Ansprachen wurden vom Blatt abgelesen. Und im Schlußkommunique, daran lag der östlichen Seite besonders, wurde gleich die nächste Konferenz angekündigt.

Damals war keineswegs absehbar, daß sich das Instrument dieser Konferenzen eines Tages gegen ihre Erfinder richten würde: Für 1983 war die Durchführung einer Konferenz zum Thema »Soziale Konsequenzen des technologischen Fortschritts« vorgesehen. Im Jahre 1982 aber beschlossen die westeuropäischen Gewerkschaftsbünde einmütig, die Abhaltung solcher Konferenzen solange zu stornieren, wie den polnischen Arbeitern ihre gewerkschaftlichen Rechte verweigert würden. Dieser Beschluß führte zu Protesten der sowjetischen Botschafter bei den Vorsitzenden dieser Organisationen. Wieder einmal ein Beleg dafür, daß in den osteuropäischen Ländern die Gewerkschaften ständig mit dem Staat verwechselt werden.

Diese ganz natürlichen Schwierigkeiten im Ost-West-Geschäft werden weiter ausgehalten werden müssen. Wer mit der Aufnahme von Beziehungen solange warten will, bis in den osteuropäischen Ländern der politische Pluralismus und eine parlamentarische Demokratie eingeführt wird, der nutzt nicht – wie immer vorgegeben wird – den Menschen.

Alles ist im Fluß. Das gilt auch für die gesellschaftlichen Verhältnisse in den Ländern des »realen Sozialismus«. Richtig verstanden ist die Entspannungspolitik nicht mehr und nicht weniger, als die Krisenbewältigung durch militärische Bedrohungen und Hochrüstung durch andere Instrumente der Konfliktbewältigung zu ersetzen und somit auch den unvermeidlichen Entwicklungsprozeß in den Ländern des Ostblocks in Gang zu halten. So und nicht anders haben wir deutsche Gewerkschafter unseren Beitrag zur Ostpolitik verstanden.

Am Beispiel Tunesien:
Internationale Solidarität

Im Februar 1978 fuhr ich mit einer Delegation des Internationalen Bundes Freier Gewerkschaften nach Tunesien. Ziel unserer Reise war es, die Regierung in Tunis von ihren Repressionen gegen den tunesischen Gewerkschaftsbund UGTT abzubringen.

Seit einem knappen Monat befand sich die gesamte Führung des Bundes, mit dem Generalsekretär der UGTT, Habib Achour, an der Spitze, in Haft. Doch bevor ich darauf genauer eingehe, muß ich noch einen Rückblick auf die Entwicklung und wechselvolle Geschichte der tunesischen Gewerkschaftsbewegung und ihre Bedeutung für die Internationale vorausschicken.

Die nordafrikanischen Gewerkschaften spielten sehr früh nach dem Zweiten Weltkrieg eine bedeutende Rolle: Sie unterhielten enge Verbindungen zu den französischen Gewerkschaften und wurden im Zuge der Unabhängigkeitsbestrebungen der Maghreb-Länder zu wichtigen politischen Faktoren. In ganz besonderer Weise galt das für den tunesischen Gewerkschaftsbund UGTT (Allgemeine Union der Tunesischen Arbeiter). Im Zuge der Spaltung der Gewerkschaften in Frankreich (dort konstituierte sich neben dem mittlerweile kommunistisch beherrschten CGT die reformistische CGT-FO) trat der tunesische Bund UGTT aus dem Weltgewerkschaftsbund (WGB) aus.

Daneben bestand zwar ein weiterer Bund, die kommunistische USTT, aber diese Organisation hatte keinerlei Bedeutung, denn in ihr waren vor allem die in Tunesien arbeitenden französischen Kommunisten organisiert.

Generalsekretär der UGTT war damals der in der tunesischen Geschichtsschreibung mittlerweile legendär gewordene Ferhat Hached, der einer der wichtigsten Mitkämpfer Habib Bourguibas bei der Befreiung Tunesiens war. Hached wurde im Jahre 1952 ermordet und so zu einem Märtyrer des tunesischen Unabhängigkeitskampfes. Dies hatte sein besonderes Gewicht für den Rang, den die tunesischen Gewerkschaften später einnahmen: Zusammen mit der Partei Bourguibas, der Neo-Destour-Partei, einer nationalen Sammlungsbewegung, in der alle Tendenzen des politischen Spektrums des Landes, mit Ausnahme der Kommunisten, zusammengefaßt waren, organisierten die Gewerkschaften den sozialen und politischen Kampf für die Unabhängigkeit des Landes.

Zwei Jahre nach der Ermordung Ferhat Hacheds wurde der sozialistische Politiker Mohammed Ben Salah Generalsekretär der UGTT. Ben Salah, der spätere Wirtschafts- und Planungsminister, war ein führender Repräsentant des linken sozialistischen Flügels der Unabhängigkeitsbewegung und versuchte, die UGTT zu einem die gesellschaftlichen Veränderungen tragenden Faktor zu machen.

Als Tunesien im Jahre 1956 seine volle Unabhängigkeit erlangt hatte, zahlte sich diese Politik und die Tatsache aus, daß die Gewerkschaften sich unbestreitbare Dienste bei der Befreiung Tunesiens erworben hatten: Die Neo-Destour errang auf einer Liste der »nationalen Front« einen Stimmenanteil von 90 Prozent; die Kommunisten schnitten mit nur einem Prozent Stimmenanteil verheerend schlecht ab (was auch auf die doppeldeutige Politik der französischen KP den nordafrikanischen Befreiungsbewegungen gegenüber zurückgeführt werden muß). In der ersten Regierung des unabhängigen Tunesiens waren die Gewerkschaften mit sieben ihnen nahestehenden Ministern vertreten.

Dabei ergaben sich alsbald Meinungsverschiedenheiten zwischen Habib Bourguiba, dem Vater der tunesischen Unabhängigkeit, und Ben Salah. Die UGTT unter Ben Salah pochte natürlich auf ihre Bedeutung für die nationale

Befreiung und trat für einen sozialistischen Kurs des Landes ein.

Bourguiba, der für eine eng an den Westen angelehnte, wirtschaftsliberale Politik mit einer sozialdemokratischen Komponente eintrat, versuchte den beginnenden Machtkampf dadurch zu lösen, daß er kurzfristig eine Konkurrenzorganisation, nämlich die UTT, gründen ließ. Deren Generalsekretär wurde eine neben Ben Salah wichtige Persönlichkeit der tunesischen Arbeiterbewegung, nämlich Habib Achour.

Der Einfluß der Staatspartei auf die Gewerkschaften war groß: Im Dezember 1956 hatte Bourguiba sein Ziel erreicht und Ben Salah wurde von seinem Amt als Generalsekretär abgelöst. Die relative Unabhängigkeit der UGTT ging dann unter dem neuen Generalsekretär Tlili fürs erste verloren.

Es ist keine Übertreibung, wenn man die damaligen Vorgänge als Gleichschaltung bezeichnet. Als Habib Achour dann im Jahre 1963 die Nachfolge Tlilis antrat, sprach er davon, daß die UGTT ein organisches Mitglied der Staatspartei sei: Doch mißtraute die Partei solchen Erklärungen; denn die tunesische Gewerkschaftsbewegung hatte an ihrer Basis eine bemerkenswerte Tradition und war von oben so ohne weiteres nicht an die Kandare zu nehmen.

Um für die Zukunft einer Wiederbelebung der gewerkschaftlichen Unabhängigkeit entgegenzuwirken, baute die Partei in den Betrieben durch die Gründung von Betriebszellen eine Art Parallelorganisation zu den Gewerkschaften auf.

Dies mag der tiefere Grund für das Zerwürfnis gewesen sein, das sich im Jahre 1965 zwischen dem UGTT-Chef Habib Achour und Bourguiba anbahnte. Im Juni dieses Jahres kam es vor Tunesiens Küste zu einem Fährschiff-Unglück, bei dem sechs belgische Touristen ums Leben kamen. Die Reisegesellschaft war ein gewerkschaftsnahes Unternehmen, das der persönlichen Kontrolle von Habib Achour unterstand. Achour wurde Anfang Juli verhaftet und wegen »Versicherungsbetrugs und Wirtschaftsvergehen« angeklagt. Der Grund: Das Schiff war angeblich nicht mit den Sicherungsvorkehrungen ausgerüstet gewesen, die nach den einschlägigen Gesetzen erforderlich gewesen wären.

Damals war es noch relativ leicht, für die Entlassung Achours aus der Haft zu sorgen. Unter der Leitung des DGB-Bundesvorstandsmitgliedes Hermann Beermann fuhr eine DGB-Delegation nach Tunis und intervenierte direkt bei Staatspräsident Habib Bourguiba zugunsten des Inhaftierten, der daraufhin am 2. August entlassen wurde.

Mittlerweile stieg der Stern des Sozialisten Ben Salah wieder: Er wurde Wirtschafts- und Planungsminister (heute würde man diese Konzentration von Verantwortlichkeiten als Superministerium bezeichnen). Denkbar ist es zweifellos, daß die alte Rivalität zwischen Achour und Ben Salah bei der Amtsenthebung Achours eine Rolle spielte, denn immerhin war es Achour gewesen, der seinerzeit auf Drängen Bourguibas eine Konkurrenzorganisation zur UGTT gegründet hatte. An die Spitze der UGTT kam der damalige Gouverneur von Tunis, Bellagha, ein Freund und politischer Weggefährte Ben Salahs. In den dann folgenden vier Jahren versuchte Ben Salah, der tunesischen Wirtschafts- und Gesellschaftspolitik einen sozialistisch-reformistischen, aber auch zentralistischen Stempel aufzudrükken. Der Einfluß der Gewerkschaften auf die Sozial- und Wirtschaftspolitik stieg beachtlich.

Doch im Jahre 1969 kam es zu einem erneuten Kurswechsel: Die wirtschaftsliberalen und konservativen Kräfte in der Staatspartei setzten sich durch. Ben Salah wurde gestürzt und ging ins Exil. Folgerichtig war dann, daß Habib Achour im Jahre 1970 auf Bellagha als Generalsekretär folgte, in ein Amt also, das er bereits in den Jahren zwischen 1963 und 1965 innegehabt hatte.

Die weitere tunesische Entwicklung stellte eindrucksvoll unter Beweis, daß alle jene sich getäuscht hatten, die in Achour einen »rechten«, dem bourguibistischen System auf Gedeih und Verderb ausgelieferten Gewerkschaftsführer sahen, der sozusagen als Befehlsempfänger und Transmissionsriemen für die Staatspartei funktioniert hätte.

Die UGTT gewann unter Achours Führung an organisatorischer und politischer Stärke sowie an Unabhängigkeit. Der Bund gehörte dem Internationalen Bund Freier Gewerkschaften an, und war somit neben den libanesischen Gewerkschaften die einzige arabische Gewerkschaftsorganisation, die Mitglied des IBFG war – und das gleichzeitig mit dem israelischen Gewerkschaftsbund Histadrut.

Für uns alle war das von besonderer Bedeutung: Die Politik des IBFG war immer darauf gerichtet, für einen friedlichen Ausgleich im Nahen Osten einzutreten. Die Chance, die sich aus der gleichzeitigen Mitgliedschaft von UGTT und Histadrut ergab, mußte mit Vorsicht und Fingerspitzengefühl genutzt werden. Das war für alle Beteiligten ein ständiger Drahtseilakt. Tunesien – und das war immer ein unbestreitbares Verdienst Bouguibas – führte eine Nah-Ost-Politik mit Augenmaß, ohne die Solidarität der arabischen Welt zu verlassen. Bourguiba setzt, was den Nahen Osten anging, weniger auf Kriegsgeschrei als auf diplomatische Wege. Wir hatten viel Respekt vor der politischen Courage und Standfestigkeit Habib Achours, der die Mitgliedschaft der UGTT im IBFG auch dann nicht in Frage stellte, wenn der IBFG Erklärungen zur Lage im Nahen Osten abgab, die nach seinem politischen Geschmack zu einseitig den Interessen Israels entsprachen. Achour wurde einer der Vizepräsidenten der IBFG.

Im Lande selbst gewann die UGTT wieder an Konturen und trat für eine fortschrittliche soziale und wirtschaftliche Entwicklung Tunesiens ein, die sich zwar vom strengen Weg des ehemaligen Planungsministers Ben Salah unterschied, aber dennoch eine authentische und selbstbewußte gewerkschaftliche Linie darstellte.

Bourguiba setzt seine neoliberale Wirtschaftspolitik fort. Exponent dieser Politik war Ministerpräsident Hedi Nouira, der mit einer fast schon monetaristischen Roßkur, die, wie überall, zu Lasten der einfachen Leute ging, die Entwicklung Tunesiens vorantreiben wollte.

Eine solche Politik mußte auf den Widerstand der Gewerkschaften stoßen: Die Arbeitslosigkeit stieg auf 16 Prozent, das reale Einkommen verringerte sich erheblich. Die gewerkschaftlichen Erfolge an der Lohnfront wurden von den Inflationsraten aufgefressen. Die Arbeitsbedingungen verschlechterten sich. Um das Investitionsklima für ausländische Investoren zu verbessern, führte Nouira eine repressive Politik ein, auf die die Gewerkschaften mit Streiks reagierten.

Auch außenpolitisch war die wirtschaftliche und soziale Entwicklung in Tunesien nicht ohne Brisanz. In Tunesien gibt es, wie im ehemaligen Mutterland Frankreich auch, einen gesetzlich festgesetzten Mindestlohn. Dieser Mindestlohn betrug Ende der siebziger Jahre in Tunesien 220,00 DM, was natürlich keineswegs bedeutete, daß alle, die einen Anspruch darauf hatten, ihn auch bezogen hätten. Das galt insbesondere für die zahlreichen in der Landwirtschaft beschäftigten Arbeitnehmer.

Das System der sozialen Sicherheit bezog nicht mehr als ein knappes Drittel der Arbeitnehmer ein. Die außenpolitische Bedeutung dieser schwierigen wirtschaftlichen Lage erklärte sich aus den Avancen, die der libysche Staatschef Maommer El Ghadafi den Tunesiern machte, um eine Vereinigung von Tunesien und Libyen zu erreichen.

Libyens Versuche in diese Richtung wären beinahe von Erfolg gekrönt gewesen, als der anschließend abgelöste tunesische Außenminister Masmoudi ein entsprechendes Protokoll mit den Libyern unterzeichnete.

Innenpolitische Wirkungen gewann diese Politik Libyens dadurch, daß seine eigene Finanzkraft, die aus den Ölvorkommen sprudelte, es dem Land gestattete, einen Mindestlohn zu garantieren, der viermal so hoch war wie der in Tunesien. Des weiteren gab es in Libyen ein ausgebautes System der sozialen Fürsorge. Das zusammengenommen machte sicherlich viele Menschen im armen Nachbarland Tunesien zugänglich für die Propaganda Ghadafis, zumal damals schon zahlreiche tunesische Arbeiter in Libyen beschäftigt waren, ein Potential, das Ghadafi kräftig ausnutzte.

Für die UGTT war es wichtig, mit den Libyern Tarifverträge abzuschließen, um die tunesischen Arbeitnehmer, die in Libyen arbeiteten, an den tunesischen Gewerkschaftsbund zu binden.

Im Jahre 1977 unternahm Achour zusammen mit einer Delegation der UGTT eine Reise nach Tripolis, um entsprechende Verhandlungen zu führen. Die Libyer versuchten, Achour in »Erklärungen einzudrehen«, die besonders in Nahost-Fragen der Politik Tunesiens entgegenstanden. Die Libyer gaben eine Presseerklärung ab, aus der der Eindruck gewonnen werden mußte, daß Achour und damit auch die UGTT der Politik Ghadafis zugestimmt hätten. Achour dementierte das entschieden, und wir, die wir ihn kannten, wußten, daß er ein viel zu erfahrener Politiker war, als daß er den Libyern in die Falle hätte geraten können.

Die innenpolitischen Gegner Achours aber machten mobil. Dies war eine günstige Gelegenheit, um die UGTT sozusagen unter dem Verdacht des Landesverrates zu disziplinieren, denn der Widerstand und die Streikbewegung gegen die Politik Nouiras hatte sich um die Jahreswende 1977/78 erheblich verschärft.

Der »starke Mann« hinter den Kulissen war der Parteidirektor Mohammed Sayah, ein ehemaliger linksradikaler Studentenführer, der nun als Staatsminister und Vertrauter Bourguibas (er arbeitete damals an den offiziellen Memoiren des Staatspräsidenten) für die Disziplinierung der Gewerkschaften sorgen sollte.

Die erste Maßnahme vor dem direkten Zugriff gegen die Gewerkschaften war die Entlassung des liberalen Innenministers Tahar Belkhoja, der antigewerkschaftliche Repressalien abgelehnt hatte.

Im Januar spitzte sich die Lage weiter zu: Die Partei hielt am 20. des Monats eine Sitzung ihres Zentralkomitees ab, in der sie sich mit den Beziehungen zwischen Partei und Gewerkschaften befaßte. Vorher hatten bereits im ganzen Lande Parteiversammlungen stattgefunden, in denen das »Abweichlertum« der Gewerkschaften, insbesondere die »libysche Affäre«, kritisiert wurden und psychologisch der Zugriff auf die Gewerkschaften, die nach wie vor über einen starken Anhang im Lande verfügten, vorbereitet werden sollte. Der UGTT wurde vorgehalten, sie sei von Marxisten, Leninisten und anderen anarchistischen Elementen unterwandert. Diese subversiven Kräfte, so die Partei, wollten das Land in Anarchie und Chaos stürzen und »reif« für die Übernahme durch Libyen machen. Wer die politische Biografie Achours kannte und seine Art, die UGTT zu führen, der wußte, daß dies ganz abenteuerliche Vorwürfe waren und daß sie von den wirklichen Gründen des gewerkschaftlichen Protestes gegen die Regierungspolitik ablenken sollten.

Achour hatte vorher schon seinen Rückzug aus dem Zentralkomitee der PSD (Sozialistische Destour-Partei) bekanntgegeben, um auch so seine eigenständige Position als Gewerkschaftsvorsitzender gegenüber der politischen Macht zu demonstrieren. Die PSD verhielt sich diesem Schritt gegenüber zurückhaltend, denn sie wußte, daß es starke Tendenzen in der UGTT gab, die eine eigene »Partei der Arbeit« wollten, weil sie sich in der PSD kaum noch vertreten sahen.

Bourguiba, der damals große gesundheitliche Probleme hatte und ganz unter dem Einfluß der »Hardliner« stand, gab zum 26. Jahrestag der tunesischen Unabhängigkeit eine Erklärung ab, in der der nach wie vor sehr populäre Staatspräsident mit folgenden Worten die Gewerkschaften und allen voran Habib Achour zum »Abschuß« freigab: »Gewisse Elemente warten nur auf meinen Tod, um ein Klima vorzufinden, das ihnen die Ausführung ihres Komplotts erleichtert.« Jeder im Lande wußte, wer mit diesen Angriffen gemeint war: Habib Achour und die UGTT. Die UGTT antwortete auf diese Kampagne mit Warnstreiks, die im ganzen Lande befolgt wurden. In der Mitgliedschaft wurde der Ruf nach einem Generalstreik immer lauter. Sowohl Achour wie auch Bourguiba und Nouira bemühten sich, die Lage zu entschärfen. Bourguiba nahm in einer weiteren Erklärung Achour ausdrücklich von seinen Angriffen aus und verwies auf »Saboteure und Provokateure« in den Reihen der UGTT.

In der letzten Januar-Woche überschlugen sich die Ereignisse: Gewerkschaftsbüros wurden belagert, das Gewerkschaftshaus in Tunis, die nationale Zentrale der UGTT, wurde am 26. Januar von der Politzei umstellt. Nach späteren Aussagen von Funktionären der UGTT hatten Partei und Polizei im ganzen Land gewalttätige Auseinandersetzungen inszeniert, um so der Regierung eine Legitimation zum Einschreiten zu geben. Nouira erklärte, die Streiks hätten nun ihren legalen Charakter verloren und wären gegen die Staatsmacht gerichtet.

Die konservative britische »Times« brachte die Lage in Tunesien auf den folgenden Nenner: »Es kann unterstellt werden, daß Oberst Ghadafi die tunesische Krise mit besonderem Interesse verfolgt. Aber dieses Mal kann die derzeitige Krise kaum als Ergebnis einer libyschen Verschwörung betrachtet werden. Die UGTT war in der Lage, Hunderttausende von Arbeitern in den Streik zu schicken und Tausende gingen auf die Straße und riskierten ihr Leben bei Demonstrationen gegen die Regierung. Die meisten dieser Leute sind klar motiviert durch die ökonomischen Probleme und durch die Notwendigkeit, die gewerkschaftlichen Rechte zu verteidigen. Die Existenz einer großen Industriearbeiterklasse ist das Ergebnis einer wirtschaftlichen Entwicklung, die ohne Öl und andere leicht vermarktbare Rohstoffe vonstatten gehen konnte. Die Tatsache, daß offiziell anerkannte Gewerkschaften als Interessenvertreter für die arbeitende Klasse auftreten können, unterstellt ein Ausmaß von Pluralismus, wie er normalerweise in Einparteienstaaten ungewöhnlich ist. Und auch die Tatsache, daß die Revolte nicht bereits früher und brutaler niedergeschlagen wurde, läßt zumindest auf relative Liberalität und Toleranz auf seiten des Regimes schließen.

Es gibt sicher schlechtere Länder, was die Lage der Arbeiter und der politischen Dissidenten angeht. Aber, wie so oft in der Dritten Welt, hängt politische Stabilität in Tunesien seit zu langer Zeit von dem Prestige eines einzigen Mannes ab. Bourguibas Landsleute schulden ihm eine

Menge Dank, aber zu lange wurde der Personenkult um ihn als Ersatz für die Entwicklung eines angemessenen politischen Systems betrachtet. Nun gibt es Kraftproben verschiedener miteinander rivalisierender Institutionen, die ebenfalls Machtbasen für rivalisierende Kandidaten für die Nachfolge von Bourguiba abgeben. Es besteht die Gefahr, daß diese Auseinandersetzung durch die Armee, oder noch schlimmer, durch eine ausländische Intervention gelöst wird.«

»Times« traf in einem Punkt nach meiner Meinung die Lage Tunesiens haargenau: Auf die Dauer muß es zu Konflikten zwischen Gewerkschaften und Partei in einem Einparteienstaat kommen, wenn die Gewerkschaftsbewegung sich ihre Unabhängigkeit erhalten will. Und wenn es keinen politischen Pluralismus gibt, dann ist es nur folgerichtig, wenn die relativ freie und unabhängige Gewerkschaftsbewegung in einem solchen Lande auch zu einem Träger kritischer und oppositioneller Gedanken wird.

Die Unruhe in Tunesien im Januar 1978 kostete nach Schätzungen des IBFG 100 Menschen das Leben. Das Szenario, mit dem die Regierung zu Werke ging, war außerordentlich geschickt angelegt. Der Generalstreik wurde nicht verboten, aber das Gewerkschaftshaus in Tunis wurde belagert, so daß gewaltsame Auseinandersetzungen zwischen der Polizei und den aufgebrachten Gewerkschaftern kaum vermeidbar waren. Genau darauf hatte Achour in einem Telefonat hingewiesen, das er aus der Gewerkschaftszentrale mit dem Polizeidirektor führte. Und genau das wurde ihm später zur Aufforderung zu gewalttätigen Auseinandersetzungen ausgelegt. Der neue Innenminister erklärte: »Die Urheber der gewaltsamen Auseinandersetzungen wollten Panik unter die Bevölkerung verbreiten und den Eindruck vermitteln, daß Tunis brennt, wie seinerzeit Rom unter Nero.«

Die UGTT-Büros wurden geräumt. 240 führende Funktionäre der UGTT, praktisch die gesamte Führung, wurden festgenommen. Wer wirklich die Unruhen provoziert hatte, geht daraus hervor, daß sich unter den Verletzten kein einziger Gewerkschafter befand. Das bestätigt die These der UGTT, daß damals von den interessierten Kreisen Provokateure eingesetzt wurden.

Achour konnte kurz vor seiner Festnahme über einen seiner Söhne einem französischen Journalisten ein von ihm verfaßtes Schriftstück zukommen lassen. In diesem Dokument erläuterte Achour, daß die UGTT zum Generalstreik gezwungen worden sei, als bewaffnete Milizen im ganzen Land den Versuch unternommen hätten, die Büros der UGTT zu besetzen und die Gewerkschaftsfunktionäre anzugreifen. Er wünsche, so Achour, daß der Dialog mit der Regierung fortgesetzt werde. Die Verantwortung für die Ausschreitungen läge ausschließlich bei der Staatspartei und bei der Regierung.

Der DGB hatte in direkten Kontakten, vor allem aber auch über die Zusammenarbeit im Internationalen Bund Freier Gewerkschaften, sehr enge Beziehungen zu den tunesischen Gewerkschaften. Mit Respekt hatten wir beobachten können, wie die Tradition einer unabhängigen und kämpferischen Gewerkschaftsbewegung in Tunesien allen Versuchen standhielt, sie gleichzuschalten. Solche Versuche wurden von Zeit zu Zeit, wie wir gesehen haben, immer wieder einmal unternommen.

Aber nicht nur die Gewerkschaftsbewegung überstand sie, sondern das politische System Tunesiens erwies sich ebenfalls als verhältnismäßig flexibel und fähig zu Selbstkritik und politischen Korrekturen. Bourguiba konnte nie einfach in die Reihe der Diktatoren in den Ländern der Dritten Welt eingereiht werden. Die Philosophie der Destour-Bewegung, nämlich im Rahmen einer breiten Volksbewegung Einheit und pluralistische Vielfalt zu verwirklichen, ist bis heute nicht ohne Bedeutung für die praktische tunesische Politik, trotz aller halbautoritären und autoritären Abweichungen von diesem Grundsatz. In Nordafrika jedenfalls gab es keine vergleichbare Situation: In Marokko wurden die Gewerkschaften in ihrer Arbeit erheblich behindert und waren ständig Repressalien unterworfen. Unter solchen Bedingungen konnte sich eine wirkungsvolle soziale Bewegung wie in Tunesien nicht verwirklichen. Algeriens Staatspartei FLN hatte die einst bedeutende algerische Gewerkschaftsorganisation UGTA unmittelbar nach der Unabhängigkeit gleichgeschaltet und in Libyen schließlich ist die Gewerkschaftsbewegung nichts anderes als die Sozialabteilung der Ghadafi-Bewegung.

Aus all diesen Gründen glaubten wir, daß die tunesische Regierung nicht ohne positive Reaktion auf solidarische Intervention seitens wichtiger Vertreter der freien internationalen Gewerkschaftsbewegung bleiben konnte. Deshalb entschlossen wir uns, eine Spitzendelegation nach Tunesien zu entsenden, die auf die Regierung einwirken sollte. Das waren wir dem IBFG-Mitglied UGTT, dem IBFG-Vizepräsidenten Habib Achour und unseren zahlreichen Freunden in Tunesien schuldig.

Wir gingen darüber hinaus auch davon aus, daß es innerhalb des Regimes verständigungsbereite Kräfte gab, auf die wir rechnen konnten. Es gab immer noch intakte Verbindungen zwischen der Sozialistischen Internationale und der tunesischen Staatspartei und alte politische Freundschaften zwischen französischen, schwedischen, deutschen und tunesischen Sozialdemokraten, die es zu nutzen galt.

Damals gewann ich gelegentlich den Eindruck, daß zahlreiche führende Sozialdemokraten es lieber gesehen hätten, wenn wir auf eine öffentliche Demonstration der Solidarität verzichtet und uns auf die politisch-diplomatischen Kanäle verlassen hätten. Dieser Auffassung wollte ich auch persönlich nicht folgen, denn ich hielt unsere Aktionen gegenüber der tunesischen Regierung für eine ursächlich gewerkschaftliche Aufgabe, und ich war geneigt, den Wünschen meiner tunesischen Kollegen zu folgen, die sich natürlich gemeldet hatten, und die um eine direkte Intervention in Tunesien baten.

Einige Monate nach meinem Besuch in Tunesien übrigens fand sich eine bekannte und notorisch konservative Stimme, die mir die Leviten las. Der WELT-Mann und diplomatische Korrespondent Hans-Georg von Studnitz gab folgendes zum Besten: »Ausgerechnet den Augenblick, in dem sich der greise Gründer der Republik Tunesien Habib Bourguiba in eine Bonner Klinik begab, also die deutsche Gastfreundschaft in Anspruch nimmt, hat DGB-Chef Heinz Oskar Vetter gewählt, um an der innenpolitischen Entwicklung in Tunesien massiv Kritik zu üben. Aber nicht nur das. Im Fernsehen bekundete er, daß der Deutsche Gewerkschaftsbund die Regierung in Tunis ›unter Druck‹ setzen werde, falls diese ihre Haltung gegen die einheimischen Gewerkschaften nicht ändere. In der Sache handelt es sich um den latenten Konflikt zwischen UGTT und der von der Regierung beherrschten Staatspartei PSD, die – einst verbündet – sich seit der Gefangensetzung von Gewerkschaftsführern zerstritten haben; also eine Angelegenheit, die allein die Tunesier betrifft und in die sich einzumischen schon deshalb kein Anlaß besteht, weil es ausländischen Kritikern, nicht zuletzt auch dem DGB, an Sachverstand hierfür mangelt.«

Was der Herr von Studnitz nicht wissen konnte (weil es ihm an Einsicht und Sachverstand mangelte) ist, daß wir uns um Vorwürfe »Einmischung in innere Angelegenheiten« nie gekümmert haben, wenn es um die Menschenrechte und damit auch um die Gewerkschaftsrechte ging. Die doppelte Moral der Studnitzschen Argumentation wird natürlich besonders dann deutlich, wenn man in Rechnung stellt, daß solche Vorwürfe der Einmischung von dieser Seite nie gekommen sind, wenn es sich um Vorfälle in der sowjetisch beherrschten Hemisphäre handelte. Wir haben es immer für unsere Pflicht gehalten, uns zu jeder Art von Unterdrückung frei zu äußern und gegen sie, wenn möglich und erfolgversprechend, auch zu intervenieren. Das war bei Chile und Argentinien so, das war bei Tunesien so und das war später bei Polen und Afghanistan so.

Auch die CSU und der »Bayernkurier« äußerten sich. Strauß, der ja immer schon eine Art parallele Außenpolitik betrieben hatte, wollte die Gunst der Stunde nutzen und seine Beziehungen zur PSD verbessern. Der bereits kurz erwähnte Staatsminister und Parteidirektor Mohammed Sayah, den nicht nur unser Besuch in Tunis, sondern auch die keinesfalls nachlassende Solidarität des IBFG verunsicherte, hielt sich im Herbst des Jahres 1978 in der Bundesrepublik auf und sprach bei der CSU vor. Das CSU-Organ ließ sich prompt politisch in Dienst nehmen und versuchte, unsere Interventionen in der Bundesrepublik unter Feuer zu nehmen.

Sayah hat übrigens diesen Trick politisch nicht überlebt, weil sich trotz allem die PSD historisch nicht in die Gruppe der konservativen Parteien in der Welt vom Zuschnitt der bayerischen CSU einordnen ließ.

Unser Besuch in Tunesien, der Mitte Februar 1978 erfolgte, fand keineswegs unter Ausschluß der Öffentlichkeit statt. Das war auch gut so. So hartleibig nämlich war die tunesische Politik nicht, daß sie etwa keinen Wert auf ihr Ansehen in der Welt gelegt hätte.

Ich wurde von einem Fernsehteam begleitet, das unter der Federführung des Brüsseler Korrespondenten Martin Schultze (»Nun wollen wir mal sehen, wie der Vetter die Kollegen befreit«) über unseren Aufenthalt einen viel beachteten Bericht sendete.

Der Delegation gehörten der Vorsitzende des niederländischen Gewerkschaftsbundes und spätere Präsident des Europäischen Gewerkschaftsbundes, Wim Kok, der Generalsekretär der italienischen CISL, Luigi Macario, der Generalsekretär der französischen CGT-FO, André Bergeron, und der IBFG-Generalsekretär Otto Kersten an.

Bei der Ankunft am Flughafen wurde die Taktik der tunesischen Behörden gleich kar: Sie versuchte uns mit einer Mischung aus bürokratischer Schikane und leichten Einschüchterungen das Leben schwer zu machen und hatte offensichtlich Anweisung gegeben, bei unserer Überprüfung vor Kleinkariertheit nicht zurückzuschrecken. Die offizielle Sprachregelung der tunesischen Regierung, für die wir allerdings großes Verständnis hatten, war: Einmischung in innere Angelegenheiten akzeptieren wir nicht, und im übrigen ist diese Delegation nicht sonderlich wichtig.

Gleich zu Beginn kam es zu einer leichten Verstimmung in unserer Delegation: Der Generalsekretär der CGT-FO, André Bergeron, vertraute offensichtlich sehr auf die alten und guten Beziehungen zwischen Tunesien und Frankreich und hatte ein mit dem Rest der Delegation nicht verabredetes Vorabtreffen mit dem Ministerpräsidenten Hedi Nouira, von dem er uns erst nach Vollzug in Kenntnis setzte. Bergeron hatte einen sehr guten Ruf in Tunesien – bei den einen, weil er als ein sehr maßvoller Gewerkschafter galt und bei den anderen, weil die FO eine sehr konstruktive Rolle während des Kampfes der Tunesier um ihre Unabhängigkeit eingenommen hatte. Offensichtlich wollte er eine Konfrontation zwischen uns und der Regierung verhindern; vielleicht hat er auch gehofft, man könne die Sache vorab schon einmal regeln. Als er uns von seinem Gespräch berichtete, mußte er eingestehen, daß er keine Fortschritte hatte erreichen können.

Am gleichen Tage statteten wir dann unter Polizeiaufsicht, aber ohne Behinderung, der Familie Habib Achours einen Besuch ab, die verständlicherweise außerordentlich besorgt war und seit 14 Tagen keine Genehmigung mehr erhalten hatte, Achour im Gefängnis zu besuchen. Wir sandten noch am gleichen Tage ein Telegramm an den Ministerpräsidenten ab, dessen Text wir auch der Presse übergaben, und teilten mit, daß wir zu einem Gespräch mit dem Ministerpräsidenten nur unter der Bedingung bereit wären, auch mit Habib Achour sprechen zu können. Die Botschaften unserer Länder baten wir zusätzlich entsprechende Hinweise an die tunesischen Regierungsstellen weiterzuleiten.

Am nächsten Morgen wurden wir von Nouira empfangen, der seinen Außenminister Fitouri und den Staatsminister und Parteidirektor Sayah bei sich hatte: Ein Hinweis darauf, daß er entgegen der offiziellen Sprachregelung dem Gespräch mehr Bedeutung als beabsichtigt einräumte.

Nouira kam gleich zur Sache, las das an ihn gerichtete Telegramm vor und eine Depesche von UPI, in der mitgeteilt wurde, wir hätten für wirtschaftliche Repressalien und für

Boykott plädiert. Dies sei völlig unannehmbar und nichts anderes als der Versuch, so Nouira, sein Land unter Druck zu setzen. Ich erklärte für mich, daß die Depesche zwar einige journalistische Ungenauigkeiten enthielt, im übrigen aber nach meiner Auffassung die korrekte Wiedergabe meines Standpunktes sei.

Nouira wiederholte die uns bekannten Vorwürfe gegen die UGTT und ihre inhaftierte Führung. Die tunesische Regierung habe überhaupt keine Möglichkeit, auf die Justiz einzuwirken, die völlig unabhängig sei und die für ein juristisch korrektes Verfahren sorgen werde. Besuchserlaubnis könne uns nicht zugestanden werden. Dies sei auf die engsten Familienangehörigen und die Rechtsanwälte beschränkt. Das Gespräch verlief, wie nicht anders zu erwarten, sehr unfreundlich und kontrovers. Ich machte schließlich den Vorschlag, der Ministerpräsident könne uns doch ein Gespräch mit dem Justizminister vermitteln, um so eine Ausnahmegenehmigung für einen Besuch bei Achour zu ermöglichen. Nouira ging auf diesen Vorschlag ein und sicherte zu, die Delegation werde Nachricht erhalten.

Fast gleichzeitig mit uns traf Parteidirektor Sayah im Hotel ein und erklärte, eine kleine Gruppe könne ein Gespräch mit dem Staatsanwalt und dem Untersuchungsrichter führen. Dieses Gespräch fand statt, und nach wenigen Minuten erteilte uns der Untersuchungsrichter eine Besuchserlaubnis.

Wir führten, bevor wir Habib Achour trafen, im Hilton Tunis eine Pressekonferenz durch, die besonderen Zulauf hatte, weil im gleichen Hotel und zur gleichen Zeit die arabischen Ölminister tagten, die in ihrem Gefolge einen ganzen Troß von Journalisten mitgebracht hatten. Einige Herren mit Presseausweisen, der ihnen offensichtlich von ihrer übergeordneten Dienststelle, der politischen Polizei, leihweise überlassen worden war, versuchten mit Fleiß, die Pressekonferenz durcheinanderzubringen, was ihnen allerdings mißlang.

Anschließend fuhr ich mit dem Generalsekretär des IBFG, dem mittlerweile verstorbenen Otto Kersten (die

Besucherlaubnis galt nur für zwei Personen und André Bergeron war leider mittlerweile nach Frankreich zurückgekehrt), in das Innenministerium, in das Habib Achour aus dem Gefängnis gebracht worden war. Wir konnten dreißig Minuten mit ihm reden, in Gegenwart eines leitenden Beamten, der uns allerdings in keiner Weise behinderte. Achour befand sich in guter Verfassung und erhielt sicher durch unseren Besuch moralischen Auftrieb. Er unterstrich, daß er einen Prozeß nicht fürchte, im Gegenteil: Er wolle ihn und würde ihn besser überstehen als die, die ihn angeklagt hätten. Über die Haftbedingungen konnten wir nichts in Erfahrung bringen, zu diesem Thema galt Sprechverbot.

Die internationale Presse hatte ihren Part glänzend erfüllt. Es war gelungen, die tunesische Regierung davon zu überzeugen, daß es ihr nie und nimmer gelingen würde, die Unterdrückung der Gewerkschaften aufrechtzuerhalten, ohne eine wesentliche und für das Land schädliche Einbuße an Ansehen hinnehmen zu müssen. Wir hatten uns nicht beirren lassen, auch nicht von den Freunden, die immer wieder auf »diplomatisches Vorgehen« pochten und die meinten, wir würden durch unsere Aktion das genaue Gegenteil dessen erreichen, was wir erreichen wollten: Die tunesische Regierung würde, um ihr Gesicht zu wahren, nun erst recht bei ihrer unversöhnlichen und kompromißlosen Haltung bleiben.

Es mag durchaus sein, daß man manchmal zugunsten des gewünschten Erfolges auf spektakuläre Aktionen verzichten muß, und ich habe mich sicher in meiner Zeit als DGB-Vorsitzender nicht als jemand erwiesen, der eine besondere Neigung zum politischen Showbusiness hatte. Manches, aber noch längst nicht alles, darf man der Geheimdiplomatie überlassen. Wir konnten bei unserem Besuch in Tunis davon ausgehen, daß die lebendigen, den Gewerkschaften nahestehenden Kräfte unsere Aktion begrüßten, und wir wußten auch, daß es im Zentrum der politischen Macht, beim Staatspräsidenten selber, Ratgeber gab, die über die Politik von Nouira und Sayah sehr unglücklich waren und die die Wiederherstellung einer intakten Gewerkschaftsbewegung wünschten.

Von vornherein war klar, daß die tunesische Regierung schon aus Gründen ihres innenpolitischen Stils nicht bereit sein konnte, sofort die Maßnahmen gegen die Gewerkschaften und ihre Führer zurückzunehmen. Das wäre nicht nur das Eingeständnis für eine falsche Politik gewesen – das hätte sicher auch zu einer unmittelbaren Destabilisierung der inneren Verhältnisse geführt. Die Konservativen waren keineswegs geschlagen und übten weiter großen Einfluß auf den Staatspräsidenten aus.

Wir mußten nach unserem Besuch international mit unseren Anstrengungen fortfahren, unseren inhaftierten Kollegen zu helfen. Immerhin war es gelungen, in Tunesien selbst deutlich zu machen, daß die freie internationale Gewerkschaftsbewegung eine Suspendierung der gewerkschaftlichen Freiheiten nicht hinnehmen würde.

Wir lehnten jedes Gespräch mit der de facto von der Regierung eingesetzten neuen Gewerkschafts»führung« unter dem kommissarischen Generalsekretär Tijani Abid ab. Die Zugehörigkeit der UGTT zum IBFG war und blieb eine wichtige Aufgabe. Wäre es der neuen Führung der UGTT nämlich gelungen, uns eine »weiche Haltung« abzuringen und wäre die Unterdrückung gegen die Gewerkschaften in Tunesien ohne Konsequenzen von seiten des IBFG geblieben, dann wäre die Gleichschaltung der Gewerkschaften vollzogen und die frei gewählte Führung des UGTT kaltgestellt worden. Für uns blieb Habib Achour Vizepräsident des Internationalen Bundes Freier Gewerkschaften.

Vor unserem Abflug versuchte Sayah, uns noch einmal umzustimmen. Er lud uns im »Hilton« zum Essen ein und benutzte bereits die Vorspeise zur Fortsetzung seiner Behauptungen, Achour habe mit den Libyern gemeinsame Sache gegen Tunesien gemacht und die UGTT sei von linksradikalen Elementen unterwandert. Wir brachen noch während der Vorspeise das Gespräch mit Sayah ab. Unser Eindruck war, daß Sayah, der nach Bourguiba wichtigste Mann der Staatspartei, die treibende Kraft in einem Spiel war, von dessen Ausgang auch seine eigene Zukunft abhing.

Unmittelbar nach unserer Rückkehr begann die von oben eingesetzte Führung der UGTT, einige Mitgliedsorganisationen des IBFG zu bearbeiten, vor allem in Genf bei der Internationalen Arbeitsorganisation. Sie stellte eine baldige Begnadigung der Inhaftierten in Aussicht, die natürlich nicht – das galt vor allem für Habib Achour – in ihre alten Funktionen zurückkehren könnten. Man wolle sich aber aus »humanitären« Gründen für eine solche Begnadigung einsetzen. Vor allem spekulierte die neue UGTT-Führung auf den Einfluß der amerikanischen Gewerkschaften, von denen man einen weniger harten Kurs erhoffte als von den Mitgliedsorganisationen des IBFG und den Europäern. Von der AFL-CIO wußten wird, daß dieser große und einflußreiche Bund für den »diplomatischen« Weg eintrat, weil er fürchtete, zu spektakuläre Aktionen könnten den »libyschen Flügel« in Tunesien begünstigen und das Regime Bourguiba entscheidend schwächen. Eine ähnliche Haltung vertrat auch Frankreichs CGT–FO, die ihren Einfluß auf die französische Regierung nutzte, um politisch zu intervenieren.

Einen entscheidenden Fehler machte die UGTT, als sie durchblicken ließ, sie sei, wenn der IBFG seine »unversöhnliche« Haltung nicht aufgebe, durchaus in der Lage, sich an den kommunistisch kontrollierten Weltgewerkschaftsbund zu wenden. Der IBFG sorgte nicht nur für eine regelmäßige materielle Unsterstützung der Familien der Inhaftierten, sondern stellte darüber hinaus auch eine ständige juristische Betreuung und die Aufrechterhaltung der politischen und persönlichen Kontakte her. Die Sozialistische Internationale, vor allem Willy Brandt und Hans-Jürgen Wischnewski sowie die französischen, schwedischen und spanischen Sozialisten, setzten auf allen Ebenen Gespräche mit der tunesischen Regierung fort.

In der Bundesrepublik engagierten sich die Gewerkschaften für das Tunesien-Problem und führten eine ganze

Reihe von Solidaritätsaktionen auf nationaler und internationaler Ebene durch.

Anfang Oktober erhielt ich in Düsseldorf den Besuch des ehemaligen UGTT-Generalsekretärs und späteren Wirtschafts- und Planungsministers Mohammed Ben Salah. Ben Salah lebte im Exil, versuchte aber durch seine Verbindungen nach Tunesien hinein an der Opposition gegen die konservative Regierung teilzunehmen. Ben Salah hatte sicher viel an Popularität und Einfluß verloren, vielleicht sah er bei einem Bruch des Regimes mit der konservativen Tendenz eine Chance für seine politische Rückkehr. Er zeigte sich besorgt über die Rolle der Armee, die nach seiner Einschätzung zum ersten Mal in der tunesischen Geschichte nach der Unabhängigkeit eine aktive Rolle in der Innenpolitik des Landes gespielt habe. Er beklagte die, wie er sagte, mangelhafte Unterstützung durch sozialdemokratische und sozialistische Kräfte und warf vor allem der deutschen Sozialdemokratie eine inkonsequente Politik gegenüber Tunesien vor. Diese Auffassung hat er übrigens später in einem Gespräch mit Hans-Jürgen Wischnewski korrigiert. Es sei eine Illusion, so Ben Salah, zu glauben, man könne über das derzeitige System zu einer Änderung der tatsächlichen Verhältnisse in Tunesien kommen. Die Perspektive eines weiter an den Westen gebundenen Tunesiens sei nur dann zu sichern, wenn demokratische Alternativen im Lande selbst ermöglicht würden.

Ben Salah, der über alte Kontakte zu den amerikanischen Gewerkschaften verfügte, sah im Gewerkschaftskonflikt wahrscheinlich eine Möglichkeit, seinen zwischenzeitlich – auch bedingt durch sein langes Exil – erheblich verminderten Einfluß wieder aufzubessern. Ich machte ihm klar, daß wir uns in die inneren politischen Verhältnisse Tunesiens in keiner Weise einmischen wollten, und daß wir unsere Aufgabe darin sahen, unseren Kollegen aus der UGTT bei der Wiederherstellung der gewerkschaftlichen Freiheit und ihrer persönlichen vollständigen Rehabilitierung zu helfen. Ich sagte Ben Salah, der mir ja kein Unbekannter war, zu, ihm ein Gespräch mit Lane Kirkland zu

160

vermitteln, dem designierten Nachfolger des AFL-CIO-Vorsitzenden George Meany.

Im Herbst 1978 begannen vor dem Staatssicherheitsgerichtshof in Tunis die Prozesse gegen Achour und dessen Kollegen. Trotz der großen internationalen Anteilnahme setzte sich das Gericht über einige Regeln einer fairen und rechtsstaatlichen Prozeßführung hinweg. So wurden alle Anträge der Verteidigung auf Zeugenvernehmung von Politikern und Gewerkschaftern, die zugunsten Achours hätten aussagen können, abgewiesen.

Was das Achour unterstellte Komplott mit den Libyern anging, so präsentierte die Anklage außerordentlich dürftiges »Beweismaterial«, nämlich nichts anderes als längst öffentlich bekannte Kommuniqués, Redetexte, Erklärungen und Presseartikel. Habib Achour, der sich so lange so gut gehalten hatte und mit bemerkenswerter persönlicher und politischer Moral ausgestattet war, gab vor Gericht eine bewegende Erklärung ab, in der er unter anderem sagte: »Ich bin 66 Jahre alt. Am Ende meines Lebens auf die Idee zu kommen, das Land zu verwüsten und der Nation zu schaden, der ich mein Leben gewidmet habe, das kann doch wohl niemand glauben. Ich habe diesem Land ebenso viel gegeben wie Bourguiba.« Er fuhr fort: »Diejenigen, die diese Liste von Beschuldigungen zusammengestellt haben, kennen mich nicht oder sie sind selbst Kriminelle, für die sie uns ausgeben wollen. Es ist die UGTT, die zerschlagen worden ist. Das alles erinnert mich an unser Sprichwort: Zuerst hat er mich geschlagen, jetzt weint er selbst.«

Der wunde Punkt der Anklage war ganz zweifellos die untadelige politische Vergangenheit des Hauptangeklagten, der zu den führenden Köpfen der tunesischen Unabhängigkeitsbewegung gehörte. Das spürte auch der Staatsanwalt, der das Gericht aufforderte, die politische Vergangenheit einiger Angeklagter, nämlich ihren Einsatz für den Kampf um die Unabhängigkeit Tunesiens außer acht zu lassen und nicht als strafmildernd zu berücksichtigen. Der Staatsanwalt forderte die Todesstrafe und begründete diesen Antrag mit dem Artikel 72 des tunesischen Strafgesetzbuches, in dem die Todesstrafe für einen Angriff, der auf den Wechsel der Regierung zielt, Aufhetzung des Volkes, das Führen von Waffen gegeneinander oder Aufwiegelung zu Unruhen, Mord oder Plünderung auf tunesischem Territorium vorgesehen ist.

Die Urteile im Prozeß gegen die UGTT wurden am 9. Oktober 1978 gefällt. Habib Achour und seine engsten Mitarbeiter wurden zu zehn Jahren Zwangsarbeit verurteilt. Das Gericht blieb also deutlich unter den Strafanträgen der Generalstaatsanwaltschaft, die die Todesstrafe gefordert hatte. Dies allein war bereits ein Eingeständnis des Gerichtes, das die in der Anklageschrift gegen Achour vorgebrachten Anschuldigungen nicht haltbar waren, denn sonst hätte Achour nach den geltenden tunesischen Gesetzen in der Tat zum Tode verurteilt werden müssen.

Einige Tage später gab der vom IBFG beauftragte französische Rechtsanwalt Sarda eine ausführliche Schilderung des Prozeßverlaufes. Er stellte fest, daß trotz mehrmonatiger Untersuchungen die Staatsanwaltschaft nicht in der Lage gewesen sei, hinreichendes Beweismaterial vorzulegen. Die Anklageschrift war im wesentlichen eine Wiederholung der Beschuldigungen, die die Staatspartei in ihrem sogenannten »Blaubuch« im März 1978 veröffentlicht hatte. Dem Rechtsanwalt des IBFG, aber auch dem Vertreter des amerikanischen Gewerkschaftsbundes AFL-CIO in Europa, Irwing Brown, waren Informationen zugespielt worden, nach denen eine Begnadigung der Verurteilten zu einem späteren Zeitpunkt zu erwarten sei. Dies alles deutete darauf hin, daß die tunesische Regierung in diesem Prozeß lediglich ihr Gesicht wahren wollte und sich deshalb keinen Freispruch der Angeklagten leisten konnte. Andererseits aber hatte sich gezeigt, und das nicht zuletzt aufgrund der nicht nachlassenden Solidarität der Gewerkschaften des Internationalen Bundes, daß politisch die Schlacht um die Gleichschaltung der tunesischen Gewerkschaften von den »Hardlinern« der Staatspartei mit diesem Urteil bereits verloren war. Der Vorstand des

IBFG stellte ausdrücklich noch einmal fest, daß auch nach diesem Urteil Habib Achour einer der Vizepräsidenten des IBFG sei, und daß der von der Regierung abgesetzte Vorstand nach wie vor als der legale, von einem ordentlichen Kongreß gewählte Vorstand angesehen werde. Beziehungen zum kommissarisch eingesetzten Notvorstand blieben auch nach dem abgeschlossenen Prozeß eingefroren.

Im Frühjahr 1980 erkrankte Ministerpräsident Hedi Nouira schwer und konnte sein Amt nicht mehr ausüben. Staatspräsident Bourguiba ernannte als neuen Ministerpräsidenten Mohammed Mzali, der als ein dialog- und verständigungsbereiter Politiker galt. Mzali bildete die tunesische Regierung um und signalisierte durch die Zusammensetzung des neuen Kabinetts die Bereitschaft, mit der tunesischen Gewerkschaftsbewegung neu ins Gespräch zu kommen. Innenminister wurde der als liberal geltende Politiker Driss Guiga, zuvor Botschafter in der Bundesrepublik Deutschland. Am wichtigsten aber war, daß Mohammed Sayah, der langjährige Parteidirektor und der harte Mann des Regimes, seine Position verlor und sie an Mongi Kouli abgeben mußte, einen Politiker, der aus Protest gegen die harte Politik gegenüber den Gewerkschaften von seinem Regierungsamt bereits am 25. Januar 1978 zurückgetreten war. Die Folgen des neuen Kurses stellten sich bald ein. Für Ende April 1981 wurde ein außerordentlicher Kongreß der UGTT angesetzt. Einige Monate davor wurden bis auf Generalsekretär Habib Achour alle verhafteten und verurteilten UGTT-Führungskräfte freigelassen und begnadigt und konnten so an der Vorbereitung zum Kongreß teilnehmen. Die Regierung versuchte also, den Kopf der UGTT, Habib Achour, dadurch zu neutralisieren, daß man faktisch der Führung der UGTT nahelegte, die Organisation ohne Achour auf eine neue Grundlage zu stellen. Obwohl es auf dem Kongreß selbst – und damit hatte wohl auch die Regierung Mzali und die neue Parteiführung spekuliert – durchaus Gruppierungen gab, die dieser Linie folgen wollten, setzte sich dann doch die Auffassung durch, daß ohne Achour eine vollständige Wiederherstellung der freien tunesischen Gewerkschaftsbewegung nicht möglich sei.

Der Kongreß forderte einstimmig die Entlassung und Begnadigung Achours.

Dies geschah dann auch einige Monate später. Achour wurde zum Ehrenpräsidenten der UGTT gewählt und verfügt heute wieder über seinen alten Einfluß.

Die neue tunesische Regierung bemühte sich, den in der Gewerkschaftsfrage sichtbar gewordenen neuen Kurs auch auf die politische Situation zu übertragen. Im November 1981 wurden Parlamentswahlen ausgeschrieben, an denen sich zum ersten Mal seit 1959 mehrere politische Gruppierungen und Wahllisten beteiligen konnten. Allerdings wurde die Möglichkeit von Parteigründungen und Kandidaturen von Parteien erheblich eingeschränkt. Dadurch wurde die Opposition, die ohnehin erhebliche, auch materielle Nachteile hatte, geschwächt. Es gelang ihr nicht, eine gemeinsame Wahlliste aufzustellen. Die Rivalitäten der verschiedenen Oppositionsgruppierungen waren offensichtlich unüberbrückbar. Die regierende PSD und die UGTT stellten eine gemeinsame Wahlliste (Nationale Front) auf, die 94,6 Prozent der Stimmen auf sich vereinigen konnte. Damit wurden alle Kandidaten der Nationalen Front gewählt. Die Oppositionslisten erhielten keinen Vertreter im Parlament.

Über die Frage, ob die UGTT sich an einer gemeinsamen Liste mit der Staatspartei beteiligen sollte, war es im Vorstand zu heftigen Auseinandersetzungen gekommen. Nur eine knappe Mehrheit sprach sich für diese Wahlliste aus. Der Generalsekretär der UGTT beteiligte sich nicht an ihr. Unter den insgesamt 136 Kandidaten der Nationalen Front, die alle gewählt wurden, befanden sich 27 UGTT-Mitglieder. Insgesamt jedoch ist der Versuch, eine pluralistische Parteiendemokratie in Tunesien einzuführen, vorerst als gescheitert anzusehen. Die in Jahrzehnten an die Macht gewohnte PSD schränkte ganz offensichtlich nicht nur die politische Bewegungsfreiheit der Opposition erheblich ein, sondern manipulierte auch in einigen nachweisbaren Fällen die Wahlen. Durch den Ablauf der Vorbereitung wie auch der Durchführung der Wahlen und durch das Wahlergebnis selbst ist die Legitimität der sogenannten demokratischen Öffnung des Landes erheblich in Frage gestellt worden.

Dennoch bleibt festzustellen, daß sich das Tunesien Habib Bourguibas auch in dieser schwierigen Lage als ein Land erwiesen hat, in dem gewisse freiheitliche und demokratische Traditionen so fest verankert sind, daß sie auf Dauer von den konservativen und repressiven Kräften, die zweifellos eine starke Position in der Regierungspartei haben, nicht unterdrückt werden können.

In der Führung der PSD hat nun eine liberale Fraktion die Mehrheit. Und schließlich ist die Tatsache, daß der neue tunesische Außenminister Caid Essebi ursprünglich der oppositionellen sozialdemokratischen Partei angehörte, ein gewisses Signal für die Bereitschaft der neuen Parteiführung, selbst nach dem mißlungenen Versuch demokratischer Wahlen, sich dem Teil der Opposition zu öffnen, der systemloyal ist.

An anderer Stelle habe ich bereits darauf hingewiesen, welche Bedeutung es hatte, daß mit der UGTT eine der wichtigsten Gewerkschaftsbünde des arabischen Raums Mitglied im Internationalen Bund Freier Gewerkschaften war. Dies hatte seine Bedeutung auch im Hinblick auf die Politik des IBFG, die sich um die Herstellung friedlicher Verhältnisse im Nahen Osten bemühte. Nach dem Kongreß des Internationalen Bundes Freier Gewerkschaften im Juli 1983 jedoch erklärte Habib Achour im Namen der UGTT seinerseits die Suspendierung der Mitgliedschaft der UGTT im IBFG. Diese Entscheidung überraschte uns. Sie wurde begründet mit dem zunehmenden »amerikanisch-zionistischen Einfluß« im Internationalen Bund. In der Tat hatte es auf dem Osloer Kongreß des IBFG Diskussionen über Formulierungen in einer Nah-Ost-Stellungnahme gegeben. Das Ergebnis dieser Diskussion aber unterschied sich eigentlich nicht von den bisherigen Beschlüssen von IBFG-Kongressen, so daß der Schritt der UGTT andere Gründe haben muß. Möglicherweise hält die tunesische Außenpolitik, angesichts der harten israelischen Politik unter Ministerpräsident Begin, die Aufrechterhaltung der Mitgliedschaft des tunesischen Gewerkschaftsbundes im IBFG unter diesen Umständen nicht mehr für opportun. Es darf auch nicht übersehen werden, daß zwischenzeitlich das Hauptquartier der PLO Aufnahme in Tunesien gefunden hat, was auch Einflüsse auf die tunesische Außenpolitik haben mag. Die Entscheidung der UGTT, die allerdings nicht irreversibel ist, trifft sicherlich besonders deutsche Gewerkschafter. Wir haben uns nach dem Zweiten Weltkrieg aus vielen, auf der Hand liegenden Gründen besonders um die Beziehungen zur israelischen Gewerkschaftsbewegung bemüht. So gut wir konnten und im Rahmen unserer Möglichkeiten, waren wir dabei stets auch darauf bedacht, in der Zusammensetzung des Internationalen Bundes Freier Gewerkschaften liegenden Gründe für einen Beitrag zum Frieden im Nahen Osten zu nutzen.

Rückblick auf die deutsch-israelischen Gewerkschaftsbeziehungen

Von Anfang an bemühte ich mich, die bereits unter meinen Vorgängern aufgenommenen Beziehungen zwischen dem DGB und dem israelischen Gewerkschaftsbund Histadrut zu verstärken und zu festigen. Die deutsche und die israelische Arbeiterbewegung – und das wird auch bei einem Vergleich der Gewerkschaftspolitik in beiden Ländern durchaus sichtbar – haben in vieler Hinsicht gemeinsame Wurzeln. Und vieles von dem, was an sozialen und gesellschaftspolitischen Experimenten in Israel in der Aufbruchphase des Staates unternommen wurde, z. B. das, was in der Kibbuzim-Bewegung stattfand, konnte auf starkes Interesse bei uns rechnen. Nicht zuletzt auch Gemeinsamkeiten in der Konzeption gewerkschaftlicher und gemeinwirtschaftlicher Unternehmen sorgten für eine Vertiefung der Kontakte und einen ständigen Erfahrungsaustausch. Es war also keineswegs so, daß, wie vielfach unterstellt wird, die deutsch-israelischen Gewerkschaftsbeziehungen lediglich der Versuch waren, sozusagen gewerkschaftlicherseits Wiedergutmachung zu betreiben. Nur natürlich war es, daß die Leiden des jüdischen Volkes und damit auch der Widerstand gegen den Nationalsozialismus eine zentrale Rolle in unseren Begegnungen spielten. Aber dabei blieb es nicht: Wir konnten immer wieder feststellen, daß die israelischen Gewerkschafter den Blick nach vorn richteten und mit uns gemeinsam für die Gestaltung einer besseren Zukunft sorgen wollten.
Kurz nach meinem Amtsantritt vertrat ich den Deutschen Gewerkschaftsbund auf einem Kongreß der Histadrut und

war der erste deutsche Gewerkschafter, der auf einem solchen Kongreß in deutscher Sprache zu den Delegierten redete. Bei dieser Gelegenheit traf ich auch mit der israelischen Ministerpräsidentin Golda Meir zusammen, die einen außerordentlich starken Eindruck auf mich machte. Die, wenn man so will, Normalisierung zwischen den Organisationen der Arbeiterbewegung beider Länder waren also zu einem relativ frühen Zeitpunkt in ein fortgeschrittenes Stadium getreten. Viele persönliche Begegnungen und daraus entstehende Freundschaften sind bis heute ein wichtiges, nicht zu unterschätzendes Element in diesen Beziehungen. Was mir allerdings Sorge macht, sind wohl gewisse Versäumnisse auf beiden Seiten, diese neu gewachsene Tradition guter, inhaltsreicher und persönlicher Beziehungen an die nächsten Generationen weiterzugeben. Erschwert wird dies sicherlich auch durch die seit einigen Jahren in Israel geführte Politik, die gerade bei vielen jungen Menschen auf Unverständnis stößt. Die gewerkschaftlichen deutsch-israelischen Jugendbegegnungen haben offensichtlich in den letzten Jahren abgenommen. Ein Grund liegt gewiß darin, daß meine Generation mittlerweile die guten und engen, von beiden Seiten solidarisch gestalteten Beziehungen für so selbstverständlich hielt, daß wir nicht genug Anstrengungen unternommen haben, hier für eine ausreichende Kontinuität zu sorgen. Bedenklich ist dies insbesondere deshalb, weil die von der derzeitigen Regierung Israels geführte Innen- und Außenpolitik die Diskussion beherrscht, und die Bemühungen der israelischen Arbeiterbewegung, zu dieser Politik eine deutliche Alternative zu formulieren, nicht sichtbar genug werden.

Dabei liegt gerade in den Vorschlägen der israelischen Linksparteien, die von der Histadrut im wesentlichen unterstützt werden, die einzige wirkliche Chance für einen dauerhaften Frieden im Nahen Osten. Denn ohne diese Kräfte und ohne ihre Einbeziehung läßt sich ein solcher Friedensprozeß nicht wirklich erfolgreich führen. Und jeder Tag, der vergeht, schafft neue friedenshemmende Fakten und neue Unversöhnlichkeiten. Dafür, daß die Histadrut von bestimmten Dogmen der israelischen Außenpolitik (Dogmen, die aufgrund meiner Eindrücke zum Teil nichts anderes als Ausgangspositionen zu Verhandlungen sind) nicht abrückt, müssen wir Verständnis haben, auch wenn wir diesen Standpunkt nicht immer uneingeschränkt teilen. Wir sind nicht unmittelbar beteiligt, und deshalb ist es für uns manchmal viel leichter – und manchmal auch viel verlockender – Vorschlägen unsere Unterstützung zu geben, die sicher plausibel sind, die aber den Nachteil haben, daß sie der Kompliziertheit der Lage nicht entsprechen.

Wer den Grundsatz des Selbstbestimmungsrechts der Völker bejaht, der muß auch das Selbstbestimmungsrecht des palästinensischen Volkes bejahen. Aber wer den Frieden im Nahen Osten will, muß ebenso die Existenz und das Lebensrecht Israels und seinen Wunsch nach garantierten sicheren Grenzen uneingeschränkt bejahen. Es ist nachgerade tragisch, daß sich in Israel bislang nicht eine Politik durchsetzen konnte, die auch den Vorstellungen der israelischen Gewerkschaften entspricht, sondern daß sich die Falken vorerst durchgesetzt haben, die wiederum die Falken der anderen Seite ermutigen und stärken. Bei der komplizierten Lage im Nahen Osten muß man auch zwischen den Zeilen lesen lernen. So heißt es in einem Entschließungsantrag, den die oppositionelle Arbeiterpartei im israelischen Parlament, der Knesset, im Juni 1982 eingebracht hat, unter anderem: »Die Knesset stellt fest, daß das palästinensische Problem nur durch politische Verhandlungen gelöst werden kann. Diese Verhandlungen sind mit jordanischen und palästinensischen Vertretern durchzuführen, welche die Unabhängigkeit Israels anerkennen, terroristische Methoden ablehnen und Frieden wünschen.«

In diesem Vorschlag stecken immerhin beachtliche Ansätze für eine Verständigung, so die Anerkennung, daß es ein palästinensisches Problem gibt, daß dieses Problem nur politisch, also nicht militärisch – und das gilt gewiß für beide Seiten – gelöst werden kann, und daß an ihm Palästinenser beteiligt sein müssen. Zwischen dem gescheiterten Versuch Arafats, über Jordanien zu einer Lösung zu kommen, und dem Standpunkt der israelischen Arbeiterpartei ergibt sich ein gewisser Zusammenhang. Und sicher wird eine friedliche Lösung erst dann erreichbar sein, wenn alle Beteiligten und Betroffenen an einem Tisch sitzen.

Einen gewissen Lichtblick und eine Perspektive gab es, als es zu israelisch-ägyptischen Verhandlungen und schließlich zum Abschluß eines Abkommens kam. Der Generalsekretär der Histadrut, Yerucham Meshel, hielt im September 1975 vor dem DGB-Bundesausschuß eine Rede, in der er die deutschen Gewerkschaften aufforderte, ihre Möglichkeiten und ihren Einfluß einzusetzen, um zu einer Annäherung zwischen den arabischen und den israelischen Gewerkschaften beizutragen. Meshel damals: »Nun sind wir zu einem neuen Abkommen mit Ägypten gekommen. Was bedeutet das für uns? Wir haben eine Atempause. Eine Atempause von wenigstens drei Jahren, die es möglich macht, einen Ausgleich mit den Arabern zu suchen und den Konflikt mit politischen statt mit kriegerischen Methoden zu lösen. Diese Atempause verpflichtet nicht nur uns, weitere Wege zur Stärkung und zur Sicherung des Friedens zu suchen. Sie verpflichtet auch Euch als ein starkes Glied der freien internationalen Arbeiterbewegung, die diesen Frieden im Nahen Osten so nötig braucht wie wir.

Ihr könnt darauf Einfluß nehmen durch Eure eigenen Beziehungen zu den nordafrikanischen Gewerkschaften und den Organisationen im Nahen Osten, die Arbeiterbewegung in Israel und anderen Ländern einander näherzubringen. Wenn Ihr von den israelischen und arabischen Gewerkschaften fordert, miteinander Kontakte aufzunehmen, werden sie auf Euch hören. Wenn Ihr die Organisationen in Osteuropa auffordert, die Hetze gegen Israel einzustellen, wird das nicht ohne Eindruck bleiben.«

Was er von uns erwartete, drückte Meshel schließlich mit

dem Satz aus: »Es ist nicht die Sympathie allein, die wir so nötig brauchen. Wir erwarten von Euch einen aktiven Einsatz für unser gemeinsames Ziel: eine Sicherung des Lebensrechtes des Staates Israel in einer Welt des Friedens.«

Ich empfand diese Ausführungen Meshels als Aufforderung, im Rahmen unserer Möglichkeiten vor allem mit den ägyptischen Gewerkschaften Kontakte aufzunehmen. Damals gab es noch keine Anzeichen dafür, daß es im Rahmen der israelisch-ägyptischen Verständigung zu Kontakten auf gewerkschaftlicher Ebene kommen würde.

Drei Jahre später, im Winter 1978, besuchte ich mit einer Delegation des DGB den ägyptischen Gewerkschaftsbund in Kairo. Ich führte Gespräche mit dem damaligen Ministerpräsidenten Khalil und dem Generalsekretär des Ägyptischen Gewerkschaftsbundes Saad Mohamed Achmed. Vorher, im Februar des gleichen Jahres, hatte ich bereits Gelegenheit, mit Saad Mohamed Achmed in Düsseldorf zusammenzutreffen. Dies war der Ausgangspunkt einer Verbesserung der Beziehungen zwischen deutschen und ägyptischen Gewerkschaften, die vorher praktisch nicht existent waren. Die vom DGB eingeleitete Politik wurde von einer Reihe von Einzelgewerkschaften aufgenommen, deren Vorsitzende ebenfalls in Ägypten waren.

Dies und die entsprechenden Besuche ägyptischer Gewerkschaftsvorsitzender gab uns die Möglichkeit, den Versuch zu unternehmen, zwischen den israelischen und ägyptischen Gewerkschaften zu vermitteln. Erleichtert wurde das dadurch, daß die Beziehungen zwischen den ägyptischen Gewerkschaften und dem Weltgewerkschaftsbund praktisch abgebrochen worden waren, was eine Folge der Sadatschen Israelpolitik war. Auch arabische Gewerkschaften hatten aufgrund dieser Politik kurzfristig die Beziehungen zu den ägyptischen Gewerkschaften abgebrochen, die sich in einer gewissen Isolation befanden, nachdem sie vorher in der Gemeinschaft der arabischen Gewerkschaften eine führende Rolle gespielt hatten. Die Bewertung der ägyptisch-israelischen Beziehungen durch die Vertreter der ägyptischen Gewerkschaften, aber auch durch die der ägyptischen Regierung waren positiv und auf eine sehr persönliche Weise beeindruckend. Niemand allerdings ließ einen Zweifel daran, daß ein ägyptisch-israelischer Separatfrieden die Probleme nicht lösen könne, sondern daß diese neuen Beziehungen nur Teilstück einer Lösung sein könnten, die den gesamten Nahen Osten erfassen und eine befriedigende Regelung für die Palästinenser beinhalten müsse.

Die Herstellung direkter Kontakte zwischen israelischen und ägyptischen Gewerkschaften gelang damals nicht, da die ägyptischen Gewerkschaften zwar grundsätzlich ein Interesse an der Entwicklung solcher Beziehungen bekundeten, andererseits aber die damalige Politik der israelischen Regierung, insbesondere in Westjordanien und Sinai, scharf kritisierten und erklärten, sie wollten erst den Fortgang des Friedensprozesses und die israelische Politik abwarten, bevor sie sich zu Beziehungen mit der Histadrut einverstanden erklärten. Ich traf den ägyptischen Gewerkschaftspräsidenten später noch einmal bei einer Begegnung, die die Friedrich-Ebert-Stiftung vermittelt hatte. Dort drückte er noch einmal seine Hoffnung aus, daß Histadrut seine Einflüsse auf die israelische Politik im Sinne einer zusätzlichen Geste Israels einsetzen würde. Wir betätigten uns also als Briefträger zwischen den israelischen und den ägyptischen Gewerkschaften.

Yerucham Meshel antwortete Ende Januar auf meinen Brief, in dem ich zu vermitteln versuchte, ohne direkt auf die Frage der Aufnahme von Beziehungen zwischen den israelischen und den ägyptischen Gewerkschaften einzugehen. Er reagierte ähnlich wie vorher bereits sein ägyptischer Kollege Saad Mohamed Achmed: Er verwies auf den Fortgang der politischen Verhandlungen, teilte aber immerhin mit, daß der Hauptvorstand der Histadrut einen Sonderausschuß eingesetzt habe, der für die Zeit nach Abschluß des Friedensabkommens Vorschläge zur Aufnahme ägyptisch-israelischer Gewerkschaftsbeziehungen ausarbeiten solle.

Erfolglos waren diese Bemühungen nicht. Im August 1979 teilte mir Yerucham Meshel mit, daß er sich mittlerweile auf Einladung des ägyptischen Gewerkschaftsvorsitzenden (der gleichzeitig auch Arbeitsminister des Landes war) zu einem dreitägigen Besuch in Ägypten aufgehalten habe. Dem Besuch folgte keine regelmäßige Entwicklung von Kontakten zwischen den beiden Organisationen, was wiederum mit der allgemeinen politischen Entwicklung im Nahen Osten und den Veränderungen in Ägypten selber zusammenhing. Doch immerhin war dies mehr als nur eine Episode in der Geschichte des Nahen Ostens. Beide Seiten waren sich wohl in ihrem Gespräch darüber klar geworden, daß eine konkrete Zusammenarbeit zwischen Israel und Ägypten auf wirtschaftspolitischem, sozialpolitischem und gewerkschaftspolitischem Sektor für beide Seiten von erheblichem Nutzen sein könne. Voraussetzung aber für die Entwicklung einer solchen Politik kann, das belegt diese Erfahrung deutlich, nur eine umfängliche Friedensregelung im Nahen Osten selber sein.

Ich kenne den jetzigen Generalsekretär der Histadrut, Yerucham Meshel, aus jahrelanger Zusammenarbeit und vielen langen Gesprächen. Ich weiß, wie sehr er den Frieden und eine gerechte Lösung wünscht. Daß er aber mit seiner ganzen Kraft dafür eintritt, daß das Recht Israels nicht gefährdet wird, das erklärt sich auch aus seiner tiefen Verbundenheit mit dem Aufbau dieses Staates (er war bereits im Jahre 1933 aus dem russischen Pinsk in das damalige Palästina emigriert). Gemeinsam mit ihm gelang es mir, die deutsch-israelischen Gewerkschaftsbeziehungen in den siebziger Jahren zu vertiefen. In den sechziger Jahren kam es zwar bereits zu Kontakten, die aber vor allem in Besuchen deutscher Gewerkschafter in Israel bestanden. Israelische Gewerkschafter in der Bundesrepublik – das war damals noch eher die Ausnahme. Die Bedeutung unserer Beziehungen kann nicht hoch genug eingeschätzt werden: Sie trugen ganz erheblich zu einer Verbesserung und Normalisierung der Beziehungen zwischen den beiden Staaten bei.

Im Jahre 1969 besuchte mit Aharon Becker zum ersten Mal ein Generalsekretär der Histadrut die Bundesrepublik. Ihm folgte dann zwei Jahre später mit Ben Aharon sein Nachfolger im Amt.

Die Gewerkschaftskontakte mit Israel waren durchaus praktischen Fragen und konkreten Problemen gewidmet: Mitbestimmungs- und sozialpolitische Themen standen im Mittelpunkt des Erfahrungsaustausches, bei dem beide Seiten voneinander lernen konnten. Gerade bei diesen Themen wurden zahlreiche gemeinsame Wurzeln zwischen der deutschen und der israelischen Arbeiterbewegung deutlich. Das Wirken des jüdischen deutschen Gewerkschafters Fritz Naphtali, der einer der Väter des Konzeptes zur Demokratisierung der Wirtschaft ist, setzt sich in beiden Ländern in der Programmatik der Gewerkschaften fort und ist ein wichtiges inneres Bindeglied zwischen der israelischen und der deutschen Gewerkschafts- und Arbeiterbewegung.

Im Jahre 1975 schlossen der DGB und Histadrut auf zentraler Ebene ein Partnerschaftsabkommen, das die Landesbezirke des Deutschen Gewerkschaftsbundes und Regionen in der Histadrut miteinander in Verbindung brachte, so daß nun eine Grundlage dafür besteht, daß die Kontakte auf mittlerer und unterer Ebene fortgesetzt werden können.

Was wir uns alle als deutsche Gewerkschafter wünschen müssen, ist, daß eine Friedensordnung im Nahen Osten es der Histadrut und der gesamten israelischen Arbeiterbewegung ermöglicht, den gesellschaftspolitischen Aufbau des Landes dort wieder aufzunehmen, wo er bei Gründung des Staates Israel begonnen wurde. Die Histadrut spielte bei der Konstruktion Israels und in der Gesellschaftspolitik eine außerordentlich wichtige Rolle. Dies wird deutlich in einer Charakterisierung, die Israels erster Regierungschef, David Ben Gurion, über die Arbeiterbewegung der Pioniertage geschrieben hat: »Die Histadrut ist keine Gewerkschaft, sie ist keine politische Partei, sie ist keine genossenschaftliche Gesellschaft und auch kein

Verein für gegenseitige Hilfe. Mit all dem befaßt sie sich zwar: mit Gewerkschaftsarbeit, mit politischer und genossenschaftlicher Tätigkeit und auch mit gegenseitiger Hilfe. Doch darüber hinaus ist sie ein Bund von Heimaterbauern, Staatsgründern, Wirtschaftserbauern, Kulturschöpfern, Gesellschaftsverbesserern. Nicht eine Mitgliedskarte, nicht die Gesetzgebung liegen diesem Bunde zugrunde, sondern er ist eine Gemeinschaft von Schicksal und Berufung auf Leben und Tod.«

Vieles von dem, was man heute an wirtschaftlichen und gesellschaftlichen Strukturen in Israel antrifft, entspricht keineswegs dem, was die Gründer Israels, die der Arbeiterbewegung entstammten, mit diesem Staat schaffen wollten. Das Rad der Sozialgeschichte kann nicht zurückgedreht werden. Aber ein Fortdauern der Spannungen und der kriegerischen Auseinandersetzungen im Nahen Osten nimmt auch der israelischen Arbeiterbewegung die Chance, aus Israel das werden zu lassen, was seine Gründer aus ihm machen wollten: ein Land mit einer Gesellschaftsordnung, die auf den Grundsätzen von Wirtschaftsdemokratie und Selbstverwaltung aufgebaut werden sollte. Manches davon besteht noch heute: die Kibbuzim-Bewegung, die Genossenschaftsbewegung, die Gemeinwirtschaft. Weiterentwickelt werden aber können diese beispielhaften Ansätze einer demokratischen Gesellschaft nur dann, wenn Frieden im Nahen Osten einzieht, die Existenz und die Grenzen Israels gesichert sind und ein Ausgleich zwischen den Interessen Israels und denen des palästinensischen Volkes stattfindet.

Als Gewerkschafter im Europaparlament

Im Herbst 1978 führten wir, Eugen Loderer, der Vorsitzende der IG Metall, Karl Hauenschild, Vorsitzender der IG Chemie, Papier, Keramik und ich ein Gespräch mit dem SPD-Vorsitzenden Willy Brandt über die bevorstehenden ersten direkten Wahlen zum Europäischen Parlament.

Willy Brandt, auf dessen Initiative dieses Gespräch zurückging, zeigte sich besorgt und fürchtete insbesondere, daß bei den Europa-Wahlen im Juni 1979 zu wenige der wahlberechtigten Bürger – und hier insbesondere der Arbeitnehmer – an den Wahlen teilnehmen würden. Eine geringe Wahlbeteiligung, so die Sorge Willy Brandts, könne sich langfristig verhängnisvoll auf die demokratische Entwicklung innerhalb der Europäischen Gemeinschaft auswirken. Ein mit nur geringer Wahlbeteiligung gewähltes Europäisches Parlament laufe Gefahr, eine so geringe Autorität zu haben, daß es auf Sicht politisch bedeutungslos sein würde. Ein Parlament aber, das weder von der Brüsseler Kommission noch von den Regierungen der Mitgliedsländer und auch nicht von den Menschen in Europa ernst genommen würde, wäre ein schlechter Start in diesen Abschnitt der europäischen Entwicklung.

Willy Brandt ließ erkennen, daß er selber diese Wahlen für sehr wichtig halte und sich deshalb entschlossen habe, trotz erheblicher Mehrbelastungen, an der Spitze der sozialdemokratischen Liste in den Wahlkampf zu ziehen. Er bat uns zu überlegen, ob wir nicht auch bereit seien, uns für eine Kandidatur zur Verfügung zu stellen. Wenn bekannte und respektierte Gewerkschaftsführer durch ihre Kandidatur zeigten, daß sie das »neue« Europa-Parlament für eine wichtige Sache hielten, dann würde das ganz zweifellos viele Arbeitnehmer überzeugen und gut für eine höhere Wahlbeteiligung sein. Es versteht sich, daß Willy Brandt dabei nicht nur die allgemeine Wahlbeteiligung, sondern auch das Wahlergebnis der SPD im Blick hatte.

Wir waren einigermaßen überrascht von diesem Vorschlag. Willy Brandt hatte uns »kalt erwischt«. Wir erbaten uns Bedenkzeit, deuteten aber an, daß wir seine Argumentation für durchaus plausibel hielten. Allerdings wiesen wir darauf hin, daß eine solche Aufgabe doch sicher viel Zeit erfordere, und wir da schon unsere eigenen Probleme hätten. Diesen Einwand wischte Willy Brandt mit der Bemerkung vom Tisch: »Macht Euch darüber keine allzu großen Sorgen. Ich kenne das Europa-Parlament in Straßburg, da reichen einige Tage im Monat völlig aus.«

Diese Zusicherung, die ja immerhin von einem alten parlamentarischen Fahrensmann kam, vermochte uns halbwegs zu beruhigen. Und tatsächlich: Das »alte« Parlament in Straßburg, das sich ja aus Delegationen der nationalen Mitgliedsparlamente zusammensetzte, verlangte eine gute Woche Anwesenheit pro Monat.

Was damals Willy Brandt nicht bedachte und was wir, parlamentarische Neulinge, die wir waren, nicht ahnen konnten – das erfuhren wir dann später: Das »neue« Parlament ist eine Knochenmühle. Das Europa-Parlament, das sei bereits an dieser Stelle vermerkt, ist keineswegs das, als was es gelegentlich in der Öffentlichkeit dargestellt wird: eine Spesenquelle erster Güte mit viel Champagner und wenig Arbeit.

Wir verabredeten mit Willy Brandt Vertraulichkeit über unsere Unterredung, denn wir wollten uns in Ruhe beraten, gemeinsam überlegen und mit Freunden und Kollegen darüber sprechen.

Mich stellte die Aufforderung Willy Brandts vor ein ernsthaftes Problem. Konnte ich als Vorsitzender des DGB auf der Liste meiner Partei kandidieren, ohne dem Gedanken der Einheitsgewerkschaft zu schaden? Sollte ich einen Grundsatz über Bord werfen, den ich in meiner Zeit als DGB-Vorsitzender immer vertreten habe? Nämlich den, daß nur in wohlbegründeten Ausnahmefällen – wie z. B. im Bereich meiner alten Gewerkschaft, der IG Bergbau und Energie, die in besonderer Weise von der staatlichen Kohlepolitik betroffen ist – Gewerkschaftsvorsitzende dem Bundestag angehören sollten. Diesen Standpunkt habe ich immer aus zwei Gründen für richtig gehalten: Einmal, weil man als Abgeordneter an mehr gebunden ist als an die Politik eines Verbandes. In welche Konflikte man dabei kommen kann, zeigt z. B. die Abstimmung im Deutschen Bundestag über das sogenannte Mitbestimmungsgesetz von 1976. Der DGB hat dieses Gesetz heftig kritisiert. Für uns war und ist es ein stark freidemokratisch beeinflußter »Mitbestimmungsverschnitt«, der auf absehbare Zeit genau das festschreibt, was wir immer überwinden wollten: das Übergewicht der Kapitalseite. Damals haben sich sozialdemokratische Gewerkschafter der Koalitionsdisziplin gebeugt und waren anschließend in der bitteren Lage, ihren Kollegen in den Gewerkschaften dieses Gesetz als »einen Schritt in die richtige Richtung« anpreisen zu müssen.

Und ein weiterer Grund für meine reservierte Haltung war schließlich die Furcht davor, daß parteipolitisch bestimmte Kontroversen die Einheitsgewerkschaft, die ja von der Zusammenarbeit verschiedener Gruppen lebt, belasten könnten.

In der Vergangenheit war ich selber einige Male von meiner Partei aufgefordert worden, für den Bundestag zu kandidieren. Dies hatte ich immer abgelehnt. Durchaus nicht zur hellen Freude meiner Parteifreunde, die auch später so manches kritische und harte Wort meinerseits gegen bestimmte Entscheidungen der sozial-liberalen Koalition mit Unwillen zur Kenntnis nahmen. Aber mein Verhältnis zu meiner Partei war so, wie es sich für einen Gewerkschaftsvorsitzenden gehört: unabhängig, kritisch, aber durchaus solidarisch. Und wer die Diskussion im Gewerkschaftsrat der SPD kennt, der weiß, daß dieses Gremium keineswegs, wie manche Außenstehende vermuten, eine Befehlsausgabestelle an die Adresse der Gewerkschaften ist.

Kurz: Vor diesem Hintergrund waren die Schwierigkeiten klar, die ich selber hatte, den Vorschlag Willy Brandts anzunehmen.

Auf der anderen Seite aber war ich immer auf besonders enge Weise dem Ziel der europäischen Einheit verbunden gewesen, und ich wußte nur zu gut, daß ohne ein selbstbewußtes handlungsfähiges Parlament Europa nicht in Bewegung gesetzt werden kann. Als junger Gewerkschaftssekretär hatte ich Gelegenheit, im beratenden Ausschuß der Europäischen Gemeinschaft für Kohle und Stahl die Anfänge der europäischen Entwicklung mitzuerleben. Und als junger Mann hatte es mich besonders beeindruckt, wie schnell unser Land, das in diesem Jahrhundert Europa in zwei Weltkriege geführt hatte, von der Gemeinschaft Europas aufgenommen wurde.

Heute wird bei allem verständlichen Unmut über die Kompliziertheit und Widersprüchlichkeit des europäischen Integrationsprozesses nur zu leicht vergessen, daß die westeuropäische Einigung auch ein entscheidendes Stück Friedenspolitik ist.

Die Gewerkschaften haben nach dem Kriege übrigens mit sehr viel weniger Vorbehalten dem Beitritt der Bundesrepublik Deutschland in die damals noch auf sechs Länder begrenzte Europäische Wirtschaftsgemeinschaft zugestimmt als z. B. meine Partei, die vor allem das Ziel der Wiederherstellung der deutschen Einheit durch eine zu starke Einbindung in die westeuropäische Gemeinschaft gefährdet sah. Natürlich waren für uns Gewerkschafter auch wirtschafts- und beschäftigungspolitische Gründe maßgebend: Wir sahen keine bessere Möglichkeit, den Wiederaufbau Westdeutschlands, wirtschaftlichen Aufschwung und Beschäftigung zu sichern, als im Rahmen einer Europäischen Wirtschaftsgemeinschaft.

Der DGB, das war nur folgerichtig, betrieb von Anfang an eine eigene Europapolitik. Für mich selber war der Aufbau des Europäischen Gewerkschaftsbundes, dessen Präsident ich über viele Jahre war, das eigentlich wichtigste Kapitel der internationalen Gewerkschaftspolitik. Das Europäische Parlament allerdings spielte in der gewerkschaftlichen Politik früher kaum eine Rolle. Dieses Parlament machte wenig von sich reden. Es hatte kaum Gewicht innerhalb der Entscheidungsstruktur der Gemeinschaft. Wir hielten uns lieber an die EG-Kommission oder an unsere eigene Regierung, wenn wir Einfluß nehmen wollten.

Nun, im Herbst 1978, standen wir vor einer veränderten Lage. Zum ersten Mal sollten alle wahlberechtigten Bürger der Mitgliedsländer der Gemeinschaft das Parlament direkt wählen. Das war auch für uns Gewerkschafter ein Einschnitt von historischer Bedeutung in die europäische Entwicklung. Die führenden Funktionäre der Gewerkschaften der EG-Länder gehörten fast ohne Ausnahme noch der Generation an, die in den fünfziger Jahren die Schlagbäume an den innereuropäischen Grenzen voller Enthusiasmus niedergerissen hatten. Nebenbei bemerkt: Heute gibt es zwar immer noch Grenzkontrollen, aber nicht mehr die guten alten Schlagbäume. Wenn heute Europa-Parlamentarier zu Demonstrationszwecken in Kehl oder bei Aachen einen Schlagbaum niederreißen wollen, dann müssen sie denselben schon diskret angesägt mitführen.

Zurück zu den Wahlen: Ich hörte mich damals in den Nachbarländern um und stellte fest, daß überall führende Gewerkschafter überlegten, sich für das neue Parlament zur Verfügung zu stellen. So in Italien der alte Generalsekretär der CISL, Luigi Macario, für die Liste der christlichen Demokraten, die CGIL-Vorstandsmitglieder Mario Dido (für die Sozialisten) und Aldo Bonaccini (für die Kommunisten). Auch Fabrizia Baduel-Glorioso, die ehemalige Präsidentin des Brüsseler Wirtschafts- und Sozialausschusses und ehemaliges Vorstandsmitglied der CISL, stellte sich zur Verfügung: zur großen Verblüffung ihrer Gewerkschaftsfreunde als Parteilose für die Liste der

Kommunistischen Partei Italiens. In Frankreich schließlich stellte sich mit Jacques Moreau ein Vorstandsmitglied der sozialistischen CFDT zur Wahl.

Und bei uns wurde schließlich bekannt, daß der stellvertretende Vorsitzende der Gewerkschaft ÖTV, Karl-Heinz Hoffmann, ebenso wie mein alter Kollege Rudi Nickels, Vorstandsmitglied der IG Bergbau und Energie, bereit waren, auf die Liste der CDU zu gehen. Es war offensichtlich, daß Willy Brandt mit seinen Überlegungen nicht alleine stand. Eugen Loderer, Karl Hauenschild und ich erklärten schließlich nach langem Überlegen unsere Bereitschaft zur Kandidatur. Wir machten dabei von Anfang an klar, daß es uns vor allem auf zweierlei ankam: die Mobilisierung möglichst breiter Schichten für die Europa-Wahlen und den anschließenden Aufbau einer informellen Zusammenarbeit der Gewerkschafter aller Fraktionen im neuen Parlament.

Wir wußten, daß besonders bei den Arbeitnehmern die Politik der Europäischen Gemeinschaft häufig auf Unverständnis stieß. Europa – das waren Berge von Papier, Berge von Bürokraten, von Äpfeln und von Birnen, von Butter und von Rindfleisch. Und schließlich machte auch noch das unbedachte Wort von der Bundesrepublik als dem »Zahlmeister Europas« die Runde. Dieses Wort, dessen Urheber zweifelsfrei wohl nicht auszumachen ist, obwohl einige den Autor in Helmut Schmidt vermuten, hat sich tief in das Kleinhirn der Deutschen eingefressen.

Die politisch-psychologische Vorbereitung für die ersten Direktwahlen war denkbar schlecht. Die zahlreichen Europa-Organisationen schmorten seit Jahren im eigenen Saft und erreichten bestenfalls die Honoratioren, nie aber die breiten Schichten. Die Parteien selbst gingen ziemlich lustlos an die Vorbereitung dieser Wahlen – galt es doch, den Blick auf das Bundestagswahljahr 1980 zu richten und konnte man doch bei sparsamer Haushaltsführung im Europa-Wahlkampf ein paar Mark für den teureren Bundestagswahlkampf im nächsten Jahr auf die Seite legen. Es stand also nicht sonderlich gut um die ersten Direktwahlen. Aber gerade das und schließlich auch viele Ermunterungen durch Freunde und Kollegen überzeugten mich davon, daß ich meine Bedenken beiseite stellen mußte.

Innenpolitisch führte unsere Kandidatur zu einer Kontroverse. Die CDU-Spitze reagierte, besonders natürlich während des Wahlkampfes, sehr polemisch und warf uns vor, dem Gedanken der Einheitsgewerkschaft Schaden zuzufügen. Das sollte natürlich insbesondere mich als DGB-Vorsitzenden treffen. Sicher war das Wahlkampf-Getöse, aber es berührte mich doch, denn es wäre nicht gut gewesen, wenn es etwa durch Einflußnahme von außen zu innergewerkschaftlichen Auseinandersetzungen um unsere Kandidatur gekommen wäre. Besonders pikant an den Vorwürfen der CDU-Führung, die von der Springer-Presse wie üblich untermalt wurden, war die Tatsache, daß es auf der Liste der CDU eine ganze Reihe führender Vertreter der Interessenverbände der Wirtschaft gab. So z. B. den Handwerkerpräsident Paul Schnitker oder den Hauptgeschäftsführer der Wirtschaftsvereinigung Eisen und Stahl, Dr. Herbert Köhler, um nur zwei zu nennen. Hinterher stellte sich dann heraus, daß das Europa-Parlament eine große Zahl von Industrieverbandspolitikern zu seinen Mitgliedern zählt. Sie sitzen vor allem auf den Bänken der Konservativen und der Christdemokraten. Dagegen nimmt sich die Zahl der Gewerkschafter äußerst bescheiden aus. Die geballte Macht der Wirtschaftslobby haben wir dann später zu spüren bekommen, als es im Europa-Parlament um die Rechte der Arbeitnehmer in multinationalen Gesellschaften ging.

Aber es gab nicht nur auf der Seite der CDU Diskussionen über unsere Kandidatur, sondern selbstverständlich auch in den Gewerkschaften. Meine Kandidatur wurde vom Bundesvorstand zustimmend zur Kenntnis genommen. Gleiches geschah in den Vorständen der IG Chemie, Papier, Keramik für Karl Hauenschild und der IG Metall für Eugen Loderer. Ich weiß aber, daß von manchem Funktionär die Frage gestellt wurde, ob denn der DGB-Vorsitzende genügend Zeit für ein solches Amt aufbringen könne, und ob er nicht zwangsläufig seine Aufgaben als DGB-Vorsitzender vernachlässigen müsse.

Nun habe ich von Anfang an meine Mitgliedschaft im Europäischen Parlament, das weder Regierungs- noch Oppositionsfraktionen kennt, gerade weil ich Vorsitzender des größten Gewerkschaftsbundes Westeuropas war, als eine politische Entscheidung betrachtet, die meiner Aufgabe als DGB-Vorsitzender entsprach. Diese Kandidatur und die der anderen Kollegen auf den Listen von SPD und CDU sollten für die Arbeitnehmer einen sichtbaren Anspruch auf einen eigenen gewerkschaftlichen Beitrag zur Gestaltung der Zukunft Europas unterstreichen. Darüber hinaus stellte ich im Mai 1979 mein Amt als Vorsitzender des Europäischen Gewerkschaftsbundes zur Verfügung. Des weiteren war zu berücksichtigen, daß ich die Anzahl der einem DGB-Vorsitzenden üblicherweise zufallenden Ehrenämter auf ein bescheideneres Maß bringen konnte. In solchen Ämtern, das sei an dieser Stelle erwähnt, zeigt sich natürlich auch der gesellschaftspolitische Platz, den die Gewerkschaftsbewegung in unserem Staat einnimmt. Aber dennoch war hier eine Möglichkeit für mich, zusätzlich Zeit einzusparen.

Im Wahlkampf wurde die Verträglichkeit meiner Kandidatur mit meinem Amt als DGB-Vorsitzender kaum noch angesprochen. Ich habe jedenfalls in den zahlreichen Versammlungen und Kundgebungen davon nichts verspürt.

Die SPD führte den Wahlkampf unter dem Leitmotiv »Europa der Arbeitnehmer«. Ein Wahlprogramm lag vor, das sich in seinem Schwerpunkt mit Arbeitnehmerproblemen befaßte, und das die Einführung der 35-Stunden-Woche und den Ausbau der Arbeitnehmerrechte in Europa forderte. Vor allem die Forderung nach Einführung der 35-Stunden-Woche wurde nicht so ganz ernst genommen. Wie konnte man, so lautete ein Einwand, für Europa die 35-Stunden-Woche fordern, wenn man sie noch nicht einmal im eigenen Land durchsetzen konnte. War das nicht blanke Wahlkampfrhetorik und Verdummung der Arbeitnehmer? Damals war, auch in maßgebenden Kreisen der Bundesregierung, die Überzeugung weit verbreitet, man könne wohl doch noch mit einem wirtschaftlichen Aufschwung rechnen und müsse alles unterlassen, was die Unternehmer von den dazu notwendigen Investitionen abhalten könnte. Arbeitszeitverkürzung, und dann noch gleich auf 35 Stunden, paßte vielen nicht in die wirtschaftspolitische Landschaft. Auch Bundeskanzler Helmut Schmidt verhehlte nicht seine Skepsis über diese Forderung im Wahlkampfprogramm der Partei.

Überhaupt kann man nicht behaupten, daß die Parteien in der Bundesrepublik dem Europa-Wahlkampf mit besonderer Begeisterung entgegengesehen hätten. Er blieb in weiten Teilen eine Pflichtübung. Und es war natürlich auch unbekanntes Land, sowohl was die Thematik wie auch was den Wahlkampfstil anging. Wo man nicht weiter wußte, machte man oft den Fehler, dem Thema Europa mit überzogenem Optimismus zu begegnen.

Da wurden im Wahlkampf Forderungen nach einer europäischen Verfassung erhoben. Da wurde der europäische Paß versprochen. Da wurden dem Parlament umfängliche Rechte in Aussicht gestellt. Wir alle, ich kann mich da nicht ausnehmen, ließen uns von einer gewissen Euphorie anstecken, wohl auch in der Hoffnung, die ersten direkten Wahlen böten eine Chance, die Europabegeisterung der frühen fünfziger Jahre wieder zum Leben zu erwecken. Das ist uns nicht gelungen, und so war der Europa-Wahlkampf für uns alle eine wichtige Lektion.

Der Wahlkampf selbst lief ziemlich friedlich ab. Es war gar nicht so leicht, kontroverse Themen der Europa-Politik ausfindig zu machen, und so mußte man sich gelegentlich mit den üblichen Plänkeleien über Wasser halten. Anhänger und Vertreter der anderen Parteien kamen in den Wahlkampfveranstaltungen so gut wie gar nicht vor. Die Grünen, mittlerweile immerhin ein belebendes Element in der deutschen Politik, traten kaum in Erscheinung und Petra Kelly saß damals noch als wohlbestallte Beamtin des Wirtschafts- und Sozialausschusses im Herzen der europäischen Bürokratie, nämlich in Brüssel.

Die CDU setzte vor allem auf die Erbschaft Konrad Adenauers und die Rolle, die er beim Aufbau der ersten »kleineuropäischen« Lösung gespielt hatte. Darüber hinaus konnte sie sich auf einen starken Unterbau in den deutschen Europa-Organisationen verlassen, die seit langem eine Domäne der Christdemokraten und der Liberalen sind.

Wir Gewerkschafter führten einen Wahlkampf, der versuchte, sich direkt an die Arbeitnehmer zu wenden. Flugblattaktionen vor den Betrieben, Arbeitnehmerkonferenzen und Gewerkschaftsveranstaltungen, bei denen sich die gewerkschaftlichen Kandidaten aller Parteien vorstellten und miteinander diskutierten – das vor allem waren die Aktionsformen, die wir für besonders geeignet hielten.

Vor allem in den ländlichen Regionen waren die Veranstaltungen stark besucht. Aber es war nicht zu verkennen, daß das Interesse der Zuhörer oft mehr Fragen der nationalen Gewerkschaftspolitik und der Innenpolitik als europäischen Themen galt. Was an europäischen Themen auf den Tisch kam – das waren vor allem Vorbehalte, aber auch Vorurteile:

Klagen über die angeblich zu hohen Kosten für die Gemeinschaft, berechtigte Kritik an den verbraucherfeindlichen Auswüchsen der Agrarpolitik und vor allem über den Wanderzirkus Europaparlament, das ja damals noch an drei Orten, nämlich in Brüssel, Straßburg und Luxemburg, tagte. Alsbald wurde klar, daß Europa für viele Bürger eine ferne und abstrakte Maschinerie war. Das, was es an europäischen Vorteilen im praktischen Alltag mittlerweile gibt, war höchstens noch bei denen lebendig, die aufgrund ihres Lebensalters Vergleiche anstellen konnten. Die friedenspolitische Bedeutung Europas mußte in den Wahlkampfreden jedesmal wortgewaltig hervorgehoben werden, damit sie bei den Bürgern ankam.

Vielleicht war es ein Fehler, daß alle Parteien versuchten, so gut es ging, den Europa-Wahlkampf von innenpolitischen Themen freizuhalten. In Wirklichkeit ist Europa-Politik immer auch Innenpolitik. Zwar gibt es zwischen den

Parteien der Bundesrepublik, mit Ausnahme der Grünen, weitgehende Übereinstimmung über die deutsche Politik und dem Ziel der europäischen Einheit gegenüber. Solche Gemeinsamkeiten aber bis hin zum Verlust des eigenen politischen Profils zu pflegen, das kann nicht gutgehen. Kräftige und sichtbare Alternativen gehören zur Wahlkampfauseinandersetzung. Die Europapolitik kann und darf nicht von der Innenpolitik abgekoppelt werden.

Ganz dankbar war ich darüber, daß die CSU, die ja keinen Mangel an »reiz«vollen Politikern hat, auf die Idee kam, ihre Art von Europapolitik dadurch symbolisch zu unterstreichen, daß sie Dr. Otto von Habsburg-Lothringen aufbot. Mit Dr. Habsburg verbanden sich gerade für die Arbeitnehmer Vorstellungen, die in direktem Widerspruch zu einem sozial fortschrittlichen Europa standen. Dr. von Habsburg, der als politischer Schriftsteller eine beachtliche Produktion zustande brachte, hatte sich in einer seiner Schriften auch über seine ganz spezifischen Vorstellungen von parlamentarischer Demokratie geäußert. Für ihn schien es durchaus denkbar, »in Zeiten der Not« die parlamentarische Demokratie in die Pause zu schicken und an ihrer Stelle eine autoritäre Regierung zu installieren. Diese Äußerung war natürlich, und keineswegs nur für Sozialdemokraten, ein starkes Stück. Wir nahmen sie auf und machten sie, wie ich auch heute noch meine, zu Recht, zu einem Wahlkampfthema. Denn was wir nun wirklich nicht wollten, das war eine Politik, die auf die Renaissance eines k. u. k. abendländischen Europas aus war. Für diese Tendenz aber war Dr. von Habsburg, der damals wohl noch nicht Mitglied der CSU war, durchaus eine Symbolfigur. Wir alle gingen in unseren Wahlkampfreden deutlich darauf ein.

Als ich später einmal als DGB-Vorsitzender mit dem CSU-Vorsitzenden Franz-Josef Strauß zusammentraf – damals wollte ich ihn von seiner Idee abbringen, einen gegen die Einheitsgewerkschaft gerichteten CSU-Kongreß durchzuführen, was auch gelang –, ging Strauß auch auf unsere Auseinandersetzung mit Otto von Habsburg ein.

Strauß zu mir: »Gehn's, Herr Vetter, lassen's doch den Habsburg in Ruh'. Der ist doch in der Politik ein armes Hascherl.«

Nach mehr als vierjähriger Zugehörigkeit zum Europa-Parlament kann ich dieses Urteil des CSU-Vorsitzenden nicht bestätigen, denn es entspricht weder der Intelligenz noch der politischen Energie Otto von Habsburgs. Der zerbrechlich wirkende und persönlich durchaus liebenswürdige Otto von Habsburg (der sich übrigens – er besitzt die deutsche und die österreichische Staatsbürgerschaft – formell an die in der österreichischen Verfassung verankerten Abschaffung des Adels hält und im Handbuch des Europa-Parlaments als Otto Habsburg erscheint, was selbstverständlich seine Anhänger – und die hat er auch in Straßburg – nicht davon abhält, ihn mit Kaiserliche Hoheit zu titulieren) ist ein Mann des vorigen Jahrhunderts. Auch in Gewerkschaftsfragen übrigens engagierte er sich. So brachte er gemeinsam mit einem »Freund gewerkschaftlicher Freiheiten« aus der Fraktion der britischen Konservativen einen Antrag ein, in dem er sich um die Gewerkschaftsbewegung in Griechenland sorgt. Die Regierung der sozialistischen PASOK, so der Tenor des Antrags, sei dabei, die gewerkschaftlichen Freiheiten zu unterdrücken. Die griechischen Gewerkschaften werden sich über diese Schützenhilfe sicher herzlich gefreut haben.

Im Wahlkampf holte die CSU zum Gegenschlag aus. Der bayerische CSU-Politiker, Dr. Heinrich Aigner, Vorsitzender des Haushaltskontrollausschusses, nahm meine »Nazi«-Vergangenheit aufs Korn und stellte ihr den Widerstandskämpfer Otto von Habsburg gegenüber. Was ist nun wahr an der Legende, ich sei ein »alter Nazi« gewesen?

Ich war bereits recht früh in evangelischen Jugendbünden wie Bibelkreis (BK) und Christlicher Verein Junger Männer (CVJM) teils engagiert, teils sporadisch tätig. Das hat mich nicht gehindert, mit 14 Jahren im Hitlerschen Jungvolk ein durchaus aktives Mitglied zu sein. Mein Bildungsrhythmus Schule–Ausbildung–Schule hat meine Führertätigkeit im Jungvolk begünstigt, aber angesichts der Abiturprüfung auch beendet. Unmittelbar danach wurde ich Soldat.

Der NSDAP oder einer ihrer anderen Gliederungen habe ich nicht angehört, weil es sich so ergab. Eine Feststellung. Keine Wertung.

Ich habe versucht, mich in Zivilprozessen gegen diese, wie ich finde, menschlich unanständigen Diffamierungen zu wehren. Sicher war das ein Fehler, denn die deutschen Gerichte lassen es zu, daß junge Menschen, die als Halbwüchsige in die Mühlen des NS-Staates gerieten ohne weiteres als alte Nazis bezeichnet werden dürfen.

Die Wahlen im Juni 1979 waren keine Pleite, aber auch kein dicker Erfolg. Die Wahlbeteiligung lag mit 65,7 Prozent gerade an der Demarkationslinie zum Unerträglichen. Wie die damalige Wahlbeteiligung jedoch wirklich zu bewerten ist, das werden erst die nächsten Wahlen zum Europa-Parlament zeigen. Die CDU konnte einen beachtlichen Erfolg mit 49,2 Prozent verzeichnen (auf meine Partei entfielen 40,8 Prozent). Der CDU war es gelungen, ihre Stammwählerschaft zu mobilisieren, vor allem aber ihren historischen europapolitischen Bonus auszunutzen. Und sicher waren diese Wahlen auch ein Stimmungsbarometer der Innenpolitik. Was der SPD bei den Bundestagswahlen im folgenden Jahr zugute kam, schlug bei den Europa-Wahlen kaum zu Buche: die hohe Popularität von Helmut Schmidt. Aber eine Regierung galt es ja auch nicht zu wählen. Und Europa war für viele Wähler weit.

Sicher ist allerdings auch, daß vor allem die Wahlbeteiligung in der Gruppe der Arbeitnehmer noch niedriger ausgefallen wäre, wenn sich Gewerkschafter und Gewerkschaften nicht engagiert hätten.

Eigentlich hatte ich mir vorgenommen, am Abend der Wahl einen kurzen Besuch im Konrad-Adenauer-Haus zu machen, vor allem, weil ich mich dort gemeinsam mit meinen politisch in der CDU beheimateten Gewerkschaftskollegen treffen wollte, um auch so klarzumachen, auf was wir mit unserer Kandidatur hinauswollten. Das machte mir nun eine Erklärung des CDU-Vorsitzenden Helmut Kohl unmöglich, die vom Fernsehen ausgestrahlt wurde und die ich in der Zentrale meiner Partei, im Erich-Ollen-hauer-Haus, mitbekam. Kohl kartete noch einmal auf eine nicht sehr feine Weise nach, was die Kandidatur der Ge-werkschafter – und zwar derjenigen auf der Liste der SPD – anging.

Die Wahlergebnisse in den anderen Ländern waren teil-weise für die Sozialdemokraten erheblich schlechter als in der Bundesrepublik: In England gab es einen Erdrutsch zugunsten der Konservativen. Die englischen Mitte-Wäh-ler zahlten der Labour Party ihre Anti-EG-Politik heim. Und viele Stammwähler von Labour blieben zu Hause, weil sie nicht so recht einsehen konnten, was Labour-Ab-geordnete, die gegen Europa und das Europa-Parlament eingestellt waren, eigentlich in Straßburg bewirken sollten. In Frankreich gab es zwar einen guten Erfolg der Rechten, aber damals schon war ein innenpolitischer Stimmungs-umschwung absehbar. Jedenfalls zahlte sich der Schach-zug des damaligen französischen Staatspräsidenten Gis-card d'Estaing aus, die in weiten Kreisen der Bevölkerung sehr populäre Simone Veil aufzustellen. Die Arbeitstei-lung auf der Rechten in Frankreich war dabei beachtlich: Die einen zogen mit Simone Veil den europafreundlichen Teil der Mitte-Wähler an, während die anderen mit dem Pariser Bürgermeister Chirac die europa-skeptischen gaul-listischen Wähler an die Urnen brachten. Dagegen hatte es die Sozialistische Partei Frankreichs schwer, obwohl sie mit François Mitterrand, Pierre Mauroy und Jacques De-lors drei hochkarätige Persönlichkeiten in den Wahlkampf schickte. Die Wahlbeteiligung war relativ niedrig und viele Arbeiter, die die Europäische Gemeinschaft für kapitali-stisches Teufelszeug und eine unmittelbare Bedrohung für die Arbeitsplätze hielten, wählten die Kommunistische Partei Frankreichs, die mit ihrem Generalsekretär Georges Marchais dabei war.

Sehr hoch waren die Wahlbeteiligungen in den Benelux-

Ländern, die sich wieder einmal als europäische Hochburgen erwiesen. Dies galt auch für Italien, wobei in diesem Land allerdings die offizielle Wahlpflicht ein weiteres tat. Die uneinheitliche Wahlbeteiligung in den Mitgliedsländern war immer auch Ausdruck unterschiedlicher Einstellung zur Europäischen Gemeinschaft.

In der Bundesrepublik schwingt bei vielen Bürgern das Gefühl mit, die Deutschen seien nur zum Zahlen da, ein unbedachtes und nicht zu rechtfertigendes Argument, denn nicht zuletzt wir sind es, die wirtschaftlich und politisch am stärksten von der Gemeinschaft profitiert haben; in Frankreich fürchten sich viele Bürger davor, die Europäische Gemeinschaft könne dem Land die liebgewordenen Insignien der »Grande Nation« abnehmen. Dieser Vorbehalt gegen Europa findet sich nicht nur auf der Rechten. Er wird auch von manchen Sozialisten und insbesondere von den französischen Kommunisten geteilt. So warf mir der damalige Generalsekretär des kommunistisch orientierten französischen Gewerkschaftsbundes CGT, Georges Séguy, in einem Streit, der in der Tageszeitung Le Monde abgedruckt wurde, einen Hang zur »Supranationalität« vor. Wir deutschen Gewerkschafter bedrohten, so Séguy, durch unsere Europapolitik die Unabhängigkeit der nationalen Gewerkschaftsbewegung. Hintergrund dieses Angriffes war die Forderung des Europäischen Gewerkschaftsbundes an die CGT, sie müsse sich eindeutig zur europäischen Integration und zur Rolle des EGB in diesem Prozeß bekennen. An anderer Stelle bin ich bereits auf die Auseinandersetzung mit der CGT eingegangen.

In Großbritannien gab es Schwierigkeiten besonderer Art. Das Vereinigte Königreich war erst später der Gemeinschaft beigetreten, unter anderem auch deshalb, weil es sich nur schwer aus seinen imperialen und insularen Traditionen lösen konnte. Zwar erbrachten die langwierigen Beitragsverhandlungen durchaus vernünftige Kompromisse, aber der Zuschnitt der Gemeinschaft, so wie er von den Gründungsländern festgelegt worden war, entsprach nicht unbedingt den britischen Gegebenheiten. Das Übergewicht der Agrarpolitik und die sich daraus ergebenden finanziellen Konsequenzen entsprachen nur teilweise den Interessen Englands, das eine hochmechanisierte Landwirtschaft mit einer geringeren volkswirtschaftlichen Bedeutung hat als andere EG-Länder und deshalb weniger von den Segnungen der europäischen Agrarpolitik profitiert. Hinzu kommen gewachsene Lieferbeziehungen zu Agrarproduzenten im britischen Commonwealth, z. B. zu Neuseeland. Heute noch leidet die Gemeinschaft unter diesem Nachgeburtsfehler, vor allem immer dann, wenn der englische Premier die anderen Regierungschefs mit der Formel nervt: »I want my money back.« Der Anschluß Englands an den Gemeinsamen Markt verteuerte die Nahrungsmittelpreise nicht unerheblich und das wiegt schwer in einem Land, in dem die Arbeiterschaft unter hoher Arbeitslosigkeit und verhältnismäßig niedrigen Löhnen leidet. Insofern ist es gerechtfertigt, wenn die Engländer auf eine Reform der gemeinsamen Agrarpolitik drängen, die natürlich auch aus anderen Gründen längst überfällig ist.

Änderungen an der Politik der Gemeinschaft kann man nur dann durchsetzen, wenn man sich an der Arbeit ihrer Institutionen aktiv beteiligt. Teile der britischen Sozialisten in unserer Fraktion hatten da anfangs so ihre Schwierigkeiten. Aber möglicherweise steht ja eine Veränderung der Politik der Labour Party gegenüber Europa in Aussicht: Die letzten Wahlen zum britischen Unterhaus waren sicherlich auch eine Quittung der Wähler für die europafeindliche Politik der Arbeiterpartei. Mich überraschte die Haltung vieler Labour-Mitglieder im Europa-Parlament wegen ihrer Schärfe, hatte ich doch das gute Beispiel des britischen TUC in Erinnerung, der im Europäischen Gewerkschaftsbund nach und nach seine anfängliche Zurückhaltung der Gemeinschaft gegenüber aufgab und sowohl im Europäischen Gewerkschaftsbund und dessen Ausschüssen wie auch im Brüsseler Wirtschafts- und Sozialausschuß aktiv und konstruktiv mitarbeitete. Aber offensichtlich setzt sich bei Gewerkschaftern praktische Vernunft schneller durch als bei Parteipolitikern.

Alles in allem gingen wir mit Zuversicht und Hoffnung in die erste Sitzungsperiode des direkt gewählten Parlaments. Es war vor allem die gewichtige politische Zusammensetzung, die uns zeigte, welche Bedeutung die verschiedenen politischen Tendenzen und Parteien diesem Parlament und damit auch der Entwicklung der Gemeinschaft beimaßen.

Bösartige Kommentatoren, die sich bereits im Wahlkampf bemerkbar machten, sprachen allerdings von einem »Rentner- und Versorgungsparlament«. Diese Kritiker dürfen sich nicht wundern, wenn man ihnen ein getrübtes Wahrnehmungsvermögen bescheinigt. Das erste direkt gewählte Europäische Parlament repräsentierte eine gute Mischung aus Erfahrung und Jugend. Gerade auch in den Reihen der deutschen Abgeordneten gibt es eine ganze Reihe von klugen, engagierten und kompetenten jungen Politikern, die für die europäische Zukunft hoffen lassen. Sie kommen hier nicht nur zu Wort, sondern sie lassen sich auch nicht von der etablierten Klasse der nationalen Politiker, die gelegentlich Neigung verspüren, das Europäische Parlament gering zu schätzen, »die Butter vom Brot nehmen«. Vor allem überraschte die Vielzahl der Frauen, die mittlerweile Schlüsselstellungen in der Arbeit dieses Parlamentes besetzt halten. Ergänzt wird das durch so bedeutende und erfahrene Männer wie den ehemaligen Kommissar Altiero Spinelli, den leider mittlerweile verstorbenen Rechtspolitiker aus Italien, Guido Gonella. Auch Männer wie die ehemaligen Ministerpräsidenten Heinz Kühn und Alfons Goppel wie auch die große alte Dame der britischen Arbeiterpartei, Barbara Castle – das alles sind für die Arbeit des Parlamentes, in dem im übrigen »mittelalterliche« und junge Abgeordnete überwiegen, unverzichtbare Ankerplätze.

Besonders groß war der Anteil führender nationaler Politiker: für Frankreich Pierre Mauroy, Jacques Chirac, Jean Lecanuet und Georges Marchais; für Italien Bettino Craxi und Enrico Berlinguer; für Belgien Leo Tindemans und für die Bundesrepublik Deutschland Willy Brandt. Von

Anfang an war jedem klar, daß diese Männer neben ihren Verpflichtungen im Europaparlament zahlreiche andere nationale und internationale Aufgaben wahrzunehmen hatten. Und mancher von ihnen konnte so nur sporadischer Gast im Parlament sein und nicht regelmäßig an den parlamentarischen Arbeiten teilnehmen. Doch politisch war es von großem Vorteil, daß sie sich dem ersten Parlament zur Verfügung stellten. Wurde damit doch der Wille der europäischen Parteien sichtbar, das Europaparlament von der Hinterbank auf einen der vorderen Plätze der europäischen Politik zu befördern. Und schließlich ergeben sich aus der nun erfolgten Festlegung, daß das Europäische Parlament direkt gewählt werden muß, auch politische Handlungszwänge für die Parteien. Sie werden sich daran gewöhnen müssen, daß jede Europawahl ein wichtiges politisches Kräftemessen ist, und sie werden allein schon deshalb ihren Einsatz für das Europäische Parlament verstärken.

Die feierliche Eröffnungssitzung zeigte bereits, daß das neue Parlament weit über Europa hinaus mit beachtlicher Aufmerksamkeit rechnen konnte. In aller Welt wurde über die Eröffnung berichtet, und in der Folgezeit entwickelten sich Kontakte zu Parlamenten und parlamentarischen Versammlungen außerhalb der Gemeinschaft. Nicht zuletzt die Länder der Dritten Welt verbanden mit diesem Parlament die Erwartung verbesserter Beziehungen zur Europäischen Gemeinschaft. Das Parlament nutzt bis heute die Chance, die sich aus den internationalen politischen Verbindungen der in ihm vertretenen Kräfte ergeben. Das hat zu einer erheblichen Politisierung in der Gemeinschaft beigetragen. Die Ebene politischer Gespräche, die das Parlament bietet, und für das es nicht gerade unbedeutende Persönlichkeiten der europäischen Politik zur Verfügung stellen kann, hat der Gemeinschaft eine zusätzliche Dimension eröffnet.

Das Europaparlament ist so in zweierlei Hinsicht zu einer Art Kummerkasten geworden: für die Bürger, denen das vormals eher abstrakte Europa nun in der lebendigen Gestalt von Abgeordneten entgegentritt, und für die Völker und politischen Bewegungen außerhalb der Gemeinschaft, die immer damit rechnen können, daß sich Abgeordnete, Fraktionen oder das ganze Haus ihrer Sorgen annehmen. So hat sich das Parlament z. B. mit den Problemen von Krieg und Frieden im Nahen Osten befaßt und dabei mit bemerkenswerter Einmütigkeit eine vermittelnde Haltung eingenommen, in der sowohl das Existenzrecht Israels wie auch das Heimatrecht der Palästinenser bejaht werden. Sicher ist das Europäische Parlament keine politische Großmacht, aber es kann eine Vielzahl von Einwirkungsmöglichkeiten einsetzen und so zu einer positiven Entwicklung in der Welt, aber auch zu einer Verbesserung des Ansehens der Gemeinschaft in der Welt beitragen.

In der konstituierenden Sitzung kam es zu einem kleinen Zwischenfall, der allen zeigte, daß dieses Parlament in seinem Marschgepäck gleich ein ganzes Paket wichtiger und vermeintlich wichtiger nationaler Probleme mitzuschleppen hat: Der einzige Vertreter der nordirischen Ulster-Partei, der nicht nur streitbare und nicht nur wortgewaltige, sondern auch äußerst militante Sektenprediger und Parteiführer Ian Paisley, verwies mit dröhnender Stimme auf einen, wie er fand, unglaublichen Skandal. Der Union-Jack, die britische Flagge, so der Protestant aus Ulster, sei falsch herum aufgehängt und das könne er als britischer Patriot nicht hinnehmen. Verblüffung und Gelächter mischten sich. Vor allem aber herrschte Ratlosigkeit vor. Unsereins, mit britischen Gepflogenheiten kaum vertrauter Festlandseuropäer, konnte beim besten Willen und auch bei genauester Beobachtung nicht feststellen, wo der Unterschied zwischen oben und unten und links und rechts bei der britischen Flagge festzumachen ist.

Ein weiterer Abgeordneter, dem schon ein entsprechender Ruf aus seinem Heimatland vorauseilte, sollte sich als die personifizierte Unruhe erweisen: der Vorsitzende der kleinen Radikalen Partei Italiens, Marco Pannella. Diese Partei vertritt eine radikal-demokratische Tendenz, die immer mit einer kleinen, aber festen Anhängerschaft rechnen kann und die sich mit ungewöhnlichen parlamentarischen Praktiken Gehör verschafft. Pannella, ein intelligenter, oft sehr origineller, manchmal aber auch sehr nervtötender Politiker mit beträchtlichem schauspielerischem Talent, ließ keine Sitzung vergehen, in der er sich nicht zugleich zur Geschäftsordnung meldete. So machte er zwar von sich reden, behinderte andererseits jedoch die Arbeit des Parlamentes erheblich. Höchstform erreicht der Abgeordnete Pannella immer dann, wenn entweder das Fernsehen im Saale ist oder er sich mit dem Vorsitzenden der italienischen Neo-Faschisten, Giorgio Almirante, eine weitere italienische Besonderheit, auseinandersetzen kann.

Für die kleinen Gruppen und unabhängigen Abgeordneten, die es in diesem Parlament gibt (zu denen auch die Tochter des ehemaligen belgischen Außenministers Antoinette Spaak zählt, die für die französischsprechenden Belgier im Parlament sitzt), ergaben sich in der Tat Schwierigkeiten aus der alten Geschäftsordnung. Diese Geschäftsordnung sah kleine Gruppierungen und Mini-Fraktionen de facto nicht vor. Wäre sie unverändert bestehen geblieben, dann hätte es schlecht um die Unabhängigen und die Einzelkämpfer ausgesehen. Sie hätten ihrer Aufgabe als Abgeordnete nur schwer gerecht werden können. Zum Ärger der großen Mehrheit des Parlaments produzierten die italienischen Radikalen Tausende von Abänderungsanträgen, und zwar strikt nach der geltenden Geschäftsordnung. Eine Behandlung dieser Änderungsanträge hätte uns auf unabsehbare Zeit beschäftigt und uns von unseren eigentlichen Aufgaben abgehalten.

So wurde nach langem Hin und Her eine Geschäftsordnung verabschiedet, die den Ansprüchen der Minderheit gerecht wurde und die Arbeitsfähigkeit des Parlamentes sicherte.

Für mich war die Arbeit in einem Parlament etwas, das ich aus eigener Anschauung nicht kannte, das ich noch erlernen mußte. Vertraut war mir allerdings der Zwang zum Kompromiß – nicht nur in der Sache, sondern auch im Stil, der sich immer dann ergibt, wenn Menschen aus verschiedenen Ländern, mit unterschiedlichen Traditionen, unterschiedlichen Temperamenten miteinander arbeiten müssen. Das war im Europäischen Gewerkschaftsbund nicht anders. Im EGB ergaben sich Kompromisse oftmals erst nach sehr langen, geduldig geführten Debatten, und in kritischen Situationen war ein Vorsitzender immer gut beraten, wenn er mit der langen Leine arbeitete.

In der Sozialistischen Fraktion kamen Männer und Frauen zusammen, die mit oft erheblich voneinander abweichenden Erwartungen in dieses Parlament eingezogen waren: Da saßen Europa-Skeptiker wie der Theoretiker des linken Flügels der Sozialistischen Partei Frankreichs, Didier Motchane, abgeklärte und erfahrene europäische »Schlachtrösser« wie der allseits geschätzte und gefürchtete Vorsitzende des Haushaltsausschusses, der Essener Erwin Lange.

Da saßen Anhänger des unverblümten Begegnungsstils, wie der ehemalige Frankfurter Oberbürgermeister Rudi Arndt (vor den Wahlen noch hatte der Hesse in einem Interview wissen lassen, was er von dem ewigen Händeschütteln halte: »Du pumpst und pumpst, und es kommt doch kein Öl«). Da fand sich neben dem stillen und etwas bärbeißigen ehemaligen Generaldirektor des Prager Fernsehens und mittlerweile naturalisierten Italiener Jiri Pelikan der weltläufige und kontaktfreudige Niederländer Pieter Dankert, der später zur Überraschung aller als Nachfolger der Französin Simone Veil zum Präsidenten des Parlaments gewählt wurde.

Die Führung einer solchen Fraktion war sicherlich kein Zuckerschlecken. Der harte Kern der englischen Labour Party versuchte gleich, die Geschlossenheit der Fraktion in Frage zu stellen. Unser Fraktionsvorsitzender, der ehemalige belgische Arbeitsminister, Ernest Glinne, der gegen den Deutschen Ludwig Fellermaier gewählt worden war, arbeitete mit sehr viel Toleranz, und das erbrachte nicht in jedem Fall die gewünschte Effizienz. Ellenlange Diskussionen, auch über Zweitrangiges, hartnäckiges »Abweichlertum«, viel Vielfalt und wenig Geschlossenheit: das waren die ersten Eindrücke von der Fraktionsarbeit. Wundern konnte uns das nicht, dazu waren auch die Situationen, in denen sich die einzelnen sozialistischen Parteien befanden, zu verschieden.

Vieles änderte sich im Laufe der Zeit. Die französischen Sozialisten, bis 1981 noch Opposition, ließen schon das eine oder andere Mal Geringschätzung über den Pragmatismus der Deutschen durchblicken. Das ist mittlerweile anders geworden: Die französischen Sozialisten müssen sich nun als Regierungspartei mit dem sozialdemokratischen Alltag auseinandersetzen; die Deutschen sind nun Opposition und können durchaus ihren gelegentlichen Unmut über die französische Regierung äußern. Zum Beispiel darüber, daß sich auch unter der Linksregierung die Praxis der Franzosen nicht geändert hat, ihre Abgeordneten im Europäischen Parlament mit Hinweisen und »Empfehlungen« zu versorgen, und sie damit in den Rang von Abgesandten zu versetzen. Für manchen französischen Politiker ist schon die Bezeichnung europäisches »Parlament« eine unzulässige Übertreibung, gibt es doch in Frankreich »nur« eine Nationalversammlung. Selbst in den Kommuniqués der Europäischen Staats- und Regierungschefs ist dieser kleine Dissens auszumachen. Wenn vom EP die Rede ist, dann wird häufig abwechselnd das Wort Europäisches Parlament und Europäische Versammlung verwandt. Kleinlicher protokollarischer Europa-Alltag.

Neue Bewegung in der mittlerweile halbwegs konsolidierten Fraktion gab es, als in Folge des griechischen Beitritts die Abgeordneten der PASOK ihren Einzug hielten. Die PASOK galt als Gegner des griechischen EG-Beitritts.

Das legte sich aber bald, denn mit dem Sieg der PASOK bei den griechischen Parlamentswahlen kehrte eine gewisse Ernüchterung ein. Es war erstaunlich, wie schnell die griechischen Abgeordneten, deren Einzug in die Sozialistische Fraktion ja nicht von allen ohne Sorge betrachtet wurde, sich in die Sozialistische Fraktion einfügten. Mir war das von Anfang an klar, denn ich kannte den jetzigen griechischen Ministerpräsident Papandreou noch aus der »Obristen-Zeit«. Als er seinen Antrittsbesuch als neugewählter Ministerpräsident in Bonn machte, bat er mich um ein Gespräch über die griechische Gewerkschaftsfrage. Im Bund der griechischen Gewerkschaften (GSEE) war es zu einem Machtkampf zwischen der Linken und den eher konservativen Kräften gekommen. Der Einfluß der Sozialisten in der GSEE war zuvor recht gering, und die Führung des Bundes orientierte sich eher auf die konservativen Parteien in Griechenland. Nun wollte Papandreou ein neues Gewerkschaftsgesetz durchsetzen.

Uns allen war seit langem klar, daß eine Reform der griechischen Gewerkschaftsgesetzgebung überfällig war. Die Mehrheit der Führung der GSEE wollte ihre Machtposition dadurch sichern, daß sie kurz vor den griechischen Parlamentswahlen, bei denen allgemein ein Sieg der PASOK erwartet wurde, einen außerordentlichen Kongreß zu den »alten Bedingungen« durchführte und den alten Vorstand bestätigen ließ. Dieser Kongreß wurde dann von Gerichten für nichtig erklärt, und die frisch bestätigte alte Führung wurde abgesetzt. Ein kommissarischer Vorstand mit betontem PASOK-Einfluß wurde installiert. Wir hatten uns über den Europäischen Gewerkschaftsbund zwar nicht in die inneren Verhältnisse der griechischen Gewerkschaftsbewegung einzumischen, aber wir konnten natürlich nicht widerspruchslos hinnehmen, daß per Gerichtsbeschluß ein Gewerkschaftsvorstand abgesetzt wurde. Wir waren also gezwungen, zunächst einmal die Mitgliedschaft der GSEE im EGB zu suspendieren. Das änderte nichts daran, daß wir dem Ziel nach die Gewerkschaftsreformgesetze der neuen griechischen Regierung positiv beurteilten. Vor allem hielten wir die staatliche Finanzierung der Arbeit von GSEE für eigentlich unerträglich. Daraus ergab sich ein Mangel an Unabhängigkeit, der auch für uns als Außenstehende zu spüren war. Leider gab es auch noch Erinnerungen an die Diktaturzeit, die auf eine gewisse Zusammenarbeit zwischen Teilen der GSEE und der Junta hinwiesen. Das also war der Hintergrund meines Gespräches mit dem griechischen Ministerpräsidenten.

Mittlerweile ist ein neues Gesetz verabschiedet worden, das die gewerkschaftliche Arbeit in Griechenland, was Finanzierung, innere Demokratie und Autonomie angeht, auf »mitteleuropäische« Grundlagen stellt. Allerdings konnte es sich die griechische Regierung nicht verkneifen, die Gelegenheit dieses Gesetzes dazu zu nutzen, die gewerkschaftliche Arbeit mit einigen Einschränkungen zu versehen, die zu Recht den Widerstand vieler Gewerkschaften hervorgerufen haben.

Ich hatte Papandreou als einen Mann in Erinnerung, der mit hoher Intelligenz, großer, aber keineswegs opportunistischer Anpassungsfähigkeit Auswege auch aus schwierigen Lagen fand. Die Politik dieses Mannes prägte natürlich auch die Haltung seiner politischen Freunde in der Sozialistischen Fraktion des Europäischen Parlamentes.

Ein großes Hindernis für die Arbeit im Parlament ist natürlich die Vielsprachigkeit und der Zwang, sich auch bei einfachen Gesprächen eines Dolmetschers bedienen zu müssen. Die Anhänger der Esperanto-Bewegung erkannten diese »Marktlücke« recht bald und mit der ihnen eigenen Hartnäckigkeit und ihrem unerschütterlichen Optimismus versuchten sie, ihre Sache an diesem Ort zu verkünden. Natürlich waren diese Bemühungen nicht von Erfolg gekrönt – aber die Anhänger der Esperanto-Bewegung konnten durchaus etwas für die weitere Verbreitung ihrer Idee tun. Praktisch jedoch half uns das nicht. Ich selber habe meine Schulkenntnisse in Englisch und Französisch weitgehend vergessen und war, wie viele andere Abgeordnete auch, auf die Hilfe von Dolmetschern angewiesen, wenn es um informelle Kontakte ging, und das sind ja nicht immer die unwichtigsten. Lösungsversuche etwa der Art, Englisch als Amtssprache durchzusetzen, müssen auf Widerstand stoßen. Vor allem bei den Franzosen, die um ihren Schlaf gebracht würden, wenn man einen solchen Versuch wagen würde. In der Tat kann man keine künstliche Lösung herbeiführen. Sprachkenntnisse als Auswahlkriterium für Abgeordnete würden recht bald das EP zu einem Parlament von Privilegierten, von Sprachwissenschaftlern und Dolmetschern werden lassen. Mit Arbeitnehmervertretern, die auch jetzt nur spärlich vorhanden sind, wäre dann im EP nicht mehr zu rechnen. Ein parlamentarischer Höhepunkt wurde erreicht, als sich Otto von Habsburg für die Rechtskonservativen und Marco Pannella für den eher undogmatischen Flügel zur Sprachlosigkeit der Dolmetscher ein kleines Wortgefecht in der europäischen Kultursprache lieferten: in Latein. Sieht man aber von den manchmal lästigen Begleiterscheinungen ab, so hat sich doch gezeigt, daß die Vielsprachigkeit (jede Landessprache ist gleichzeitig auch Amtssprache) kein unüberwindbares Hindernis ist, wenn auch trotz glänzender Übersetzungen Mißverständnisse auftreten und viel Spontaneität verloren geht. Ein so begnadeter Zwischenrufer etwa wie der ehemalige Vorsitzende der Sozialdemokratischen Bundestagsfraktion, Herbert Wehner, hätte sicher Mühe, seine teilweise unübersetzbaren sprachschöpferischen Zwischenrufe im Wortprotokoll unterbringen zu können. Eine ganze Reihe von Abgeordneten haben im Laufe der Jahre entweder ihre Sprachkenntnisse aufgebessert oder erst erworben.

Ein besonderes Handikap und ein nicht unbeträchtliches öffentliches Ärgernis war der im wahrsten Sinne des Wortes »Umstand«, daß wir in Straßburg, Luxemburg und Brüssel tagen mußten. Im Wahlkampf war eine der meistgestellten Fragen: »Wann macht ihr dem Wanderzirkus ein Ende?«

Reisen, sollte man meinen, kann ganz schön sein. Aber der Pendelverkehr zwischen drei Orten und zwischendurch zahlreiche Verpflichtungen zu Hause, das vermindert die Arbeitsfähigkeit eines Parlamentes erheblich. Und das alles nur, weil die Regierungen der Mitgliedsländer sich nicht auf einen Parlamentssitz einigen konnten. Eine einstimmige Festlegung der Regierungen wäre zur Abänderung dieses unerträglichen Zustandes erforderlich. Und da sind nicht nur die Konkurrenzen und die nationalen Beharrlichkeiten groß – hinter der Weigerung der Regierungen steckt auch die Chuzpe, das Europäische Parlament könne, befände es sich erst einmal an einem ständigen Sitz und Arbeitsort, den Regierungen noch unbequemer werden, als es ihnen ohnehin schon ist.

Über die Arbeitsbedingungen des Europäischen Parlamentes ist viel geschrieben worden. Vor allem viel Falsches und viel Ungerechtes. Da war z. B. die Rede von komfortabel ausgestatteten Büros der Abgeordneten in Straßburg.

Als es losging, mußten wir zunächst einmal in einer Art Instandbesetzung vorübergehend freigestellte Büros des Europa-Rates, der ja der eigentliche Hausherr in Straßburg ist, benutzen, in denen außer Stuhl, Tisch und Schrank nichts vorhanden war. Dabei ergab sich gelegentlich auch mal ein logistisches Problem, z. B. rechtzeitig an wichtigen Abstimmungen oder an einer Debatte teilnehmen zu können, weil die Entfernung zum Plenarsaal relativ groß war. Was uns dann später als Abgeordnetenbüro zugewiesen wurde, ist so klein, daß es mit einem Abgeordneten und einer Zigarre bereits überfüllt ist. Von Luxus kann da keine Rede sein.

Zu Beginn war der Ablauf der Plenarsitzungen zeitlich kaum berechenbar, schon gar nicht für einen parlamentarischen Youngster wie mich. Und so war es auch kein Wunder, daß man den Unwägbarkeiten leicht zum Opfer fallen konnte. So war vorgesehen, daß ich für meine Fraktion unsere Forderung nach einer europäischen Regelung der Arbeitszeitverkürzung begründen sollte. Ich nutzte die Zeit bis zum Aufruf der Debatte zu einem Gespräch mit einigen Gewerkschaftern in unserem Büroprovisorium, das ich damals mit Eugen Loderer, Karl Hauenschild, dem DGB-Landesbezirksvorsitzenden des Saarlandes, Manfred Wagner, und dem mittlerweile verstorbenen Bielefelder DGB-Kreisvorsitzenden Heinz Schmitt teilte. Auf einmal erreichte mich über die Übertragungsanlage aus dem Plenum die Mitteilung, daß ich nun zu reden hatte. Und kurz danach wurde festgestellt: Der Abgeordnete Vetter ist nicht im Plenum.

Ich griff mein Manuskript und jagte unseren Büroleiter ins Plenum, mit dem Auftrag, eine Rettungsaktion zu versuchen. Der lief deshalb ganz gegen die Vorschrift, denn der Zutritt zum Plenarsaal war nur Abgeordneten und Parlamentspersonal gestattet, ins Plenum und erklärte dem deutschen Vizepräsidenten Bruno Friedrich meine Not. Der sorgte dann für eine flexible Auslegung der Geschäftsordnung, so daß ich doch noch reden konnte.

Auch mein zweiter Anlauf verlief nicht ohne Schwierigkeiten und ging dann auch durch die deutsche Presse. Allerdings war hier nicht parlamentarische Unschuld, sondern handfeste Politik der Grund. Das alte Parlament, in dessen Kontinuität wir ja standen, hatte einen Beschluß gefaßt, der für die Gewerkschaften in Europa von großer Bedeutung war. Es ging dabei um die sogenannte 5. Richtlinie. In diesem Europäischen Rahmengesetz, das das Aktiengesellschaftsrecht der EG-Mitgliedsländer miteinander harmonisieren sollte, war auch eine Mitbestimmungsregelung vorgesehen, die für uns sehr akzeptabel war und in der ganzen Europäischen Gemeinschaft für einen beträchtlichen Fortschritt hinsichtlich der Demokratisierung der Wirtschaft gesorgt hätte. Dieses Gesetz war keinesfalls eine einfache Übernahme der deutschen Regelung, sondern ließ Gestaltungsraum auch für die Länder, die andere organisatorische Vorstellungen von der Wirtschaftsdemokratie hatten als wir. Im alten Parlament war ein bemerkenswerter Kompromiß zwischen Christdemokraten und Sozialisten gefunden worden. Dieser Kompromiß war von dem italienischen Christdemokraten Caro und dem deutschen Sozialdemokraten Schmidt erarbeitet worden. Darüber wurde in der letzten Sitzung des Parlamentes abgestimmt, allerdings bei so schwacher Besetzung, daß die notwendige Mindestzahl der Abgeordneten nicht anwesend war und so die Gegner dieses Kompromisses, nämlich die Liberalen und die Konservativen, nach der Geschäftsordnung die Beschlußunfähigkeit des Parlamentes feststellen ließen. Nun hätte das neue Parlament neu über diese bereits in den Ausschüssen ausdiskutierte Kompromißvorlage abstimmen können. Wir hatten die Hoffnung, daß die Christdemokraten den einmal vereinbarten Kompromiß achten und mit uns gemeinsam verabschieden würden.

Den Gegnern der Mitbestimmung, die auch in der neuen christdemokratischen Fraktion nach den Wahlen nicht unerheblichen Zulauf erhalten hatten, lag daran, von diesem Kompromiß wieder herunterzukommen. Und sie stellten den, wie sie meinten, beiläufigen Antrag, den Gesetzentwurf, der bereits alle Gremien des Parlamentes durchlaufen hatte, neu zur Beratung in die Ausschüsse zu überweisen. Das war ein zweckpolitischer Vorstoß gegen die guten politischen Regeln, und ich meldete mich dazu zu Wort, um eben diesen Rückschlag für uns zu verhindern.

Es präsidierte Simone Veil, eine höchst charmante, aber auch sehr, wie ich gleich merken sollte, entschiedene Frau. Sie entzog mir nach einigen Sätzen das Wort, und als ich mich dennoch diesem präsidialen Befehl nicht beugte, drehte sie mir, wie man so sagt, den Saft ab. Und wie das so ist in einem Parlament mit vielen Sprachen, ohne Übersetzung (und das geht nur über Mikrofon) kann man sich kein Gehör verschaffen. Meine weiteren Ausführungen waren für die Katz'. Angesichts der Großherzigkeit, mit der die Präsidentin vorher dem italienischen Radikalen Pannella gestattet hatte, mit Überschreitung der Redezeit die Geschäftsordnung zu strapazieren, empfand ich diesen Wortentzug doch als reichlich unliberal für eine liberale Präsidentin, zumal die Mitte-Rechts-Mehrheit mit politisch durchaus zweifelhaften Methoden gerade eine bereits durchberatene Richtlinie neu in die parlamentarische Mühle schicken wollte. Und dies mit der Begründung, neue Mehrheiten könnten alte Entscheidungen ungeschehen machen. So geschah es dann leider auch. Die 5. Richtlinie wurde verabschiedet, und was dabei an Mitbestimmungsregelungen übrig blieb, das war ein schlechter Verschnitt dessen, was wir in der Bundesrepublik an mangelhafter Regelung haben, nimmt man den Montanbereich einmal aus.

Die Beratung der Richtlinie im Rechtsausschuß, dem ich angehörte, bewies mir, wie stur die Front von konservativen Liberalen und konservativen Christdemokraten gegen jede Art von Arbeitnehmerrechten ist. Immer wieder geriet ich dabei in Auseinandersetzungen mit dem CDU-Abgeordneten Philipp von Bismarck, der damals noch Vorsitzender des CDU-Wirtschaftsrates war. Er gehört dem Ausschuß für Wirtschaft und Währung an, dem bis zum Mai 1981 Jacques Delors vorstand. Ich kannte von Bismarck noch aus meiner Zeit als Tarifpolitiker der IG Bergbau und hatte ihn im Kali-Bergbau als einen sehr hartleibigen Arbeitgebervertreter kennengelernt. Er bestritt die Debatte um die 5. Richtlinie (er mußte die Stellungnahme des Wirtschaftsausschusses verfassen, während der Rechtsliberale niederländische Unternehmensanwalt Geurtsen den Hauptbericht für den Rechtsausschuß zu erstellen hatte) mit der Behauptung, er, Philipp von Bismarck, sei schon immer ein glühender Verfechter der Mitbestimmung gewesen. Dies ergebe sich schon aus den historischen Quellen der »sozialen Marktwirtschaft«, die ja schließlich im protestantischen Widerstand gegen Hitler entstanden sei. Nun saß ich also zwischen zwei Fronten: Von rechts besetzte der Nachkomme des »Eisernen Kanzlers« den Gedanken der Mitbestimmung (worunter von Bismarck natürlich eine Mitbestimmung nach Gutsherrenart versteht), und von links wuchs das Mißtrauen der britischen Mitglieder meiner Fraktion und meines Kollegen im Rechtsausschuß, Tom Megahy, der weder von Mitbestimmung noch von Europa etwas wissen wollte. Die Mehrheitsverhältnisse im Rechtsausschuß waren knapp, aber klar. Von den Christdemokraten stimmte mein alter italienischer Kollege Luigi Macario mit uns. Aber das reichte nicht.

Das Parlament verabschiedete einen völlig neuen Entwurf, der in der Substanz nichts mehr gemein hatte mit dem Vorschlag der Kommission und dem bereits abgestimmten Kompromiß zwischen Christdemokraten und Sozialisten im alten Parlament. Das eigentlich war die erste Niederlage der Gewerkschafter im Europäischen Parlament.

Mit Frau Veil übrigens machte ich dann meinen Frieden auf besondere Weise. Ich schrieb ihr einen Brief, in dem ich um Nachsicht für meine Unerfahrenheit bat. Ganz ohne Seitenhieb war diese Entschuldigung dann doch nicht, denn ich fügte dem Schreiben ein kleines elektronisches Chronometer (made in Japan) bei, sowohl als Symbol für den Freihandel als auch als Anregung, die zulässigen Redezeiten bei Geschäftsordnungsbegehren von Abgeordneten gerechter zu messen. Simone Veil quittierte Schreiben und Beigabe durchaus gerührt.

Ein Hauch von Bananenrepublik?

Jurist bin ich zwar nicht, aber gesunder Menschenverstand kann ja auch im Rechtsausschuß nicht schaden. Wußte ich doch, daß gerade die gesellschaftsrechtlichen Entscheidungen in Europa, also auch die über die Arbeitnehmerrechte, in diesem Ausschuß beraten werden mußten. Meine lange gewerkschaftliche Erfahrung und der langanhaltende Kampf um die Wirtschaftsdemokratie in Deutschland, aber auch der Sachverstand gewerkschaftsnaher Juristen in Brüssel kam mir bei der Arbeit in diesem Ausschuß zugute. Und als Gewerkschafter wußte ich, daß juristische Entscheidungen zu wichtig sind, als daß man sie nur den Juristen überlassen könnte. Einer der politischen Gründe, mich an der Arbeit des Europa-Parlaments zu beteiligen, war die Überzeugung, daß Arbeitnehmerrechte in multinationalen Unternehmen nur über internationale Gesetzgebung verwirklicht werden können. Der Europäische Gewerkschaftsbund hatte in seinem Programm zu den ersten Direktwahlen darauf hingewiesen, daß hier eine besondere Aufgabe der Gemeinschaft läge. Nationales Recht hat seine Grenzen an den Grenzen. Den Mangel an Möglichkeiten, multinationalen Gesellschaften gegenüber eine internationale Gewerkschaftspolitik entwickeln zu können und das auf der Grundlage verbindlichen Rechts – das war immer ein Hindernis für die Arbeitnehmer, in multinational strukturierten Unternehmen wenigstens die Rechte wahrnehmen zu können, die sie national schon längst haben: die auf rechtzeitige Information über sie betreffende unternehmerische Entscheidungen und die Möglichkeit, über diese Entscheidungen im Konfliktfall verhandeln zu können. Internationale Organisationen wie die Vereinten Nationen oder die Internationale Arbeitsorganisation in Genf hatten schon längst erkannt, daß hier Regelungen gefunden werden müssen. Die Erfahrung hat gezeigt, daß die Handlungsmöglichkeiten dieser Organisationen sehr begrenzt sind. Sie können Empfehlungen und Appelle erlassen und Verhaltensnormen entwickeln, an die schließlich niemand gebunden ist.

Genau da liegt die Chance der Europäischen Gemeinschaft. Sie hat die Möglichkeit, für alle Mitgliedsländer gültige Rechtsvorschriften zu erlassen und kann so der Tätigkeit multinationaler Unternehmen auch internationales Recht entgegensetzen. Kein vernünftiger Mensch wird die Notwendigkeit solcher Regelungen bestreiten können, denn es ist, nicht nur in der Europäischen Gemeinschaft, kein guter Zustand, wenn sich Unternehmen unter Ausnutzung ihrer weltweiten Konstruktion nicht nur über die Interessen von Menschen, sondern auch über die Interessen frei gewählter Regierungen einfach hinwegsetzen können. Und es ist nicht einzusehen, daß ein deutscher Arbeitnehmer, der in der deutschen Filiale eines ausländischen Konzerns arbeitet, nicht den gleichen Zugang zu Informationen über die Unternehmenspolitik erhält wie sein Kollege in einem rein deutschen Konzern.

Die Kommission der Europäischen Gemeinschaften legte Ende 1981 einen Richtlinienvorschlag vor, der im wesentlichen folgende Vorschläge enthielt:

– Nationale und internationale Konzerne müssen Informations- und Konsultationsverfahren durchführen, und zwar in Betrieben oder Tochtergesellschaften mit einer Mindestbelegschaft von 100 Beschäftigten;

– die Konzernzentralen müssen die Geschäftsleitungen dieser Tochterunternehmen mindestens halbjährlich mit genauen Informationen über die Situation des Unternehmens versorgen (bei der Beratung der Richtlinie stellte sich übrigens heraus, daß vor allem amerikanische Kon-

zernzentralen ihre europäischen Manager an einer sehr
kurzen Leine führen);
– die Informationen, die nach den Vorstellungen der
Kommission an die Arbeitnehmervertreter weitergegeben
werden müssen, beziehen sich auf alle wichtigen Entschei-
dungsbereiche (Belegschaftsentwicklung, wirtschaftliche
und finanzielle Lage, Absatzlage und voraussichtliche
Entwicklung, Produktions- und Investitionsabsichten, Ra-
tionalisierungsvorhaben, Arbeitsmethoden und Ferti-
gungsverfahren);
– für den Fall, daß die Geschäftsleitung einer Tochtergesellschaft nicht in der Lage oder nicht willens ist, diesen
Informationspflichten nachzukommen, kann sich die Ar-
beitnehmervertretung direkt an die Konzernzentrale wenden (»Durchgriffsrecht«). »Mauert« die Zentrale, dann
müssen auf Klage der Arbeitnehmer die Gerichte des jeweiligen Mitgliedsstaates Sanktionen verhängen, wobei
nach den Vorstellungen der Kommission das jeweils
größte Tochterunternehmen in der Europäischen Gemeinschaft für die Versäumnisse der zentralen Unternehmens-
leitung haftbar gemacht werden kann;
– die Informationen müssen mindestens 40 Tage vor der
geplanten Durchführung der Entscheidung weitergegeben
werden, und die Arbeitnehmervertreter können dann innerhalb von 30 Tagen, wenn sie mit der Entscheidung
nicht einverstanden sind, auf eine Anhörung bestehen, die
mit dem Ziel der Einigung geführt werden muß.
Für einen deutschen Gewerkschafter war natürlich diese
Richtlinie kein Jahrhundertwerk. Es war ein eher »wei-
ches« Gesetz: Mit Mitbestimmung hatten diese Vorschläge nichts zu tun. Kommt nämlich, würde diese Richtlinie, so wie sie von der Kommission entwickelt wurde,
angewandt, während der Anhörung keine Einigung zustande, dann verbliebe das letzte Wort immer bei den Ei-
gentümern.
Und die vorgesehene Frist von 30 bzw. 40 Tagen war weiß
Gott kein sonderlich faires Angebot an die Arbeitnehmer.
Entscheidungen, die den Arbeitnehmern besonders weh

tun, wie Rationalisierungen, Stillegungen oder Entlassungen – das sind schließlich Vorgänge, die ein halbwegs vernünftig geführtes Unternehmen nicht von heute auf morgen einleitet. Den Arbeitnehmervertretern aber sollte zugemutet werden, sich auf solche Entscheidungen in einer außerordentlich kurzen Frist gründlich und überlegt einzustellen.

Gerade in den letzten Jahren waren uns einige Fälle bekannt geworden, die klarer als jede Theorie beweisen, wie wichtig es ist, die Arbeitnehmerrechte auch auf die multinationalen Unternehmen auszudehnen. Sünden gegen den Geist der sozialen Verständigung, die ja von den Verfechtern der »sozialen Marktwirtschaft« überall beschworen wird, gab es dabei keineswegs nur bei amerikanischen Konzernen.

Ein kleines Beispiel möge dies verdeutlichen: Am 17. Dezember 1980, dem letzten Arbeitstag dieses Jahres, erhielten die 905 Beschäftigten des Citroën-Werkes in Forest (bei Brüssel) den »blauen Brief«. Die Pariser Zentrale des Konzerns hatte kurzerhand verkündet, was von langer Hand vorbereitet war: die Schließung des Werkes zum Jahresende. Noch im Jahr zuvor hatte der Direktor dieses Werkes der gläubigen Belegschaft erklärt: »Unser Werk in Forest schließen wir nie. Auch, wenn wir dort eines Tages Büstenhalter herstellen müßten.« Ein gutes Jahr später hing dann am Schwarzen Brett in Forest die weihnachtliche Mitteilung: »Auf Verlangen von Citroën-Frankreich hat der Verwaltungsrat die unangenehme Pflicht, Ihnen mitteilen zu müssen, daß er sich gezwungen sieht, in Anbetracht der Gegebenheiten auf dem Automobilmarkt und der unüberwindlichen und unabwendbaren Lage seines Automontagewerk in Forest dort jede Tätigkeit endgültig einzustellen.« Dies ist zweifellos ein Paradebeispiel für asoziales Unternehmerverhalten. Arbeitsplätze und Menschen werden wie Wegwerfartikel behandelt. Der Zeitpunkt dieser Entscheidung war so kaltblütig gewählt, daß diese Methode nur als menschenverachtend bezeichnet werden kann.

Der Europäische Gewerkschaftsbund legte eine umfängliche Dokumentation vor, in der eine ganze Reihe von Fällen dargestellt wurde, die in der Sache und gelegentlich auch in der Methode ähnlich lagen wie dieser. Gerade jetzt, in Zeiten hoher Arbeitslosigkeit, kommen manche Unternehmen verstärkt auf die Idee, möglichst geräuschlos und unter Umgehung selbstverständlicher Rechte und mit einer dabei durchaus in Kauf genommenen Vergiftung des sozialen Klimas Entscheidungen hinter den Kulissen vorzubereiten und mit dem Anspruch des freien Unternehmertums den Arbeitnehmern vorzusetzen. Leider entspricht eine solche Praxis auch dem Grundsatz, der im Programm der Europäischen Demokratischen Union (EDU) festgelegt ist. (Diese Organisation beherbergt konservative und christdemokratische europäische Parteien.) In diesem Programm nämlich wird einer strikten Trennung zwischen Ökonomie und Politik das Wort geredet. Was das in der Wirklichkeit bedeutet, das zeigt der Fall Citroën-Forest.

Mit Tarifverträgen ist diesem Problem nur schwer beizukommen. Die Gewerkschaften, in deren Organisationsbereich multinationale Konzerne eine besondere Rolle spielen, wissen, wie unerreichbar ein solches Abkommen ist. Deshalb brauchen die Arbeitnehmer den Schutz staatlicher Gesetze, ein nicht unwesentliches Merkmal für einen sozialen und demokratischen Staat. Es ist schon zynisch, wenn auf einem solch schwierigen Feld wie dem Thema »Multinationale Konzerne und Arbeitnehmerrechte« die einen auf Freiwilligkeit pochen (diejenigen nämlich, die so ungestört wie bisher weitermachen wollen), während andere die Eigenständigkeit und Tarifautonomie der Gewerkschaften und der Arbeitgeber ins Feld führen (diejenigen nämlich, die nicht gegen den Widerstand des Kapitals Gesetze durchsetzen wollen, andererseits aber ihr arbeitnehmerfreundliches Image nicht riskieren wollen).

Zu dieser zweiten Kategorie gehört auch ein von mir ansonsten durchaus geschätzter Mann: Norbert Blüm. Kaum war er im Amt, und wohl auch noch nicht richtig über die

Einzelheiten der Multi-Richtlinie informiert, da posierte er im Zweiten Deutschen Fernsehen in einer Sendung über die Richtlinie mit der folgenden Bemerkung: »Das vereinigte Europa, das wir uns wünschen, das kann nicht nur das Europa der Konzerne, der Unternehmer, Wirtschaftsbosse sein. Das muß auch das Europa der Arbeitnehmer sein. Insofern unterstütze ich alle Bestrebungen, daß die Arbeitnehmer in Europa zusammenstehen und auch Partnerschaft, wie wir sie wollen, ein Gegen- und Miteinander, nicht auf nationale Grenzen beschränkt bleibt. Erste Voraussetzung wäre, daß es überhaupt eine europäische Gewerkschaftsbewegung gibt, die nicht auf dem Papier steht und die sich nicht beschränkt, Vorstandssitzungen abzuhalten, sondern daß die Arbeitnehmer in unterschiedlichen Betrieben, die einem Konzern angehören, obwohl die Betriebe in verschiedenen Ländern liegen, daß diese Arbeitnehmer zusammenstehen und eine gemeinsame Arbeitnehmerstrategie entwickeln. Das wäre das erste. Und die Europäische Gemeinschaft kann da nur Flankenschutz geben. Wo nichts ist, können sie nichts machen. Das beste Gesetz nützt nichts, beispielsweise ein Gesetz über eine bessere Unterrichtung nützt nichts, wenn niemand da ist. Ich habe nicht gesagt, daß die Regierungen und die Europäische Gemeinschaft sich vom Spielfeld wegstehlen: nur im Blick auf die Geschichte der Arbeiterbewegung, da darf man nicht auf den Staat warten.«

Als Blüm dies sagte, war er gleichzeitig Vorsitzender des Rates der Arbeits- und Sozialminister der Europäischen Gemeinschaft, also auch federführend verantwortlich für die Behandlung der Richtlinie im Ministerrat. Mit der angeführten Bemerkung machte sich Norbert Blüm mehr oder weniger elegant aus dem Staube. Die Handlungsmöglichkeiten des Europäischen Gewerkschaftsbundes sind, ich habe mich dazu an anderer Stelle bereits ausführlich geäußert, aus guten Gründen noch sehr begrenzt. Weder kann er einen europäischen Streik organisieren noch Verträge mit der anderen Seite abschließen. Und während die christlich-soziale Bewegung als Teil der Arbeiterbewegung nach hundert Jahren immer noch nicht in voller Blüte steht, will Norbert Blüm dem Europäischen Gewerkschaftsbund nach nur knapp zehn Jahren Existenz das abfordern, wofür nationale Bünde viel mehr an Entwicklungszeit gebraucht haben. Und eigentlich sollte der gelernte Opel-Arbeiter Blüm wissen, wie schwer es ist, auf der internationalen betrieblichen Ebene eines Konzerns unmittelbare Arbeitnehmerzusammenarbeit zu organisieren. Bei nüchterner Betrachtung und bei Weglassung seiner üblichen und nur dem Wort nach radikal basisdemokratischen Pirouetten hätte Kollege Blüm als Mann der Gewerkschaftsbewegung eigentlich wissen müssen, daß sich selbst Staaten und Regierungen schwer gegenüber der geballten wirtschaftlichen und politischen Macht multinationaler Konzerne tun. Wie können da die Arbeitnehmer ohne Unterstützung der Politik ihre Interessen auch nur halbwegs angemessen vertreten? Was Norbert Blüm tat, war: Er entlastete sich von seiner Verantwortung als Politiker und rief die Arbeiter zum Kampfe auf. Das nennt man: seine Freunde im Regen stehen lassen.

Völlig übersehen wurde auch, daß ein solches Gesetz zum ersten Mal die Chance eröffnet hätte, die Arbeitnehmer davon zu überzeugen, daß es soziale Fortschritte gibt, die nur aus Europa kommen können. Diese Chance wurde leider, unter tätiger Mithilfe der Parteifreunde von Norbert Blüm, vertan.

Ich kann mich nicht daran erinnern, daß es jemals ein Thema in der EG-Politik gegeben hätte, das so viel Aufmerksamkeit bei den Gewerkschaften und den Betriebsräten gefunden hätte wie dieses.

Von Anfang an war uns zweierlei klar: Es hatte wenig Sinn, den Gesetzentwurf der Kommission noch verbessern zu wollen, obwohl auch dieses Gesetz nicht in allen Teilen unsere Zustimmung finden konnte. Am wichtigsten war es, und da bestand völlige Übereinstimmung mit unseren christdemokratischen Kollegen, ein Gesetz durchzusetzen, das insgesamt ganz passable Fortschritte für die Arbeitnehmer darstellte und ein wichtiger Präzedenzfall war:

nämlich der einer grenzübergreifenden Gesetzgebung gegenüber grenzübergreifend tätigen Unternehmen.

Noch etwas kam hinzu: Gerade im Arbeits- und Gesellschaftsrecht reicht es nicht aus, die bestehenden nationalen Gesetze in Europa möglichst harmonisch aufeinander abzustimmen. Vor allem kommt es darauf an, europäische Regelungen eigener Qualität zu verwirklichen. Auf Dauer nämlich ist es unzureichend, europäische Politik nur auf dem kleinsten gemeinsamen Nenner der nationalen Realitäten stattfinden zu lassen. Wer Integration wirklich will, der muß einen stets wachsenden Teil seiner eigenen Souveränität an Europa abtreten. Das gilt nicht nur für die Regierungen. Das gilt auch für die Gewerkschaften.

Im EGB waren sich alle einig, ob christliche, sozialistische oder einheitsgewerkschaftliche Mitgliedsorganisationen, sich für diese Richtlinie mit allen Mitteln einzusetzen. Auch die christdemokratischen Arbeitnehmer machten mobil: Die EUCDA, der europäische Zusammenschluß der Arbeitnehmerflügel der christlich-demokratischen Parteien faßte eindeutig positive Beschlüsse, ganz auf der Linie der europäischen Gewerkschaften.

Wer aber am heftigsten mobilisierte, das waren die amerikanischen Unternehmen und die ihnen verbundenen amerikanischen Handelskammern in Europa. Was dann durch die Europäische Gemeinschaft wehte, das war schon ein leichter Hauch von Bananenrepublik. Als erstes »keilten« sich die amerikanischen Unternehmen unter offenkundiger Federführung des Schokoladen- und Karamel-Multis MARS (Slogan: »Mars macht mobil bei Arbeit, Sport und Spiel«) nach bewährter amerikanischer Lobby-Manier einige Abgeordnete zur optimalen Vertretung ihrer Interessen. Natürlich kam das ans Licht, denn das Europäische Parlament zeichnet sich durch eine äußerst transparente parlamentarische Kultur aus. An der Spitze der Lobby standen der britische konservative Abgeordnete Amedee Turner und der niederländische Industriesyndikus Aart Geurtsen, beide Mitglieder des Rechtsausschusses. Geurtsen mußte im Verlauf der Auseinandersetzung einräumen, daß es zur Abwehr der Richtlinie eine sogenannte »Geurtsen private-group« gab, die im »ideellen« Solde der amerikanischen Interessen stand.

Wie geplant die Amerikaner zur Sache gingen, geht aus einem Artikel des Monatsmagazins der amerikanischen Handelskammer im Vereinigten Königreich »Atlantic« hervor. In der Ausgabe vom Juli 1981 wurde der Leserschaft vorab mitgeteilt, wie die Berichterstatterrollen in den Ausschüssen des Europäischen Parlamentes verteilt werden würden: Amedee Turner, Philipp von Bismarck für den Wirtschaftsausschuß und der britische Konservative Tom Spencer für die Hauptberichterstattung im Sozialausschuß.

Diese Mitteilung entsprach zwar den Interessen der Unternehmerlobby, hatte aber den nicht geringen Nachteil, daß sie nicht den Entscheidungen der für die Ernennung von Berichterstattern zuständigen Gremien des Parlamentes entsprach. Verfasser der Stellungnahme für den Rechtsausschuß wurde nämlich nicht der Abgeordnete Turner, sondern ich für die Sozialistische Fraktion – keine sehr dankbare Aufgabe übrigens in einem von den Konservativen aller Schattierungen beherrschten Rechtsausschuß.

Der Artikel in der Zeitschrift »Atlantic« enthielt darüber hinaus noch eine Gebrauchsanweisung, wie die Vertreter der Unternehmen am besten »Pressure« zur Verhinderung dieser Richtlinie ausüben könnten. »Pressure-points« waren:

1. Nationale Handelsorganisationen
2. Abteilungen in nationalen Ministerien
3. Nationale Regierungen, Parlamentsmitglieder
4. Nationale Botschaften in Brüssel
5. Die Kommission
6. Das Europäische Parlament
7. Der Wirtschafts- und Sozialausschuß der EG
8. Europäische Handelsorganisationen
9. Der Europäische Gerichtshof
10. Die Medien

Was in dieser Liste nicht aufgeführt war, aber in einem vertraulichen Memorandum des amerikanischen Business-Council als besonders wichtig erwähnt wird, ist der Ratschlag, man möge sich doch, vor allem auch in Italien, an die christlich-demokratischen Politiker wenden, bei denen man so ganz sicher nie sein könne. Im Klartext: Die in Europa ansässigen amerikanischen Unternehmen, die natürlich in der Wirtschaft eines jeden Landes ein wichtiger Faktor sind, sollten bei den Christdemokraten Druck machen, um Wankelmütige »auf Linie« zu bringen.

Begleitet wurden diese Bemühungen von einer sehr aufwendigen Kampagne. Ein amerikanischer Industrieanwalt erklärte der angesehenen französischen Tageszeitung »Le Monde«, die US-Wirtschaft müsse bei Inkrafttreten dieses Gesetzes ihr Kapital aus der Gemeinschaft abziehen. Die bereits erwähnte Schokoladen-Riegel-Fabrik beauftragte ein internationales Anwaltsbüro (mit Sitz in New York, London und Riad) mit der Vertonung der Begleitmusik zu den Pressionen in der Gemeinschaft. Eine Luxemburger Unternehmensberatungsfirma erfreute die Cinéasten unter den Abgeordneten des EP mit einem Kulturfilm besonderer Art: Ein amerikanischer Agro-Konzern mit Niederlassung in Europa wird an der Einführung einer neuen Maschine in Europa gehindert. Von wem? Von den durch die »Vredeling-Richtlinie« (benannt nach dem federführenden Kommissar für die Erstellung der Richtlinie, dem Niederländer Henk Vredeling) aufgeheizten destruktiven westeuropäischen Gewerkschaften.

Im amerikanischen Kongreß brachten einige »Betonköpfe« einen Gesetzesentwurf ein, durch den die Einhaltung der Richtlinie durch amerikanische Unternehmen unter Strafe gestellt werden sollte. Amerikanische Diplomaten stellten hinter vorgehaltener Hand einen Wirtschaftskrieg zwischen der Europäischen Gemeinschaft und den Vereinigten Staaten in Aussicht. Die »International Harold Tribune« dazu in einem Hintergrundbericht am 11. Oktober 1982: »Erfahrene US-Diplomaten unterstrichen, daß der Vredeling-Vorschlag nun fast genauso die transatlantischen Beziehungen belastet wie der Bau der sibirischen Pipeline.«

Diese Analogie ist entlarvend: Das Röhrenembargo gegen die Sowjetunion sollte sich nach offizieller amerikanischer Lesart gegen die Beugung der Menschenrechte durch die Sowjetunion richten und der freien Gewerkschaftsbewegung in Polen helfen. Die Vredeling-Richtlinie aber, die nichts anderes zum Ziel hatte, als die Ausweitung der Arbeitnehmerrechte, wurde von den gleichen Menschen- und Gewerkschaftsrechtsfreunden von jenseits des Atlantik massiv unter Beschuß genommen. Selbst ein Blatt wie das deutsche »Industriemagazin« konnte nicht umhin, in einem Artikel vom August 1982 festzustellen: »Daß die Vredeling-Richtlinie zu Unrecht als Versuch verteufelt wird, sozialistische Mitbestimmung durch die Hintertür einzuführen, macht der gelassene Kommentar eines unverdächtigen Anwalts der Interessen der Wirtschaft deutlich. Die Kommission, so erklärt der einstige CDU-Wirtschaftsminister von Schleswig-Holstein und jetzige EG-Kommissar Karl-Heinz Narjes, sei der Überzeugung, daß bessere Information der Arbeitnehmer über ihre soziale und wirtschaftliche Umwelt zu besserer Motivation beiträgt, woraus nicht zuletzt die Firmen Vorteile ziehen werden.«

Der Erklärungs- und Beschwichtigungsversuch von Dr. Narjes war natürlich ausgesprochen einseitig (wie es sich für einen »unverdächtigen Anwalt« des Interesses der Wirtschaft auch gehört): Nämlich so zu tun, als habe die Vredeling-Richtlinie vor allem eine Erhöhung der Leistungsbereitschaft der Arbeitnehmer zum Ziel. Das wirkliche Ziel dieses Gesetzesvorschlages aber war es, die Rechtstellung der Arbeitnehmer in multinationalen Unternehmen aufzubessern. Aber immerhin: Dr. Narjes verließ nicht die Solidarität der EG-Kommission, deren Beamte in den Anhörungen durch die Parlamentsausschüsse die Richtlinie engagiert verteidigten. Neben ihrem gewaltigen Lobby-Geschütz brachten die Gegner der Richtlinie kaum Sachargumente in Stellung. Ihnen kam es vor allem darauf an, durch lauten Schlachtenlärm die Kommission von ihrem Vorschlag wieder abzubringen und eine Verweigerungsfront im Parlament zu organisieren.

Ich wurde von der amerikanischen Handelskammer in Großbritannien eingeladen, an einer Podiumsdiskussion in einem großen Londoner Hotel teilzunehmen. Auf dem Podium saßen unter anderem die beiden Konservativen Tom Spencer und das prominente Mitglied der »Geurtsen-private-group«, der freigewählte und unabhängige Abgeordnete Amedee Turner.

Das Publikum bestand aus einer Hundertschaft wohlbestallter Manager multinationaler Unternehmen in Großbritannien. Noch nie vorher hatte ich erlebt, wie aus einer Podiumsdiskussion ein kollektiver Befehlsempfang wurde. In aller Offenheit wurden Möglichkeiten erörtert, den nach dem Ausscheiden Vredelings nun zuständigen Kommissar Ivor Richard »umzudrehen«. Man müsse, so Industriesprecher Turner, die Kommission dazu zwingen, sich von diesem Entwurf zu distanzieren, ihn zurückzuziehen und einen neuen vorzulegen. Zweifel wurden laut, ob man denn eigentlich mit den Christdemokraten rechnen könne. Turner dazu: »Wir haben Vertrauen in die Christdemokraten als Ganzes.« Das sollte bedeuten: Mit den paar Dissidenten vom Arbeitnehmerflügel der Christdemokraten wird diese Fraktion »als Ganzes« wohl fertig werden. Im weiteren Verlauf dieser denkwürdigen Veranstaltung (für mich ein besonderes Lehrstück, denn so wie hier mit gewählten Abgeordneten und der Unabhängigkeit eines Parlamentes umgesprungen wurde, das war mir neu, und es schien mir auch aus gewerkschaftlicher Sicht wenig nachahmenswert) wurde dann eine Rezeptur ausgegeben, mit der man Sand ins Getriebe des Parlaments streuen könnte: Man müsse nur eine hinreichend große Zahl von Änderungsanträgen einbringen. Einige würden dann schon angenommen werden, und die Richtlinie, die dann am Ende der Beratungen durch das Parlament herauskomme, wäre so widersprüchlich und konfus, daß die Kommission gar nicht anders könne, als sie zurückzuziehen.

Mich wunderte es nicht, daß meine Stellungnahme für den

Rechtsausschuß, untermauert von einem Gutachten des wissenschaftlichen Dienstes des EP, das die Rechtsgrundlage der Richtlinie bestätigte (vorsorglich hatten die Funktionäre der Geurtsen-private-group die Unvereinbarkeit dieses Gesetzes mit dem EWG-Vertrag behauptet), mit rund 80 Änderungsanträgen überzogen wurde. Antragsteller: vor allem die Abgeordneten Geurtsen und Turner. Diese Fleißarbeit ließ mich für einen Moment auf den Gedanken kommen, ob nicht etwa diese beiden ihre auf Obstruktion angelegten Änderungsanträge in der gleichen Werkstatt fertigen ließen wie der italienische Radikale Marco Pannella, als der ein paar tausend Anträge zur Abänderung der Geschäftsordnung vorlegte.

Die Konservativen, Christdemokraten und Liberalen im Rechtsausschuß bildeten eine Stimmeneinheitsfront. In einem Punkt jedoch, und der war besonders wichtig, konnten sie sich nicht durchsetzen: Alle Versuche, den Gesetzentwurf als nichtig zu bezeichnen, weil er »auf einer falschen Rechtsgrundlage fuße«, wurden zurückgewiesen.

Die Mitglieder der beiden anderen Ausschüsse, des Sozialausschusses und des Wirtschaftsausschusses, stellten sich mit Mehrheit auf die Seite der Kommission. Vor allem im Sozialausschuß kam es zu einer bemerkenswerten Koalition zwischen den gewerkschaftsfreundlichen Sozialpolitikern der beiden größten Fraktionen. Die Berichtsvorlage des konservativen Berichterstatters Tom Spencer wurde so verändert, daß von den eigentlichen Absichten der Konservativen nichts mehr übrig blieb. Übrigens gaben die britischen Konservativen später ihrem Berichterstatter wegen des offenkundigen Mißerfolgs einen Denkzettel und enthoben ihn seiner Sprecherfunktion im Sozialausschuß.

Philipp von Bismarck wurde im Wirtschaftsausschuß, dem als Nachfolger Delors nun der französische Sozialist und Gewerkschafter Jacques Moreau vorsaß, von der mangelnden Disziplin seiner eigenen Leute überrascht. In der entscheidenden Abstimmung waren einige nicht da, und der italienische Christdemokrat Luigi Macario stimmte mit den Sozialisten. So mußte auch von Bismarck einen positiven Bericht zur Vredeling-Richtlinie einbringen, was ihn so aus der Fassung brachte, daß er in seinem mündlichen Vortrag vor dem Plenum nicht die Mehrheitsauffassung des Ausschusses vertrat, was seine Pflicht gewesen wäre, sondern seine eigene. Dieser Vorgang führte zu Protesten im Parlament und hatte ein Nachspiel im Ausschuß für Wirtschaft und Währung.

Im Plenum aber gingen wir unter. Während in den Ausschüssen die christlich-sozialen Abgeordneten von Fall zu Fall eine Rolle spielen können, verschwindet diese kleine Gruppe im Plenum in der großen Fraktion der Europäischen Volkspartei.

Die schließlich vom Parlament abgestimmte Fassung der Richtlinie ist fast das Gegenteil dessen, was die Verfasser wollten: So dürfen Unternehmer Informationen, die allein sie für geheimhaltungsbedürftig erklären, für sich behalten; die Durchgriffsklausel, also das Recht der Betriebsräte, sich dann an die Muttergesellschaft wenden zu können, wenn die Tochtergesellschaft keine Informationen zur Verfügung stellen kann oder will, wurde ersatzlos gestrichen.

An dieser Stelle muß ein Wort zur interfraktionellen Zusammenarbeit der Gewerkschafter gesagt werden. Auch in meiner eigenen Fraktion wurde dieser Versuch nicht immer mit ungeteiltem Beifall bedacht. Einige zogen es vor, mit der Fahne der reinen Lehre in der Hand glorreich in den Abstimmungen des Parlamentes unterzugehen, statt Kompromisse zu suchen. Das aber ändert nichts daran, daß vernünftige Beschlüsse und konkrete Arbeitnehmerpolitik im Europa-Parlament nur in Zusammenarbeit mit den Christdemokraten erreicht werden können. Immerhin steht im Europäischen Parlament eigentlich keine Fraktion unter dem Zwang einer festen Koalition, denn es können ja keine europäischen Regierungen gebildet und unterstützt werden. Dieser Umstand läßt in vielen Fragen eine flexible Bündnispolitik im Parlament zu. Wir haben es als unsere Aufgabe betrachtet, in wirtschafts- und sozialpolitischen Fragen als Bindemittel zwischen den beiden größten Fraktionen des Parlaments zu wirken, was aber nur dann realistisch blieb, wenn wir uns auf Formeln einigen konnten, die eine Durchsetzungschance in der Fraktion der EVP hatten. In vielen Fällen konnten wir dabei auf die Unterstützung italienischer, belgischer und niederländischer Christdemokraten rechnen. Ich hatte unmittelbar nach der Konstituierung des Parlamentes eine Einladung des ehemaligen bayerischen Ministerpräsidenten, Alfons Goppel, der Obmann der Deutschen Gruppe der EVP war, vor dieser Gruppe zu sprechen. Diese Einladung nahm ich gerne an, denn ich wollte keine Gelegenheit auslassen, um Zusammenarbeit zu versuchen. Ich wurde freundlich aufgenommen, aber nach der Diskussion war mir klar, daß dieser Teil der EVP-Fraktion für konkrete Zusammenarbeit mit den Sozialisten in Fragen der Gesellschafts- und Mitbestimmungspolitik nur schwer zugänglich war.

Bei einer Bewertung der Erfolge der interfraktionellen Zusammenarbeit darf man nicht übersehen, daß die Gesprächspartner aus den Reihen der Christdemokraten in ihrer Fraktion eine sehr kleine Gruppe darstellen, die oft von der Mehrheit auf Fraktionsdisziplin verpflichtet wird. Dennoch sollte man den Einfluß der Gruppe nicht unterschätzen: Sie ist in beachtlicher Stärke vor allem bei den Italienern, Belgiern und Niederländern vertreten, vor allem weil sie in diesen Ländern als gesellschaftspolitischen Hintergrund starke christlich-sozial beeinflußte Gewerkschaften haben.

Insbesondere der Vorsitzende des belgischen christlich-sozialen Gewerkschaftsbundes CSC, Jeff Houthuys, engagierte sich stark gegenüber seinen christlich-demokratischen Kollegen. Der Europäische Gewerkschaftsbund verstärkte sein Interesse an der Arbeit des Europäischen Parlamentes erheblich und erkannte, wenn auch zunächst zögernd, daß dieses Parlament, trotz seiner für die Gewerkschaften ungünstigen Kräfteverhältnisse, der beweglichste Teil der Europäischen Gemeinschaft geworden war.

Die Rücktritte von Eugen Loderer und Karl Hauenschild

Die Vorsitzenden der IG Metall und der IG Chemie, Papier, Keramik hatten den Vorschlag ihrer Partei, sich für eine Kandidatur zu entscheiden, im Vertrauen darauf angenommen, daß ihnen die notwendige Zeit blieb, um im Parlament mitarbeiten zu können, ohne ihre Pflichten in ihren Gewerkschaften vernachlässigen zu müssen. Recht bald aber, das hatte seine Gründe vor allem in der besonders schwierigen innergewerkschaftlichen Lage bei der IG Chemie und in den problematischen Tarifkämpfen, die die IG Metall führen mußte, erkannten sie, daß sie ihre Entscheidung revidieren mußten.

Dieser Entschluß fiel beiden sehr schwer, denn schließlich waren sie davon überzeugt, daß gewerkschaftliches Engagement im Europa-Parlament unverzichtbar sei.

Wir sprachen miteinander über die neue Lage. Ich riet dazu, den Entschluß noch einmal reiflich zu überdenken. Aber wenn sie zu der Überzeugung kämen, es wäre unvermeidlich, das Abgeordnetenmandat wieder zur Verfügung zu stellen, sollten sie dies so schnell wie möglich tun. Denn wenig Sinn hatte es, einen solchen Entschluß zu fassen, aber seine Ausführung lange vor sich her zu schieben. Nach Beratung mit Willy Brandt gaben Eugen Loderer und Karl Hauenschild gut fünf Monate nach der Direktwahl ihren Rücktritt bekannt. Sie haben dazu eine außerordentlich offene und ehrliche Erklärung abgegeben. Das erzeugte einen gewissen öffentlichen Wirbel und vor allem die Springer-Presse stieg voll ein und behauptete, Eugen Loderer und Karl Hauenschild hätten sich Unsummen in die Tasche gesteckt. Das war blanker Unsinn. Und das ist ein guter Anlaß, um einmal an dieser Stelle die finanzielle Situation eines Abgeordneten offenzulegen.

Die deutschen Europa-Abgeordneten erhalten, genau wie die Bundestagsabgeordneten, ein monatliches Gehalt in Höhe von 7.500,00 DM. Diese Summe muß, wie jedes andere Einkommen auch, voll versteuert werden. Weiterhin stellt das Parlament jedem Abgeordneten einen Betrag zur

Verfügung, der ausschließlich für die Beschäftigung eines Mitarbeiters bestimmt, der also nicht dem Abgeordneten persönlich zur Verfügung steht und der mit einem Arbeitsvertrag belegt werden muß. Des weiteren steht dem Abgeordneten eine Bürokostenpauschale von 2.600,00 DM zur Verfügung, von der die Büromiete und alle anfallenden Organisationskosten (Telefon, Drucksachen, Porti, Büromaterial usw.) bestritten werden müssen. Reisekosten werden den Abgeordneten erstattet. Und für die Kosten an den Tagungsorten (Hotelunterkünfte und Verpflegung) steht eine Tagespauschale als Spesenbetrag zur Verfügung. In der Presse wurden damals Aufrechnungen gemacht, nach denen ein Europa-Abgeordneter über ein Einkommen in Höhe von 14.000,00 DM verfügt. Das ist fast genau das Doppelte dessen, was ein Abgeordneter tatsächlich vor Steuerabzug erhält.

Ein besonderes Problem kam für uns noch hinzu: Auch ein Europa-Abgeordneter ist auf die Unterstützung und ständige Anwesenheit seines Mitarbeiters angewiesen. Das verursacht natürlich auch erhebliche Reisekosten, die nicht vom Parlament erstattet werden und voll vom Abgeordneten übernommen werden müssen. Während also der Abgeordnete eines nationalen Parlamentes seine Mitarbeiter immer in Reichweite hat, ist dies für Europa-Abgeordnete außerordentlich kostenaufwendig.

Abgeordnete werden angemessen bezahlt, und sie erhalten die notwendigen Zuwendungen, um ihren Pflichten nachkommen zu können. In der Einkommensrangliste unserer Gesellschaft nehmen sie jedoch keineswegs Spitzenplätze ein. Vergleicht man so z. B. das Einkommen eines Abgeordneten mit dem einer mittleren Führungskraft in einem mittleren Industrieunternehmen, dann liegt der Abgeordnete mit seinem Einkommen erheblich unterhalb dessen, was in der Wirtschaft gezahlt wird. Und wer als Abgeordneter seine Arbeit ernst nimmt, und das ist bei der großen Mehrheit der Fall, der leistet physische und intellektuelle Knochenarbeit. Karl Hauenschild und Eugen Loderer haben damals, wie jeder andere Abgeordnete auch, ihre monatlichen Bezüge erhalten. Die sonstigen Einnahmen, die für Personal- und Sachaufwendungen bestimmt waren, flossen direkt in die Finanzierung der Arbeit.

Eigentlich hätte man erwarten müssen, daß die deutsche Presse den schnellen und ehrlichen Entschluß von Eugen Loderer und Karl Hauenschild, trotz durchaus verständlicher Kritik daran, anerkannt hätte. Das war nicht der Fall. Aber als zwei Jahre später der Hauptgeschäftsführer der Wirtschaftsvereinigung Eisen und Stahl, Dr. Herbert Köhler, ausschied, und, wie das in der CDU vorher schon verabredet worden war, Dr. Otmar Franz, ein Direktor von Klöckner, nachrückte, wurde das korrekt und ohne negativen Kommentar auf den Nachrichtenseiten der Zeitungen vermerkt, und zwar ohne finanzielle Aufrechnung und politische »Abrechnung«.

Überhaupt war das Europa-Parlament in den ersten Jahren ein Parlament mit ständig wechselnder Zusammensetzung. So setzten die französischen Gaullisten für sich ein Rotationsprinzip durch, das vorsah, daß in der Mitte der Sitzungsperiode jeder Abgeordnete dieser Fraktion ausscheiden und einem Nachfolger Platz machen mußte. Immer dann, wenn neue Regierungen in den Ländern der Gemeinschaft gebildet wurden, kam es auch zu Veränderungen im Europäischen Parlament. Besonders die Gruppe der französischen Sozialisten wurde von der heimischen Politik schwer zur Ader gelassen: Ministerpräsident Pierre Mauroy, die damalige Landwirtschaftsministerin und jetzige Außenhandelsministerin, Edith Cresson, Frauenministerin Yvette Roudy, Wirtschafts- und Finanzminister Jacques Delore – sie alle gehörten dem EP an. Der belgische Außenminister Leo Tindemans und der italienische Außenminister Emilio Colombo, auch sie waren vor ihrer Berufung ins Kabinett Europa-Parlamentarier. Ein solches Kommen und Gehen stört zwar gelegentlich die Kontinuität der Arbeit, aber andererseits kann man von solchen Politikern erwarten, daß sie in ihren Ländern alles tun, um die Arbeit dieses Parlamentes, das sie ja aus eigener Erfahrung kennen, auch zu Hause zu unterstützen.

Daraus ergibt sich also eine durchaus sinnvolle Verknüpfung zwischen nationaler und europäischer Politik.

Die Alternative jedenfalls, nämlich der Verzicht auf personelle Verbindungen zwischen der europäischen und der nationalen parlamentarischen Ebene, hätte mit Sicherheit eine Isolation des Europa-Parlaments zur Folge.

Europa – Niemandsland zwischen Brüssel und den Bürgern

Immer noch ist Europa für die meisten Menschen etwas sehr Abstraktes. Etwas, was sich nicht mit einer Sprache, einer eigenen Nationalität und einer unmittelbaren kulturellen Identifikation verbindet. Etwas, was man im Alltag oder am Arbeitsplatz wenig spürt. Europa – das findet für viele Menschen nur in den Zeitungen statt und da zumeist auf den hinteren Seiten oder im wenig gelesenen Wirtschaftsteil. Diesem Zustand kann man vor allem durch eine weitere Entwicklung des europäischen Parlamentarismus begegnen. Denn mit dem Europaparlament und seinen Mitgliedern gibt es nun für den Bürger eine Instanz, die er unmittelbar ansprechen, die er mit seinen Fragen, seinen Ängsten und seiner Kritik erreichen kann und über deren Zusammensetzung er in Wahlen selber befindet. Daß sich Europa wirtschaftlich, bilanziert man nicht nur den Augenblick, sondern einen längeren Zeitraum, für alle lohnt – das ist unbestreitbar.

Aber wie das so ist mit Wirtschaftsstatistiken: Manchmal ist es schwer, sie auf die konkrete eigene Situation zu übertragen. Die Europäische Wirtschaftsgemeinschaft also gibt keinen ausreichenden Bezugsrahmen ab, der dazu geeignet ist, die Identifikationsbereitschaft der Bürger mit Europa zu erhöhen. Die in vielen Vereinen, Verbänden und Publikationen unternommenen Versuche, die europäische Idee zu verbreiten, sind zu blutarm und erreichen eigentlich nur den kleinen Kreis schon Überzeugter.

Die Europäische Gemeinschaft muß auf eine Politik gebracht werden, die in der Lage ist, die Integration ein gutes Stück nach vorn zu bringen, und zwar so, daß man sie nicht nur in Brüssel und in den Europa-Verbänden bemerkt, sondern auch im täglichen Leben und in den Betrieben. Diese Politik muß die gesellschaftspolitischen Konsequenzen daraus ziehen, daß es in Europa schon eine sehr weit fortgeschrittene Zusammenarbeit gibt. Längst reichen die nationalen Gesetze nicht mehr aus, um die durch eine solche Zusammenarbeit fortlaufend entstehende soziale Wirklichkeit zu erfassen. Deshalb muß Europa eine eigene Sozial- und Gesellschaftspolitik betreiben. Eine solche Politik kann nicht anders als sozial fortschrittlich sein, hält man sich an den Buchstaben des Gründungsvertrages.

Man soll die Bedeutung von Demonstrationen nicht überbewerten. Aus meiner eigenen Erfahrung weiß ich nur zu gut, daß sie auch Anzeichen für Ohnmacht und Machtlosigkeit sein können. Das trifft ganz gewiß nicht auf die große europäische Demonstration der Mitgliedsbünde des EGB am 4. Juni 1983 in Stuttgart zu, an der sich neben 70 000 deutschen 10 000 ausländische Gewerkschafter beteiligten. Wir hatten in der Vergangenheit oft genug versucht, europäische Manifestationen der Gewerkschaften auf die Beine zu stellen. So zu tun, als seien diese Bemühungen immer von beeindruckenden Erfolgen gekrönt gewesen, das wäre eine grobe Übertreibung. Daß die Versuche, europäische Gewerkschaftsmacht zu demonstrieren, fast alle daneben gerieten oder mangels Masse im Saale stattfinden mußten, das hatte seinen Grund vor allem darin, daß die Gewerkschaftsmitglieder nicht erkennen, was Europa eigentlich zur Lösung ihrer konkreten Probleme beitragen könnte.

Diese Stimmung ändert sich offenbar. In dem Maße, in dem die Arbeitnehmer kein Vertrauen mehr in die Handlungsfähigkeit der nationalen Politik setzen – und dieses schwindende Vertrauen erklärt auch den Wechsel bei den nationalen Parlamenten, der weniger ein Wechsel von links nach rechts, sondern vielmehr ein Wechsel zwischen Regierung und Opposition ist –, setzen sie ihre Hoffnung auf die vermeintlich höhere Ebene der europäischen Politik. Dahinter steckt nicht nur Verdrossenheit über die nationale Wirtschafts- und Sozialpolitik – dahinter steckt auch die Erkenntnis, daß die Zeiten hausgemachter Lösungen vorbei sind.

Für Europa liegt darin eine große Gefahr und eine große Chance zugleich. Die Gefahr, alles Unlösbare auf Europa abzuschieben und so Europa Erwartungen aufzulasten, die es nicht erfüllen kann. Die Chance liegt darin, daß der Druck auf die nationale Politik zugunsten einer verstärkten Europäisierung größer wird. Die stupide Trennung von Innen- und Europapolitik kann nicht aufrechterhalten werden, wenn man nicht Gefahr laufen will, aus der Europäischen Gemeinschaft lediglich einen Verschiebebahnhof für Unpopuläres oder für schwer lösbare Probleme zu machen.

Die Arbeitnehmer, das hat Stuttgart gezeigt, machen alle Regierungen in der EG für die derzeitige Situation haftbar. Zogen sie und die Gewerkschaften selber es früher vor, sich lieber an die vertraute eigene Regierung zu halten, so verlangen sie heute gemeinsames Handeln aller Regierungen. Europa ist zu einer Adresse geworden. Aufgabe der Gewerkschaften wird es sein, diese neue Grundstimmung weiterzuentwickeln.

Demonstrationen reichen da nicht aus. Es muß zu koordinierten Kampfmaßnahmen der Gewerkschaften in der EG kommen, vor allem, was die Einführung der 35-Stunden-Woche angeht.

Die Instrumente der europäischen Politik sind weitgehend unscharf geworden. Die lauten Rufe nach einer europäischen Verfassung oder gar nach einer europäischen Regierung sind schön anzuhören, aber das wär's dann auch schon. Was seit einigen Jahren abgestoppt ist und wiederbelebt werden muß, das ist ein europäischer Dialog zwischen Gewerkschaften und Unternehmerverbänden. Überall in unseren Mitgliedsländern reden Gewerkschaften und Unternehmerverbände vor allem aneinander vorbei. Die Gewerkschaften sollten insbesondere das Thema Arbeitszeitverkürzung europäisch anpacken und die Unternehmer zum Gespräch auffordern; sozusagen außerhalb der Institutionen, denn die sogenannten Dreigliedrigen Konferenzen zwischen Gewerkschaften, Arbeitgebern, Regierungen haben sich als untaugliche Stellungskriegveranstaltungen erwiesen, in denen steife und nichtssagende Kommuniqués für die Akten, nicht aber Beschlüsse für die konkrete Politik erarbeitet wurden.

Diese Art von europäischer Konferenzdiplomatie kann getrost als unzeitgemäß betrachtet werden. Wie es um die Dialogfähigkeit und Entscheidungsfreudigkeit der europäischen Regierungen bestellt ist, zeigen nicht zuletzt die Gipfeltreffen der Staats- und Regierungschefs. Hier wird kaum noch entschieden, hier wird vor allem verschoben – und das mit steigendem Aufwand.

Wer ein Europa der Bürger will, der muß einen Weg finden, die Bürger an europäischen Entscheidungen zu beteiligen. Die Wahlen zum Europäischen Parlament sind sicher eine realistische Möglichkeit, das Niemandsland zwischen Brüssel und den Menschen zu bevölkern. Aber eigentliches Leben in Europa kann nur dann wachsen, wenn die gesellschaftlichen Strömungen der Mitgliedsländer sich auf der europäischen Ebene widerspiegeln. Die Probleme sind europäische: Der Umweltmief kennt keine Grenzen. Arbeitslosigkeit und Wirtschaftskrisen auch nicht. Mit europäischer Harmonie ist da nicht viel zu machen – die Dissonanzen müssen zum Gegenstand der europäischen Politik gemacht werden. So zu tun, als gäbe es eine Art europäischen Geist, der über den Niederungen der »gemeinen« Politik schwebt, wäre das Ende der europäischen Zukunft.

Die Gewerkschaften müssen mit ihren Forderungen nach Europa durchdringen: Das gilt für die 35-Stunden-Woche und andere Formen der Arbeitszeitverkürzung genauso wie für die Probleme der Wanderarbeitnehmer. Das gilt für die Lage in den Krisenindustrien, die gemeinsame Abwehr des amerikanischen Protektionismus, die notwendige Zusammenarbeit auf technologischem Gebiet, die Entwicklung der Rechte der Arbeitnehmer über die Grenzen hinweg. Diese Themen sind mittlerweile, wie es so schön heißt, »mobilisierungsfähig« und können für Bewegung sorgen.

Ich habe immer die Erfahrung gemacht, daß sich die Politik erst dann bewegt, wenn sie mit dem Rücken zur Wand steht. Die Schwierigkeit ist manchmal nur, daß sie die Wand nicht spürt. Nicht zuletzt an den Gewerkschaften ist es, diese Wand hochzuziehen.

Selbstkritisch will ich eingestehen, daß wir uns zu lange damit begnügt haben, immerfort vom »Skandal der Arbeitslosigkeit« zu sprechen. Das war so bei der ersten Million, das war so bei der zweiten Million. Nur wird das bei der dritten Million nicht mehr reichen.

Ein Aufruf zum sozialen Unfrieden ist es nicht, wenn ich die Überzeugung vertrete, daß wir sichtbare soziale Auseinandersetzungen in Europa brauchen. Denn: Wir befinden uns in einem ständig bedrohlicher werdenden Zustand des sozialen Unfriedens. Keine Gesellschaft kann einen solchen Zustand länger aushalten, auch nicht die der christlich-konservativen »heilen« Welt, in der an den Gemeinsinn und die Opferbereitschaft appelliert wird und sich dann die Falschen mit den Inhalten des Opferstockes aus dem Staube machen.

Worauf es ankommt, ist, in welcher Weise und unter welchen Regeln die sozialen Auseinandersetzungen in Europa stattfinden. Dann, wenn diese Frage beantwortet ist, können auch konkrete Ergebnisse erwartet werden.

Was mir Hoffnung macht, das ist die offenbar wachsende Einsicht, die ich leider zunächst nur bei den Gewerkschaften, nicht aber bei den Arbeitgebern ausmachen kann, daß man gemeinsam in Europa für Veränderungen streiten muß. Die Formel »Europa der Arbeitnehmer«, die ja wohl bislang eher ein frommer Wunsch war, kann hier auf ganz besondere Art mit Leben erfüllt werden.

Politik und Zeitgeschichte

Bund-Verlag

Theorie und Praxis der Gewerkschaften

Ulrich Briefs, Jürgen Krack,
Karl Neumann, Gert Volkmann,
Heinrich Strohauer
**Gewerkschaftliche Betriebs-
politik und Information**
Kennziffern für die Informations-
arbeit der gewerkschaftlichen
Interessenvertretung

Werner Fricke, Gerd Peter,
Willi Pöhler (Hrsg.)
**Beteiligen, Mitgestalten,
Mitbestimmen**
Arbeitnehmer verändern ihre
Arbeitsbedingungen

Rainer Kalbitz
**Aussperrungen in der
Bundesrepublik**
Die vergessenen Konflikte

Siegfried Katterle,
Karl Krahn (Hrsg.)
**Arbeitnehmer
und Hochschulforschung**

Siegfried Katterle,
Karl Krahn (Hrsg.)
**Wissenschaft
und Arbeitnehmerinteressen**
Vorwort: Heinz Oskar Vetter

Eugen Loderer
Reform als politisches Gebot
Reden und Aufsätze zur
Gesellschaftspolitik

Gerhard Leminsky, Bernd Otto
**Politik und Programmatik des
Deutschen Gewerkschaftsbundes**
2. völlig überarbeitete Auflage

Willi Pöhler, Gerd Peter
**Erfahrungen mit dem
Humanisierungsprogramm**
Von den Möglichkeiten und
Grenzen einer sozialorientierten
Technologiepolitik

Herman Rebhan
**Gewerkschaften
im Weltgeschehen**
Aufsätze und Reden des General-
sekretärs des Internationalen
Metallgewerkschaftsbundes

Verein zur Förderung der
Studienreform (Hrsg.)
**Hochschulausbildung
im Arbeitnehmerinteresse**
Kooperation von Gewerkschaften
und Hochschulen

Heinz Oskar Vetter
**Gleichberechtigung
oder Klassenkampf**
Gewerkschaftspolitik für die
achtziger Jahre

Heinz Oskar Vetter
Mitbestimmung – Idee, Wege, Ziel

Heinz O. Vetter (Hrsg.)
**Vom Sozialistengesetz zur
Mitbestimmung**
Zum 100. Geburtstag
von Hans Böckler

Rainer Zoll (Hrsg.)
**Arbeiterbewußtsein
in der Wirtschaftskrise**
Erster Bericht: Krisenbetroffen-
heit und Krisenwahrnehmung

Bund-Verlag